大连外国语大学 2017 年学科建设专项经费资助出版

21 世纪德语系列教材

德语文学导读

Anleitung und Anthologie

der deutschsprachigen Literatur

刘　颖　付天海　赵怀靖　◎主编

傅　琪　◎编校

图书在版编目（CIP）数据

德语文学导读 / 刘颖，付天海，赵怀靖主编. —北京：北京大学出版社，2017.6
（21世纪德语系列教材）
ISBN 978-7-301-28434-6

Ⅰ. ①德… Ⅱ. ①刘… ②付… ③赵… Ⅲ. ①德语－阅读教学－高等学校－教材 ②文学欣赏－德国 Ⅳ. ①H339.37

中国版本图书馆CIP数据核字(2017)第131323号

书　　　名	德语文学导读
	Deyu Wenxue Daodu
著作责任者	刘　颖　付天海　赵怀靖　主编
责 任 编 辑	朱房煦　朱丽娜
标 准 书 号	ISBN 978-7-301-28434-6
出 版 发 行	北京大学出版社
地　　　址	北京市海淀区成府路205 号　100871
网　　　址	http://www.pup.cn　　新浪微博：@北京大学出版社
电 子 邮 箱	编辑部 pupwaiwen@pup.cn　总编室 zpup@pup.cn
电　　　话	邮购部62752015　发行部62750672　编辑部62754382
印 刷 者	河北博文科技印务有限公司
经 销 者	新华书店
	730毫米×1020毫米　16开本　12.75印张　320千字
	2017年6月第1版　2024年8月第4次印刷
定　　　价	48.00元

未经许可，不得以任何方式复制或抄袭本书之部分或全部内容。
版权所有，侵权必究
举报电话：010-62752024　电子邮箱：fd@pup.cn
图书如有印装质量问题，请与出版部联系，电话：010-62756370

前　言

目前，全国越来越多的院校相继开设了德语专业，德语作为最受欢迎的小语种之一，一直处于持续发展的阶段。《高等学校德语专业德语本科教学大纲》把文学课规定为高校德语专业高年级的必修课程。在外语课堂上学会阅读与分析文学作品，不仅可以提高学习者的语言运用能力，也可以培养学习者的批判创新思维。同时，目的语语境可以使学习者充分感受异域文化，从而以跨文化的视野了解一个国家的社会历史、人文精神。

当前高校的德语文学教材数量有限，而且基本是以文学史或文学选读两种导向为编排模式。由于高校德语专业一般是从零起点学起，学生的语言水平对于理解丰富深邃的文学文本来说还较为欠缺。因此，一本融入方法导入、选材适当，同时兼具史与文的文学导读教材，可以引导学生较为轻松地走上文学之路。本教材可作为德语专业本科高年级学生及硕士研究生文学课的专业用书、精读课或阅读课的参考用书，同时也面向具有一定德语基础的非德语专业学生。

教材共设十五个结构单元：文学基础知识，中世纪和近代早期文学，巴洛克文学，启蒙运动文学，狂飙突进文学，魏玛古典主义文学，浪漫主义文学，比德迈耶尔、三月前和青年德意志文学，现实主义文学，自然主义、印象主义和象征主义文学，表现主义文学，新实际主义和流亡文学，战后文学，批判文学和新主体性文学，1990年以后的文学。每一单元均由文学思潮、作品选读及练习部分组成。

教材的主要特色在于：首先是**以史为线**。本书将每一时期的文学读本置入历史文化的框架中进行编排，梳理了从中世纪到21世纪完整的德语文学发展印记，每一文学思潮都从政治背景、文化前提、主题与形式、作家与作品进行了精要概述，篇幅不长、易于掌握。其次是**引入概念和方法**。本书第一单元对文学基本构成和专业术语进行了初步介绍，之后着重说明小说、戏剧和诗歌三大文学体裁的基本分析方法和步骤，这将有助于后续学习中的文本操作实践。最后是**加大现当代文学作品的选取力度**。除了经典名篇之外，本书还选取了一定数量贴近时代精神、具有影响力的当代德语文学作品，学习者可以由此充分了解当代德语文学发展的潮流和走向。

因为篇幅有限，小说、戏剧等不可能纳入全文。本书选取的章节片段要么具有主题内涵或语言特色，要么是作品的开端或结局，抑或是具有相对独立性的部分。每篇文本前的阅读提示都对作品进行了简要介绍，为学习者的后续阅读抛砖引玉。

为了减少阅读障碍，对于阅读理解必要的知识性内容、概念和名词，本书也做了中文释义。值得一提的是，编者在课文末都设置了若干问题，从多种角度分析式地围绕时代、文本、作家提出了相关问题。这些问题既可以让学生独立完成，也可以在教师引导下进行小组讨论。教学实践表明，课堂上的分组报告形式，可以充分发挥学习者的主动性，构建良好的互动学习氛围。

本教材符合我国德语专业文学课程的设置目标，可以促进德语文学教学的改革探索，增强本学科的语言文学专业内涵。然而由于水平有限，编写上还存在疏漏和不足，希望使用本教材的老师和同学们能给我们提出意见和建议。您的指导和建议将是我们提高的动力。

编者

2017年2月于大连

Inhaltsverzeichnis

1. ORIENTIERUNGSWISSEN / 1
  1.1 Was ist Literatur? / 1
  1.2 Literarische Gattungen und allgemeine Untersuchungsfelder / 2
  1.3 Aspekte der Erzähltextanalyse / 4
  1.4 Aspekte der Dramenanalyse / 5
  1.5 Aspekte der Gedichtanalyse / 6

2. MITTELALTER UND FRÜHE NEUZEIT (750—1600) / 8
  2.1 Epochenüberblick / 8
     Die politische Situation / 8
     Kulturelle Voraussetzungen / 9
     Themen und Formen / 9
     Autoren und Werke / 9
  2.2 Ausgewählte Texte / 10
     Walter von der Vogelweide: *Unter der Linden* (um 1200) / 10
     Martin Luther: *Sendbrief vom Dolmetschen* (1530) / 12

3. BAROCK (1600—1720) / 14
  3.1 Epochenüberblick / 14
     Die politische Situation / 14
     Kulturelle Voraussetzungen / 14
     Themen und Formen / 15
     Autoren und Werke / 15
  3.2 Ausgewählte Texte / 16
     Andreas Gryphius: *Es ist alles eitel* (1636) / 16
     Hans Jakob Christoffel von Grimmelshausen:
        Der Abenteuerliche Simplicissimus Teutsch (1669) / 17

4. AUFKLÄRUNG (1720—1800) / 19
  4.1 Epochenüberblick / 19
     Die politische Situation / 19
     Kulturelle Voraussetzungen / 19
     Themen und Formen / 20
     Autoren und Werke / 20

4.2 Ausgewählte Texte / 21
    Gotthold Ephraim Lessing: *Der Rabe und der Fuchs* (1759) / 21
    Gotthold Ephraim Lessing: *Emilia Galotti* (1772) / 22

5. STURM UND DRANG (1765—1785) / 25

5.1 Epochenüberblick / 25
    Die politische Situation / 25
    Kulturelle Voraussetzungen / 25
    Themen und Formen / 26
    Autoren und Werke / 26
5.2 Ausgewählte Texte / 27
    Johann Wolfgang von Goethe: *Mailied* (1771) / 27
    Johann Wolfgang von Goethe: *Prometheus* (1774) / 29
    Johann Wolfgang von Goethe: *Die Leiden des jungen Werthers* (1774) / 31
    Friedrich Schiller: *Die Räuber* (1781) / 33

6. WEIMARER KLASSIK (1786—1805) / 36

6.1 Epochenüberblick / 36
    Die politische Situation / 36
    Kulturelle Voraussetzungen / 36
    Themen und Formen / 37
    Autoren und Werke / 37
6.2 Ausgewählte Texte / 38
    Johann Wolfgang von Goethe: *Das Göttliche* (1789) / 38
    Johann Wolfgang von Goethe: *Faust* (Faust I, 1808; Faust II, 1832) / 41
    Friedrich Hölderlin: *Hyperions Schicksalslied* (1799) / 45
    Heinrich von Kleist: *Das Erdbeben in Chili* (1807) / 47

7. ROMANTIK (1795—1840) / 50

7.1 Epochenüberblick / 50
    Die politische Situation / 50
    Kulturelle Voraussetzungen / 50
    Themen und Formen / 51
    Autoren und Werke / 52
7.2 Ausgewählte Texte / 53
    Friedrich Schlegel: *116. Athenäum—Fragment* (1798/1800) / 53
    Novalis: *Hymne an die Nacht* (1799/1800) / 54
    Joseph von Eichendorff: *Mondnacht* (1837) / 56
    Joseph von Eichendorff: *Aus dem Leben eines Taugenichts* (1826) / 57
    Ernst Theodor Amadeus Hoffmann: *Der goldene Topf* (1814) / 60

8. BIEDERMEIER, VORMÄRZ UND JUNGES DEUTSCHLAND (1815—1850) / 64

    8.1 Epochenüberblick / 64
        Die politische Situation / 64
        Kulturelle Voraussetzungen / 65
        Themen und Formen / 65
        Autoren und Werke / 65
    8.2 Ausgewählte Texte / 66
        Georg Büchner: *Woyzeck* (1836/1837) / 66
        Eduard Mörike: *Mozart auf der Reise nach Prag* (1855) / 69
        Heinrich Heine: *Die Harzreise* (1826) / 71
        Heinrich Heine: *Deutschland, ein Wintermärchen* (1844) / 75

9. REALISMUS (1850—1890) / 79

    9.1 Epochenüberblick / 79
        Die politische Situation / 79
        Kulturelle Voraussetzungen / 80
        Themen und Formen / 80
        Autoren und Werke / 80
    9.2 Ausgewählte Texte / 81
        Conrad Ferdinand Meyer: *Der römische Brunnen* (1882) / 81
        Theodor Storm: *Der Schimmelreiter* (1888) / 82
        Theodor Fontane: *Effi Briest* (1895) / 85
        Gottfried Keller: *Der grüne Heinrich* (1879/1880) / 89

10. NATURALISMUS, IMPRESSIONISMUS UND SYMBOLISMUS (1880—1925) / 92

    10.1 Epochenüberblick / 92
        Die politische Situation / 92
        Kulturelle Voraussetzungen / 93
        Themen und Formen / 93
        Autoren und Werke / 94
    10.2 Ausgewählte Texte / 95
        Gerhart Hauptmann: *Bahnwärter Thiel* (1888) / 95
        Rainer Maria Rilke: *Der Panther* (1908) / 98
        Rainer Maria Rilke: *Die Aufzeichnung des Malte Laurids Brigge* (1910) / 99
        Arthur Schnitzler: *Fräulein Else* (1924) / 102
        Thomas Mann: *Der Tod in Venedig* (1913) / 104

11. EXPRESSIONISMUS (1910—1925) / 108

11.1 Epochenüberblick / 108
    Die politische Situation / 108
    Kulturelle Voraussetzungen / 108
    Themen und Formen / 109
    Autoren und Werke / 109

11.2 Ausgewählte Texte / 110
    Georg Trakl: *Verfall* (1913) / 110
    Heinrich Mann: *Der Untertan* (1918) / 111
    Franz Kafka: „Vor dem Gesetz" (*Der Prozess*, 1914) / 113
    Franz Kafka: *Das Urteil* (1913) / 115

12. NEUE SACHLICHKEIT UND EXILLITERATUR (1919—1945) / 118

12.1 Epochenüberblick / 118
    Die politische Situation / 118
    Kulturelle Voraussetzungen / 119
    Themen und Formen / 119
    Autoren und Werke / 119

12.2 Ausgewählte Texte / 121
    Alfred Döblin: *Berlin Alexanderplatz* (1929) / 121
    Thomas Mann: *Der Zauberberg* (1924) / 123
    Hermann Hesse: *Der Steppenwolf* (1927) / 126
    Bertolt Brecht: *Der gute Mensch von Sezuan* (1943) / 129
    Stefan Zweig: *Schachnovelle* (1942) / 132

13. NACHKRIEGSLITERATUR (1945—1960) / 136

13.1 Epochenüberblick / 136
    Die politische Situation / 136
    Kulturelle Voraussetzungen / 136
    Themen und Formen / 137
    Autoren und Werke / 137

13.2 Ausgewählte Texte / 138
    Paul Celan: *Todesfuge* (1948) / 138
    Günter Eich: *Inventur* (1947) / 140
    Wolfgang Borchert: *Nachts schlafen die Ratten doch* (1947) / 142
    Ingeborg Bachmann: *Die gestundete Zeit* (1953) / 145
    Günter Grass: *Die Blechtrommel* (1959) / 147

14. KRITISCHE LITERATUR UND NEUE SUBJEKTIVITÄT (1960—1989) / 150

14.1 Epochenüberblick / 150
    Die politische Situation / 150
    Kulturelle Voraussetzungen / 150
    Themen und Formen / 151
    Autoren und Werke / 151

14.2 Ausgewählte Texte / 153
    Friedrich Dürrenmatt: *Die Physiker* (1962) / 153
    Heinrich Böll: *Die verlorene Ehre der Katharina Blum* (1974) / 157
    Peter Handke: *Wunschloses Unglück* (1972) / 160
    Patrick Süskind: *Das Parfum – Die Geschichte eines Mörders* (1985) / 163
    Elfriede Jelinek: *Die Klavierspielerin* (1983) / 166
    Thomas Bernhard: *Heldenplatz* (1988) / 169

15. LITERATUR NACH 1990 / 173

15.1 Epochenüberblick / 173
    Die politische Situation / 173
    Kulturelle Voraussetzungen / 173
    Autoren und Themen / 174

15.2 Ausgewählte Texte / 175
    Bernhard Schlink: *Der Vorleser* (1995) / 175
    Judith Hermann: *Sommerhaus, später* (1998) / 177
    Christa Wolf: *Medea. Stimmen* (1996) / 180
    Günter Grass: *Im Krebsgang* (2002) / 182
    Daniel Kehlmann: *Die Vermessung der Welt* (2005) / 186
    Herta Müller: *Atemschaukel* (2009) / 188

QUELLENVERZEICHNIS / 192

LITERATURVERZEICHNIS / 195

1. ORIENTIERUNGSWISSEN
文学基础知识

1.1 Was ist Literatur?

Der Begriff **Literatur** ist ursprünglich ein lateinisches Wort (lat. litteratura: Buchstabenschrift) und bezieht sich auf alle Arten von Sprachkunst und Schrift. Heute bezeichnet er jede Art vom mündlichen und schriftlichen Text, der sich nach bestimmten Regeln aus Zeichen bzw. Schrift zusammensetzt. Ausdrücke wie „schöngeistige Literatur", „Gebrauchsliteratur", „Trivialliteratur" und „Unterhaltungsliteratur" verweisen auf die Bandbreite des Begriffs. In einem engeren Sinne unterscheidet man Schriftwerke von hoher kulturgeschichtlicher Bedeutung und Unterhaltungsliteratur von Fach- und Sachliteratur.

Bei der **Fach- und Sachliteratur** rücken die themenbezogenen Inhalte in den Mittelpunkt. Bei der **schöngeistigen Literatur** (Belletristik) ist die Auseinandersetzung mit der geistigen und formalen Poetik erforderlich. Die so genannte **Unterhaltungsliteratur** (Trivialliteratur) zielt auf die Unterhaltung und den Zeitvertreib ab, ohne sozialer Funktion zu dienen. Die oben genannte Verteilung stimmt heute nicht mehr überein mit der vielfältigen Entwicklung der Literatur der Moderne. Besonders zwischen der Trivialliteratur und der Belletristik sind die Übergänge oft fließend.

Die **Literaturkritik** befasst sich mit der Literatur des schöngeistigen Gebiets. Die Stile, Gattungen und Epochen werden in Bezug auf literarische Texte untersucht, diskutiert und verglichen.

Die **Literaturwissenschaft** als akademische Disziplin, deren Gegenstand der gesamte Prozess der textlichen Ausformung (Verbreitung, Rezeption, Wirkung und Bewertung von Literatur) ist. Sie beschäftigt sich mit der Interpretation von Texten, mit der Literaturgeschichtsschreibung und Edition, mit Kultur- und Mentalitätsgeschichte, sowie mit Literaturtheorie. So gehen Fächer wie Germanistik, Romanistik oder Anglistik aus Besonderheiten nationaler Literatur heraus.

Die **Literaturgeschichte** untersucht die historischen Entwicklungen von Nationalliteraturen oder der Weltliteratur unter den Epochenbedingungen. Gattungen, Stoffe, Motive und Faktoren außerhalb des Textes werden auf die Interpretation einbezogen, und zwar aus unterschiedlicher Perspektive. Es können geistesgeschichtliche, kulturgeschichtliche oder sozialgeschichtliche Ansätze u.a. sein. Das Anliegen der Literaturgeschichtsschreibung ist, den Prozess der Kanonbildung kritisch zu reflektieren.

Bei der **Literaturtheorie** dreht es sich um die theoretischen und systematischen Fragen der Literatur. Damit wird die Textinterpretation wissenschaftlich begründet. Sowohl sprachliche Besonderheiten als auch Deutungen von literarischen Texten werden planmäßig und methodisch erfasst.

1.2 Literarische Gattungen und allgemeine Untersuchungsfelder

Literarische Gattungen: Literarische Texte lassen sich heute in drei Hauptgattungen einteilen, nämlich Epik, Lyrik und Dramatik.
Epik ist eine Bezeichnung für jede Art von fiktiver Erzählung in Versen oder Prosa. Sie ist durch das Erzählen eines Geschehens an den Adressaten und großen Formenreichtum gekennzeichnet.
Lyrik ist ein Sammelbegriff der Literaturwissenschaft für Gedichte. Bei den Gedichten wird ein Zustand vom lyrischen Ich vermittelt. Die Abweichung von sprachlicher Ordnung, verdichteter Wortgebrauch, Nähe zum Gesang, relative Kürze sind Eigenschaften eines Gedichtes.
Dramatik ist neben Epik und Lyrik die dritte Gattung des literarischen Formenkreises. Im Drama entfaltet sich eine Handlung durch die daran unmittelbar beteiligten Personen in Dialogen gegenwärtig auf der Bühne. Die Figuren werden nicht durch einen Erzähler beschrieben, sondern unmittelbar wahrgenommen.

Die Übergänge zwischen den drei Gattungen sind jedoch fließend. Ein epischer Text kann dramatische Elemente beinhalten, z. B. ein reiner Figurendialog ohne Einschaltung des Erzählers. Eine Ballade weist gegebenenfalls die lyrische, epische und damatische Elemente zugleich auf. Im Drama wie Brechts epischem Theater sind lyrische Merkmale wie Songs und epische Passagen wie Botenbericht einzuschließen.

Zu den drei **Hauptgattungen** gehören wiederum die **Untergattungen**, die sich durch spezifische inhaltliche oder formale Gesichtspunkte voneinander unterscheiden. Die Gattungseinteilung von Roman und Parabel orientiert sich an der Länge von Texten, während Roman nach inhaltlichen Kriterien in die Unterteilung wie Abenteuerroman, Großstadtroman, Bildungsroman etc. klassifiziert wird. Denn Literatur ist einem historischen Wandel unterworfen, so erweist sich eine klare Definition nicht immer möglich und sinnvoll. Jede Gattung grenzt sich ab und überschneidet sich.

Die folgende Einteilung gibt eine Übersicht zur Verständigung bestimmter Begriffe und dient zur ersten Orientierung.

EPIK	DRAMA	LYRIK
Großformen	**Grundformen**	**Formen des lyrischen Gedichtes**
Epos	Tragödie	Ode
Verserzählung	Tragikomödie	Hymne
Roman	Komödie	Elegie
Volksbuch		Lied
Jugendbuch		Song
		Sonett
Kurzformen	**Sonderformen**	**Sonderformen**
Erzählung	Volksschwank	Ballade
Novelle	Lehrstück	Erzählgedicht
Märchen	Dokumentarstück	Lehrgedicht
Sage	Monodrama	Epigramm
Legende	Antistück	Konkrete Poesie
Kurzgeschichte	Absurdes Theater	
Kalendergeschichte		
Anekdote		
Prosaschwank		
Fabel		
Parabel		

Allgemeine Untersuchungsfelder: In Bezug auf die Textproduktion und Textrezeption ergeben sich drei Untersuchungsbereiche, die bei allen Texten ohne weiteres berücksichtigt werden müssen.

Im ersten Untersuchungsfeld erforscht man Hintergründe, Einflüsse, Ursachen, Anlässe und Absichten, die zur Textentstehung führen und Antworten liefern:
- die Biografie des Autors (Elternhaus, Erziehung, Ausbildung, private und berufliche Umwelt, Interessen, Wertvorstellungen, Bildungsstand, sprachliche Fähigkeiten),
- die situativen Grundfaktoren (tiefergehende Einflüsse aus dem sozialen, politischen, wirtschaftlichen, kulturellen und weltanschaulichen Umfeld).

Das zweite Untersuchungsfeld verfolgt den Text, wie er sich in seinem Inhalt, seiner Gestaltung und seinem Gehalt präsentiert. Schwerpunkte sind:
- Thema,
- Textart (Textsorte, Gattung, Textform),
- Inhalt,

– Gestaltung, beinhaltend den äußeren und inneren Aufbau (z. B. Strophenstruktur, Gedankengang, Argumentationsgang, Erzählstrategie, Gesprächs- bzw. Dialogführung, Komposition) und die Art der Darbietung (Argumentationsweise, Sprache),
– Ideengehalt, Motivik, Problemgehalt.

Das dritte Feld beschäftigt sich mit der feststellbaren oder vermuteten Wirkung des Textes. Man beachtet:
– Autorintentionen und Lesererwartungen (Interessenbereiche, Wünsche),
– den Einsatz der Vermittler (z. B. Verlagswerbung, Kritikerurteil, Medieneinsatz),
– die Rezeptionsgeschichte.

1.3 Aspekte der Erzähltextanalyse

Analyse der Makrostruktur des Erzähltextes:
– Analyse der Geschichte
  Was ist Thema/Gegenstand/Inhalt?
  Welches Problem/Welche Fragestellung wird aufgestellt?
  Welchen Wirklichkeitbezug weist die Geschichte auf?
– Analyse der Erzählsituation
  Welche Erzählsituation dominiert?
  Welche Rolle spielt der Erzähler?
– Analyse der Darbietungsformen
  Welche Darbietungsformen benutzt der Erzähler?
  Welche Formen der Personenrede kommen vor?
– Analyse der Personenkonstellation und der Charakterisierung der Personen
  Welche Haupt- und Nebenfiguren treten auf?
  Wie werden sie charakterisiert?
  In welchem Verhältnis stehen die Figuren zueinander?
– Analyse von Erzählzeit und erzählter Zeit
  Wie sind die Bezüge von erzählter Zeit und Erzählzeit gestaltet?
  Wie ist die erzählte Zeit strukturiert?
– Analyse des Raums
  Welcher ist der Handlungsort?
  Ist eine symbolische Bedeutung des Raums zu erkennen?
– Analyse der Kompositionsstruktur
  Wie ist die Handlung aufgebaut?
  Welche strukturellen Merkmale begleiten den Verlauf des Geschehens?

Analyse der Mikrostruktur des Erzähltextes
– Analyse der syntaktischen Strukturen

Wie sehen die Satzstrukturen aus?
Ist das syntaktische Gefüge eher komplex oder eher einfach gebildet?
– Analyse der semantischen Felder
Welche Wortfelder herrschen vor?
Welche Sprachebene (Umgangssprache, Hochsprache, Gossensprache etc.) kommt zur Erscheinung?
– Analyse der stilistischen Mittel
Welche sprachlich-stilistischen Mittel werden gebraucht?

Analyse außertextlicher Bezüge
- historische, soziologische, politische Einbettung des Textes
- literaturgeschichtliche/literaturtheoretische Einbettung des Textes
- Vorwissen über den Autor (Biografie, Werkgeschichte)
- Kenntnisse über das gleiche Thema in den anderen Texten des Autors oder in den Texten anderer Autoren

1.4 Aspekte der Dramenanalyse

Analyse der Makrostruktur des Dramas
– Analyse der Szenen
Wie werden die einzelnen Szenen des Geschehens miteinander verknüpft?
Wie ist der Handlungsablauf auf eine Pointe hin aufgebaut?
Wie wird das Drama eingeleitet, wie abgeschlossen?
– Analyse der Geschichte
Welches Problem wird dargestellt?
Welche Motive und Leitmotive sind vorhanden?
Welche Wertvorstellungen und Normen stehen hinter dem Text?
– Analyse der Figurenkonstellation
Wie werden Haupt- und Nebenfiguren charakterisiert?
In welchem Verhältnis stehen die Figuren zueinander?
In welcher Beziehung steht die Figur selbst zu Gesellschaft, Natur und anderen außermenschlichen Kräften?
– Analyse der Dialogstruktur
Wodurch sind Dialog und Dialogstruktur gekennzeichnet?
Wie sind die Gesprächteile auf die Figuren verteilt?
Gehen die Dialogpartner aufeinander ein oder nicht?
Kann man den Dialog einem bestimmten Gesprächstyp (Debatte, Verhör etc.) zuordnen?

Analyse der Mikrostruktur des Dramas

    –Analyse der sprachlich-stilistischen Mittel

        Wie sehen die Satzstrukturen aus?

        Welche rhetorisch-stilistischen Mittel treten auf?

        Wodurch sind Sprachebene und Stil gekennzeichnet?

    – Analyse der semantischen Felder

        Welche Wortfelder herrschen vor?

        Gibt es Schlüsselwörter?

        Wie funktionieren Bilder (Metaphern, Vergleiche, Symbole etc.)?

    – Analyse der Bezüge der Sprache und Figuren

        Haben die Figuren einen gleichen Sprachraum und Horizont?

        In welchem Verhältnis stehen die sprachlich-stilistischen Mittel zur Charakterisierung der Figuren?

Analyse außertextlicher Bezüge

    – historische, soziologische, politische Einbettung des Textes

    – literaturgeschichtliche/literaturtheoretische Einbettung des Textes

    – Vorwissen über den Autor (Biografie, Werkgeschichte)

    – Kenntnisse über das gleiche Thema in den anderen Texten des Autors oder in den Texten anderer Autoren

1.5 Aspekte der Gedichtanalyse

Analyse der Makrostruktur des Gedichtes

    – Analyse des Inhalts

        Welche Begriffe werden wiederholt bzw. fallen ins Auge?

        Gibt es thematische Variation bzw. ein Grundmotiv?

        Gibt es eine auffällige Interpunktion?

        Werden bestimmte Worte schrifttechnisch hervorgehoben?

    – Analyse der Deutung

        Wie steht der Inhalt und die Form in Bezug zueinander?

        Gibt es inhaltliche Richtung, in die das Gedicht verweist?

        Ist das Gedicht realistisch oder künstlerisch-symbolisch?

        Ist das Gedicht eindeutig oder mehrdeutig konzipiert?

Analyse der Mikrostruktur des Gedichtes

    – Analyse der Form

        Gibt es eine feste Form (Ode, Sonett, Ballade, Hymne etc.)?

        Welche Versform liegt vor (Metren oder Hebungen)?

Welches Reimschema liegt vor (Kreuzreim, umarmender Reim, Paarreim etc.)?
   Welche Reimart liegt vor (rein/unrein, männlich/weiblich)?
   Wie ist das Gedicht gegliedert (Strophen, Blocksatz)?
– Analyse des Stils
   klangorientierte Stilmittel (z.B. Melodie)
   bildhafte Stilmittel (z.B. Symbol)
   bedeutungsorientierte Stilmittel (z.B. Spannungskurve)
   sinnbildliche Stilmittel (z.B. Ellipse)
   Darbietungsstil (z.B. sachlich, lustig, kritisch)
   Wirkung (z.B. Erkenntnis, Betroffenheit, Unterhaltung)

Analyse außertextlicher Bezüge
   – historische, soziologische, politische, kulturelle Einbettung des Gedichtes
   – literaturgeschichtliche/literaturtheoretische Einbettung des Gedichtes
   – Vorwissen über den Dichter (Biografie, Werkgeschichte)
   – Wirkung des Gedichtes
   – Vergleich mit einem anderen Gedicht, das das gleiche Thema behandelt, aber anders dargestellt wird

2. MITTELALTER UND FRÜHE NEUZEIT (750—1600)
中世纪和近代早期文学

2.1 Epochenüberblick

Die literarische Epoche „Mittelalter" lässt sich ins frühe und hohe Mittelalter (8.—13. Jh.) einteilen. Unter der Bezeichnung „althochdeutsche Literatur" werden alle Überlieferungen germanischer Stämme in althochdeutscher Sprache zusammengefasst. „Die mittelhochdeutsche Literatur" umfasst drei Zeitabschnitte, die sich sprachlich voneinander abgrenzen lassen. Sie reichen vom Frühmittelhochdeutschen um 1100 über die mittelhochdeutsche Blütezeit der staufischen Klassik von 1180 bis etwa 1230 bis zum Spätmittelhochdeutschen um 1350. In der frühen Neuzeit (1350—1600) hat sich in der Sprache und der Literatur eine Wandlung vollzogen. Geistige Ideale, Ideen und Wertevorstellungen der Renaissance deuten ab dem Beginn des 14. Jahrhunderts den Humanismus und die Reformation an.

· **Die politische Situation:**

Das frühe Mittelalter war geprägt vom Übergang vom Heidentum zum Christentum. Unter der Herrschaft Karls des Großen entstand die erste Blütezeit. Mit der Zeit verschärfte sich die das ganze Mittelalter durchzogene Spannung zwischen Kaisertum und Papsttum. Im hohen Mittelalter bildete sich unter den Stauferkaisern eine zentrale höfische Kultur, die der selbstbewusste Ritterstand getragen hat. Im späten Mittelalter spielten Städte auf wirtschaftlichem und kulturellem Gebiet eine immer bedeutendere Rolle. In der mittelalterlichen Feudalordnung kamen politische Macht und Privilegien den Fürsten und Adligen zu. Die zweite Hälfte des 15. und das 16. Jh. waren das Zeitalter der Entdeckungen. Mit verschiedenen Ereignissen lässt sich ein Epochenumbruch markieren: 1453 verfiel mit der Besetzung Konstantinopels das Oströmische Reich; 1492 entdeckte Kolumbus Amerika, 1497/98 Vasco da Gama den Seeweg nach Indien; durch Nikolaus Kopernikus wurde 1514 das geozentrische Weltbild von einem heliozentrischen ersetzt; ab 1517 setzte sich die Reformation mit theologischen Erneuerungen an und führte über gewaltsame Auseinandersetzungen zur Spaltung der Kirche; 1524/1525 wurden im Bauernkrieg erstmals die sozialen Forderungen einer bislang massiv benachteiligten Schicht ausgesprochen.

2. Mittelalter und Frühe Neuzeit (750—1600)

· Kulturelle Voraussetzungen:

Die Kirche bestimmt das kulturelle Leben. In der christlichen Religion glaubt jeder Einzelne an eine göttlich gegebene Ordnung. Das jenseitige Leben ist viel wichtiger als das diesseitige. Eingebunden in diese Weltauffassung entwickelt sich im hohen Mittelalter im Rittertum ein Tugendsystem mit festen Leitbildern. Diese Verhaltensnormen werden viel stärker von der Literatur als von der Realität vermittelt. Im späten Mittelalter wird das Bürgertum in den Städten zu finanzkräftigen und kulturtragenden Ständen.

Die italienische Renaissance, die sich mit der Wiederbelebung antiker Kunst und Gedanken auseinandersetzt, hat damit in Deutschland großen Einfluss auf die Geisteswissenschaften. Der Humanismus fordert die Bildungsfähigkeit des Menschen, vor allem durch Rückbesinnung auf die Antike. Staat, Kirche, Wissenschaft und Kunst sollen neu ausgerichtet werden. Entsprechend trägt der Humanismus zur wachsenden Bedeutung der Städte als wirtschaftliche und kulturelle Zentren bei. Der Reformationsgedanke steht für eine Erneuerung der Kirche sowie für Freiheit im Denken und in der Literatur. Diese Freiheit jedoch setzt sich erst im 18. Jahrhundert durch.

· Themen und Formen:

Die althochdeutsche Literatur ist auf weltliche und religiöse Themen bezogen. Dabei ist unter „Literatur" sowohl alles Geschriebene als auch die mündlich überlieferte Literatur zu verstehen. Religiöse Unterweisung, Glorifizierung eines Herrschers oder Idealisierung des Ritterstandes sind thematische Schwerpunkte. Typisch für diese Zeit ist der Minnesang. Die Minnelieder beschreiben die unerfüllte Liebe zwischen einem Ritter und einer verheirateten und daher unerreichbaren Frau. Hinzu kommt die wirklichkeitsnahe und pragmatische Spruchdichtung aus dieser Zeit.

Die Erfindung des Buchdrucks ermöglicht die Verbreitung der Literatur aller Formen. Die Literatur des Frühneuhochdeutschen folgt zunächst Inhalten und Formen des späten Mittelalters. Mit der religiösen Umwälzung gehen Veränderungen einher. Es entwickeln sich neue Gattungen wie das Kirchenlied, die Satire oder das Drama. Der beliebteste Lesestoff jener Zeit ist das Volksbuch.

· Autoren und Werke:

Hildebrandslied:
Das *Hildebrandslied* ist das bedeutende Beispiel althochdeutscher Dichtung, das Mitte des 8. Jahrhunderts entstand. Im *Hildebrandslied* wird der Kampf zwischen Vater und Sohn geschildert.

Walther von der Vogelweide (ca.1170—1230):
Er gilt als bekanntester Minnesänger. Er schrieb Mädchenlieder und Spruchdichtung.

Nibelungenlied:
Das hervorragende und umfangreiche Heldenepos entstand zwischen 1190 und 1200. Es ist mit Treue, Ehre, Tod und Blutrache durchzogen.
Sebastian Brant(1457—1521):
Im Roman *Das Narrenschiff* (1494) vergleicht der Autor die Menschheit mit einem Schiff voller Narren. Menschliche Tugenden und Laster werden unter dem Begriff der Narrheit als Ausdruck einer verkehrten Welt erfasst.

2.2 Ausgewählte Texte

· **Walther von der Vogelweide: *Unter der Linden* (um 1200)**

瓦尔特·冯·德尔·福格威德：《菩提树下》

Lesehinweis: Der Minnesang ist eine literarische Gattung und ein lyrisches Ausdrucksmittel des ritterlichen Standes. Walthers sogenannte „Mädchenlieder" sind zwar stark vom klassischen Minnesang geprägt, aber sie setzen der vorherrschenden Minnelyrik eine neue Daseinsfreude entgegen. Sie zeigen die Abkehr vom Ideal der „Hohen Minne" des Ritters zur höhergestellten Dame, die unerfüllt bleibt. Walther hat in verschiedenen Liedern das Wesen von Hoher und Niederer Minne charakterisiert und schließlich das neue Ideal der „ebenen Minne"– einer erfüllten Liebe von gleich zu gleich entwickelt.

Mittelhochdeutsch	Neuhochdeutsch
Under der linden	**Unter der Linde**
an der heide,	an der Heide,
dâ unser zweier bette was,	wo unser beider Bett war,
dâ muget ir vinden	da könnt ihr schön
schône beide	gebrochen finden
gebrochen bluomen unde gras.	Blumen und Gras.
vor dem walde in einem tal,	Vor dem Walde in einem Tal,
tandaradei,	tandaradei,
schône sanc diu nahtegal.	sang die Nachtigall[1] lieblich.
Ich kam gegangen	Ich kam
zuo der ouwe,	zu der Aue[2],
dô was mîn friedel komen ê.	da war mein Liebster schon da.
dâ wart ich enpfangen,	Dort wurde ich empfangen,
hêre frouwe,	edle Frau!

daz ich bin sælic iemer mê. kuster mich? Wol tûsentstunt: tandaradei, seht, wie rôt mir ist der munt.	(so) dass ich für immer glücklich bin. Küsste er mich? Wohl tausendmal! Tandaradei, seht, wie rot mir ist der Mund.
Dô het er gemachet alsô rîche von bluomen eine bettestat. des wirt noch gelachet inneclîche, kumt iemen an daz selbe pfat. bî den rôsen er wol mac, tandaradei, merken, wâ mirz houbet lac.	Da hatte er aus Blumen ein prächtiges Bett vorbereitet. Darüber wird jetzt noch herzlich gelacht, wenn jemand denselben Weg entlang kommt. An den Rosen kann er wohl, tandaradei, erkennen, wo mein Haupt[3] lag.
Daz er bî mir læge, wessez iemen (nû enwelle got!), sô schamt ich mich. wes er mit mir pflæge, niemer niemen bevinde daz, wan er und ich, und ein kleinez vogellîn - tandaradei, daz mac wol getriuwe sîn.	Dass er bei mir lag, wüsste das jemand (das wolle Gott nicht!), dann würde ich mich schämen. Was er mit mir tat, das soll nie jemand erfahren, außer er und ich und ein kleines Vöglein, tandaradei, das kann wohl verschwiegen[4] sein.

1. die Nachtigall: 夜莺。
2. die Aue: 河谷草地。
3. das Haupt: 头。
4. verschwiegen: 缄默的，严守秘密的。

Aufgaben:
1. Recherchieren Sie die Informationen über das Stichwort „Minnesang".
2. Vergleichen Sie das Minnelied in der mittelhochdeutschen Sprache mit der Übersetzung. Welche Unterschiede zum heutigen Deutsch fallen auf?
3. Machen Sie eine kurze Inhaltsangabe über das Gedicht.
4. Analysieren Sie die sprachlichen Bilder des Textes.

· **Martin Luther:** *Sendbrief vom Dolmetschen* **(1530)**

马丁·路德：《论翻译的公开信》

> **Lesehinweis:** Luthers Bibelübersetzung leistet wertvolle Vorarbeiten für die Vereinheitlichung der deutschen Schriftsprache. In seiner kräftigen, bildhaften, einfachen, drastischen, dichterisch festen Sprache wird die Bibel, jedenfalls im protestantischen Deutschland, ein Volksbuch. Durch die Tätigkeit als Reformator hat Luther seine lebendige und verständliche Sprache zum Gemeingut und zum Vorbild machen können. In diesem Brief verdeutlicht Luther sein Übersetzungsprinzip bei der Bibelübersetzung.

[...] Ich hab mich des geflissen[1] ym dolmetzschen, das ich rein und klar teutsch geben möchte. Und ist uns wol offt begegnet, das wir viertzehen tage, drey, vier wochen haben ein einiges[2] wort gesucht und gefragt, habens dennoch zu weilen nicht funden. Im Hiob[3] erbeiten wir also, M. Philipps, Aurogallus und ich, das wir yn vier tagen zu weilen kaum drey Zeilen kundten fertigen. Lieber, nu es verdeutscht und bereit ist, kans ein yeder lesen und meistern, Laufft einer ytzt mit den augen durch drey, vier bletter und stost nicht ein mal an, wird aber nicht gewar, welche wacken[4] und klötze da gelegen sind, da er ytzt über hin gehet, wie über ein gehoffelt[5] bret, da wir haben müssen schwitzen und uns engsten, ehe den wir solche wacken und klotze aus dem wege reümeten, auff das man kündte so fein daher gehen. [...] man mus nicht die buchstaben inn der lateinischen sprachen fragen, wie man sol Deutsch reden, wie diese esel thun, sondern, man mus die mutter jhm hause, die kinder auff der gassen, den gemeinen man auff dem marckt drumb fragen, und den selbigen auff das maul sehen, wie sie reden, und darnach dolmetzschen, so verstehen sie es den und mercken, das man Deutsch mit jn redet.

Auch wenn Christus spricht: Ex abundantia cordis os loquitur[6]. Wenn ich den Eseln soll folgen, die werden mir die buchstaben furlegen und also dolmetzschen: Auß dem uberflus des hertzen redet der mund. Sage mir, ist das deutsch geredt? Welcher deutscher verstehet solchs? Was ist uberflus des hertzen für ein ding? Das kann kein deutscher sagen, Er wolt denn sagen, es sey das einer allzu ein gros hertz habe oder zu vil hertzes habe, wie wol das auch noch nicht recht ist: denn uberflus des hertzen ist kein deutsch, so wenig, als das deutsch ist, Uberflus des hauses, uberflus des kacheloffens, uberflus der bstack, sondern also redet die mutter ym haus und der gemeine man: Wes das hertz vol ist, des gehet der mund über[7]. [...]

1. mich des geflissen: 为……而努力。
2. ein einiges: 唯一的。
3. im Hiob: 关于《旧约·约伯记》的翻译。

4. wacken: 岩石。
5. gehoffelt: gehobelt，刨平的。
6. Ex ... loquitur:《新约·马太福音》第十二章第三十四节，意义同注释7。
7. Wes das hertz ... über: 心里装满了，就从嘴里说出来，意为"言为心声"。

Aufgaben:

1. Wie schätzt man heute die Bedeutung Luthers für die Entwicklung einer einheitlichen deutschen Schriftsprache ein?
2. Luther antwortet im *Sendbrief* auf Kritiker seiner Bibelübersetzung: Wie rechtfertigt er sich?
3. Erläutern Sie mit eigenen Worten die Ansprüche, die Luther an seine Übersetzung gestellt hat.

3. BAROCK (1600—1720)
巴洛克文学

3.1 Epochenüberblick

Der Epochenbegriff des „Barock" leitet sich vom portugiesischen „barucco" ab; dies bezeichnet eine schiefrunde Perle. Der Formenreichtum und die Fülle der Barockpoesie waren ursprünglich (bei J. J. Winckelmann) negativ bewertet. Erst zwischen den beiden Weltkriegen wurde der Begriff „Barock" als allgemein anerkannte Bezeichnung der Epoche zwische 1600 und 1720 rehabilitiert, der sowohl die Literatur als auch die bildende Kunst sowie die Musik umfasst.

· **Die politische Situation:**

Das zentrale Ereignis in Deutschland war der Dreißigjährige Krieg (1618—1648). Er hinterließ verwüstete Dörfer und zerstörte Städte. Ihm fiel durchschnittlich etwa ein Drittel der Bevölkerung zum Opfer. Der Wiederaufbau benötigte intensive Kräfte und staatliche Planungen. Dies begünstigte in den einzelnen deutschen Fürstentümern die Entwicklung zum Absolutismus. Die Fürsten und die Adligen standen über dem Gesetz. Das städtische Bürgertum blieb wie vorher politisch ohnmächtig. Die Machtentfaltung setzte sich ohne Mitwirkung ständischer Institutionen durch.

· **Kulturelle Voraussetzungen:**

Die religiöse Einheit des Mittelalters ist durch Reformation und Gegenreformation zerstört. Der Barock mit seinem geistigen Hintergrund unterscheidet sich grundlegend von der Renaissance. An die Stelle von Optimismus tritt Pessimismus, der in der Folge des Dreißigjährigen Krieges das Lebensgefühl jener Zeit bildet. Die irdische Welt erweist sich als Trug und Schein. Wirklichkeit empfindet man alleine im Jenseits. Der Gedanke an Vergänglichkeit (lat.vanitas) und Tod vermittelt die menschliche Erlösungssehnsucht und Ewigkeitshoffnung. Die deutsche Barockliteratur schwankt in einem Spannungsfeld zwischen Lebensfreude und Todessehnsucht, zwischen Diesseits und Jenseits. Literarische

Zentren sind zum einen die Fürstenhöfe, zum anderen die Städte mit ihren Schulen und Universitäten. Die Barockdichter pflegen eine neuhochdeutsche Literatursprache sowie entwickeln die meisten bis heute wichtigen literarischen Gattungen und Formen.

· **Themen und Formen:**

Der Dreißigjährige Krieg macht das Hauptthema der Dichtung aus. Vor seinen Schrecken wird alles Leben vergänglich, nichtig und eitel wahrgenommen (Vanitas-Motiv). Die Erfahrung, bloßer Spielball eines launischen Schicksals zu sein (Fortuna-Motiv), vollzieht man dabei vielfältig nach. Bilder des Todes, der Verwesung, des jüngsten Gerichts und der Hölle unterstreichen das Zeitbewusstsein (Zeit-Motiv). Der Dichter verfasst in der Regel kein persönliches Erleben. Sein Leid gilt dem Leid aller Menschen. Somit zeigt sich Barocke Dichtung als eine Absage an Individualismus und Subjektivismus. Ebenso wird das irdische Dasein als flüchtiger Traum thematisiert, als Zeichen, das sich nach einer höheren Ordnung, nach einem zeitlosen Sein richtet. Illusion und Realität tauchen zusammenhängend im Bühnen- und Maskenmotiv auf. Auch hier erkennt man die Wirklichkeitsproblematik der Zeit.
Die Gattungen des Barock sind durch Formenreichtum und formale Strenge geprägt. Als Beispiel der Lyrik lässt sich das Sonett hervorheben. Die bevorzugte Form der Barockdichtung ist vor allem das Theater. In dieser Epoche ist der Roman *Der abenteuerliche Simplicissimus* von Grimmelshausen äußerst beliebt.

· **Autoren und Werke:**

Martin Opitz (1597—1639):
Mit seinem *Buch von der deutschen Poeterey* (1624) leitet Martin Opitz die normativen deutschen Poetiken ein. Darin werden Thesen und Forderungen aufgestellt, die für das Literaturverständnis der Epoche wichtig sind.
Andreas Gryphius (1616—1664):
Gryphius ist der hervorragende Lyriker der Epoche. Seine Sonette kreisen um die Vergänglichkeit und greifen immer wieder das Kriegselend auf. In seinen Oden ringt er um die Gewissheit der Erlösung.
Hans Jakob Christoffel von Grimmelshausen (1622—1676):
Mit *Der abenteuerliche Simplicissimus Teutsch* (1669) schrieb Grimmelshausen den bedeutendsten Barockroman. In lebendiger Sprache gestaltet er den Weg seines Helden von kindlicher Naivität durch die Welt des Krieges bis zur Hinwendung zu Gott als Einsiedler.

3.2 Ausgewählte Texte

· **Andreas Gryphius:** *Es ist alles eitel* (1636)

安德烈亚斯·格吕菲乌斯：《万事皆虚无》

> **Lesehinweis:** In der Barocklyrik werden die Formen des Sonetts bevorzugt. Das Sonett hat vier Strophen, die in zwei Quartette mit jeweils 4 Zeilen und zwei Terzette mit jeweils 3 Zeilen geteilt sind. Und zwar ist ein bestimmtes Reimschema zu befolgen. Die einzelnen Strophen drücken oft variierte oder antithetische Gedanken aus, wobei die Vergänglichkeit alles Irdischen das Hauptthema der Barocklyrik darstellt. Eitelkeit ist das Schlagwort der Zeit, das immer wiederkehrt, um die Vergeblichkeit und die Wahnhaftigkeit menschlichen Bemühens zu bezeichnen. Der Tod wird mit allen seinen Schrecken im Gedicht so schonungslos geschildert, den man nur durch Tugenden oder Glauben an Gott überwinden kann.

Du siehst, wohin du siehst, nur Eitelkeit auf Erden.
Was dieser heute baut , reißt jener morgen ein:
Wo itzund[1] Städte stehn, wird eine Wiese sein,
Auf der ein Schäferskind[2] wird spielen mit den Herden[3].

Was itzund prächtig blüht , soll bald zertreten werden.
Was itzt so pocht[4] und trotzt[5], ist morgen Asch[6] und Bein[7],
Nichts ist, das ewig sei, kein Erz[8], kein Marmorstein.
Itzt lacht das Glück uns an, bald donnern die Beschwerden.

Der hohen Taten Ruhm muss wie ein Traum vergehn.
Soll denn das Spiel der Zeit, der leichte Mensch bestehn?
Ach! was ist alles dies, was wir vor köstlich achten,

Als schlechte[9] Nichtigkeit, als Schatten, Staub und Wind;
Als eine Wiesenblum , die man nicht wiederfind't.
Noch will was ewig ist kein einig Mensch betrachten!

1. itzund: itzt, jetzt, 现在。
2. das Schäferskind: 牧童。
3. die Herde: 牧群。
4. pochen: 坚持。

5. trotzen: 抗拒。
6. die Asche: 灰烬。
7. das Bein: （旧）骨头。
8. das Erz: 矿石。
9. schlecht: schlechthin, 完全，绝对。

Aufgaben:
1. Wie sieht das Bild von der Welt und vom Leben in den Augen des Dichters aus?
2. Erläutern Sie mithilfe von Wörterbüchern und Lexika den Begriff „Eitelkeit", wie er im Text und Kontext verstanden wird.
3. Im Barock war es primär, die Form kunstvoll zu beherrschen. Analysieren Sie die Struktur des Gryphius-Gedichts und beachten Sie folgende Elemente: Strophenbau, Bau des Alexandriner-Verses (sechshebige Jamben, Zäsur in der Mitte und meist antithetische Aussage), Parallelismus, Klimax, gedanklicher Aufbau von These – Argumentation/Belege – Schlussfolgerung.

· **Hans Jakob Christoffel von Grimmelshausen:** *Der Abenteuerliche Simplicissimus Teutsch* **(1669)**

格里美尔豪森：《痴儿西木冒险记》

> **Lesehinweis:** Den Hintergrund von Grimmelshausens Roman bildet der Dreißigjährige Krieg. In fünf Büchern wird der überaus abwechslungsreiche Lebensweg vom Ich-Erzähler entfaltet. Die Zeitumstände und die Alltagsprobleme sind den zeitgenössischen Lesern zu vertraut. Den Namen „Simplex" (der Einfältige) erhält die Titelfigur von einem Einsiedler, bei diesem er heranwächst. In der folgenden Episode kommt es zur Darstellung, wie der 10-jährige Junge den Überfall eines Soldatentrupps auf den Bauernhof seiner Eltern miterlebt.

Das Erste, das diese Reuter taten, war, dass sie ihre Pferd einstellten, hernach hatte jeglicher seine sonderbare Arbeit zu verrichten, deren jede lauter Untergang und Verderben anzeigte, denn obzwar etliche anfingen zu metzgen, zu sieden und zu braten, dass es sah, als sollte ein lustig Bankett gehalten werden, so waren hingegen andere, die durchstürmten das Haus unten und oben, ja das heimlich Gemach war nicht sicher, gleichsam ob wäre das gülden Fell von Kolchis¹ darinnen verborgen; andere machten von Tuch, Kleidungen und allerlei Hausrat große Päck zusammen, als ob sie irgends ein Krempelmarkt anrichten wollten, was sie aber nicht mitzunehmen gedachten, wurde zerschlagen, etliche durchstachen Heu und Stroh mit ihren Degen, als ob sie nicht Schaf und Schwein genug zu stechen gehabt hätten, etliche schütteten die Federn aus den Betten, und fülleten hingegen Speck, andere dürr Fleisch und sonst Gerät hinein, als ob alsdann besser darauf zu schlafen gewesen wäre; andere schlugen Ofen und Fenster ein, gleichsam als hätten sie ein ewigen Sommer zu verkündigen, Kupfer und Zinnengeschirr schlugen sie zusammen, und packten die gebogenen und verderbten Stück ein, Bettladen, Tisch, Stühl und Bänk verbrannten sie, da doch viel Klafter dürr Holz im Hof lag, Hafen[2] und Schüsseln musste endlich alles entzwei, entweder weil sie lieber Gebraten aßen, oder weil sie bedacht waren, nur ein einzige Mahlzeit allda zu halten; unser Magd ward im Stall dermaßen traktiert, dass sie nicht mehr daraus gehen konnte, welches zwar eine Schand ist zu melden! Den Knecht legten sie gebunden auf die Erd, steckten ihm ein Sperrholz ins Maul, und schütteten ihm einen Melkkübel voll garstig Mistlachenwasser in Leib, das nannten sie ein Schwedischen Trunk, wodurch sie ihn zwangen, eine Partei anderwärts zu führen, all da sie Menschen und Vieh hinwegnahmen, und in unsern Hof brachten, unter welchen mein Knan[3], mein Meuder und unser Ursele auch waren. Da fing man erst an, die Stein[4] von den Pistolen, und hingegen an deren Statt der Bauren Daumen aufzuschrauben, und die armen Schelmen so zu foltern, als wenn man hätt Hexen brennen wollen, maßen sie auch einen von den gefangenen Bauren bereits in Backofen steckten und mit Feuer hinter ihm her waren, so ohnangesehen er noch nichts bekannt hatte; einem andern machten sie ein Seil um den Kopf, und reitelten[5] es mit einem Bengel[6] zusammen, dass ihm das Blut zu Mund, Nas und Ohren heraussprang. In summa, es hatte jeder seine eigene Invention, die Bauren zu peinigen, und also auch jeder Bauer seine sonderbare Marter. [...]

1. das gülden Fell von Kolchis: 古希腊神话中的金羊毛。
2. der Hafen: （陶制的）锅, 罐。
3. der Knan: 父亲。
4. der Stein: 火石。
5. reiteln: 转动。
6. der Bengel: 木棒。

Aufgaben:
1. Welche Empfindungen und Gedanken löst der Text aus?
2. Mit welchen Mitteln werden diese Wirkungen erreicht?
3. Arbeiten Sie den Erzählstil des Textes gegenüber der höfischen Literatur heraus.
4. Vergleichen Sie diesen Schelmenroman mit *Die Blechtrommel* von Günter Grass in der literarischen Tradition.

4. AUFKLÄRUNG (1720—1800)
启蒙运动文学

4.1 Epochenüberblick

Die Zeit der Aufklärung beginnt um 1720 und endet um 1785, also mit Beginn der Klassik. Die Aufklärung ist vor allem eine geistesgeschichtliche und vielgestaltige Bewegung, die speziell von Frankreich ausgeht und das ganze Europa umfasst. Die traditionellen Vorgaben der Kirche werden ersetzt durch ein philosophisch freies Denken und den geistigen Austausch zwischen Wissenschaftlern und Künstlern. In den bürgerlichen Wertvorstellungen sind alle Menschen als vernunftbegabte Wesen von Natur aus einander gleich, und sie unterscheiden sich nur durch Verstand und Bildung.

· **Die politische Situation:**

Die vorherrschende Staatsform zur Zeit der Aufklärung war der Absolutismus. Die territoriale Zersplitterung wurde durch den Dreißigjährigen Krieg und willkürliche Herrschaft der Fürsten noch erstarkt. Dies war ein Hemmnis für die Entstehung einer geschlossenen bürgerlichen Emanzipationsbewegung. Die Fürsten trieben nach eigenen Interessen Politik, führten Kriege oder gingen Bündnisse ein. Nur einzelne Herrschaftsträger beachteten die Bedürfnisse der Bürger und setzten allgemeine Reformen ein (aufgeklärter Absolutismus). In den großen Handelsstädten wie Frankfurt, Leipzig, Berlin usw. entwickelte sich ein Bildungsbürgertum, das die politischen und sozialen Verhältnisse zu hinterfragen begann, nach Aufklärung verlangte und an die Erziehbarkeit des Menschen glaubte.

· **Kulturelle Voraussetzungen:**

In Philosophie und Wissenschaft richtet man sich nach Verstand (Rationalismus) und Erfahrung (Empirismus). „Cogitoergo sum" – „ich denke, also bin ich", sagt René Descartes (1596—1650), Begründer des Rationalismus der neuzeitlichen Philosophie. Immanuel Kant (1724—1804) erläutert die Definition von Aufklärung: „Aufklärung ist der Ausgang des Menschen aus seiner selbstverschuldeten Unmündigkeit." Und weiter: „Unmündigkeit ist das Unvermögen, sich seines Verstandes ohne Leitung eines andern zu bedienen." So meinen die Aufklärer, nur die Benutzung des Verstandes gewährleistet allen Menschen ein freies und würdiges Leben. Auch im Bereich der Naturwissenschaften vollziehen sich bahnbrechende Erkenntnisse. Die Welt kann nun zunehmend wissenschaftlich zur Kenntnis genommen werden. Dabei gerät die Religion selbst auch auf den Prüfstand der Vernunft. Dichter und Philosophen der Aufklärung stammen selbst meist aus bürgerlichen Schichten, und betreiben die Aufwertung des aufstrebenden Bürgertums mit Hilfe der Literatur. Politisch bleibt den Bürgern weitergehend versagt, sich an staatlicher Verwaltung zu beteiligen.

· **Themen und Formen:**

Literatur sollte unterhalten, sie sollte aber auch belehren. Die Epoche wird durch zahlreiche unterschiedliche literarische Tendenzen geprägt. Sie reichen von der heiteren Rokoko-Dichtung, über Formen der kritischen, belehrenden, unterhaltenden und erbauenden Literatur bis zu Werken, die religiösen und empfindsamen Gemütern Ausdruck verleihen. So werden beispielsweise das Verhältnis zwischen Adel und Bürgertum (Lessing: *Emilia Galotti*), religiöse Toleranz und Humanität (Lessing: *Nathan der Weise*) angesprochen. Themen wie Erziehung und Bildung werden erstmals ins Blickfeld gerückt (Sophie von La Roche: *Geschichte des Fräuleins von Sternheim*). Toleranz und Weltoffenheit fördern Übersetzungen, von denen die Shakespeare-Übersetzung Wielands von großer Bedeutung ist.
Fabeln und Tragödien sind die bevorzugten Gattungen der Dichter jener Zeit. Mit *Miss Sara Sampson* führt Lessing das bürgerliche Trauerspiel in Deutschland ein. Sein *Nathan der Weise* greift auf Thema und Form (Humanität; Blankvers) der Klassik zurück. Pietismus und Empfindsamkeit verwenden eine nuancenreiche Gefühlssprache („Seelensprache"), bei Klopstock findet sich ein erhabener Stil.

· **Autoren und Werke:**

Christoph Gottsched (1700—1766):
Gottsched machte sich vor allem durch seine Poetik *Versuch einer Critischen Dichtkunst vor die Deutschen* (1730) einen Namen. Er begreift Dichtung als Belehrung und Erziehung zu gutem Geschmack.
Gotthold Ephraim Lessing (1729—1781):
Mit *Miss Sara Sampson* (1755) begründete Lessing das bürgerliche Trauerspiel in Deutschland, das er dann mit *Emilia Galotti* (1772) weiter entwickelte. Hier zeigt er, wie bürgerliche Tugend und Liebe an höfischer Intrige und Eigensucht scheitern. In seinem dramatischen Gedicht *Nathan der Weise* (1779) gestaltet Lessing das Ideal der Humanität. Den Kern des Werkes bildet die Ringparabel, in der drei Ringe für die drei Religionen, nämlich Judentum, Christentum und Islam, stehen. Eine friedliche Koexistenz soll angestrebt werden. In seiner Komödie *Minna von Barnhelm* (1767) kritisiert Lessing ironisch übertriebe-

nes Ehrgefühl.

Friedrich Gottlieb Klopstock (1724—1803) :

In Klopstocks Lyrik (*Der Zürchersee, Frühlingsfeier, Mein Vaterland* usw.) zeigt sich seine Vorliebe für das Große und Erhabene. Klopstocks Oden und freie Rhythmen beeinflussen Goethe, Hölderlin, Rilke und die Lyrik des Expressionismus.

Christoph Martin Wieland (1733—1813) :

Geschichte des Agathon (1766) von Wieland ist der erste deutsche Bildungsroman. Wieland gilt als bekanntester und meistgelesener Autor der Zeit. Seine Werke bilden den Höhepunkt der Empfindsamkeit.

4.2 Ausgewählte Texte

· **Gotthold Ephraim Lessing :** *Der Rabe und der Fuchs* **(1759)**

G. E. 莱辛：《乌鸦与狐狸》

> **Lesehinweis:** Fabel ist eine epische Kleinform mit phantastischer Schilderung, wo Tiere und Pflanzen oder leblose Gegenstände, wie Menschen redend und handelnd, auftreten. Man hat manchen Tieren menschliche Eigenschaften (Tugenden oder Laster) zugeschrieben. Fabeln können zugleich eine literarische Kampfform sein, weil sie auf eine versteckte Weise die Wahrheit aufdecken, deshalb erhalten sie im Zeitalter der Aufklärung besondere Bedeutung. Lessing schrieb viele klassische deutsche Fabeln. Sie haben einfache Struktur und klare Bilder, und dienen dazu, eine moralische Belehrung und politische Kritik zu veranschaulichen.

Ein Rabe trug ein Stück vergiftetes Fleisch, das der erzürnte[1] Gärtner für die Katzen seines Nachbars hingeworfen hatte, in seinen Klauen[2] fort. Und eben wollte er es auf einer alten Eiche[3] verzehren[4], als sich ein Fuchs herbeischlich und ihm zurief: „Sei mir gesegnet, Vogel des Jupiters[5]!"

„Für wen siehst du mich an?" fragte der Rabe. „Für wen ich dich ansehe?" erwiderte der Fuchs. „Bist du nicht der rüstige Adler, der täglich von der Rechten des Zeus auf diese Eiche herabkommt, mich Armen zu speisen? Warum verstellst du dich? Sehe ich denn nicht in der siegreichen Klaue die erflehte Gabe[6], die mir dein Gott durch dich zu schicken noch fortfährt?"

Der Rabe erstaunte und freute sich innig, für einen Adler gehalten zu werden. Ich muss, dachte er, den Fuchs aus diesem Irrtum nicht bringen. – Großmütig dumm ließ er ihm also seinen Raub herabfallen und flog stolz davon.

Der Fuchs fing das Fleisch lachend auf und fraß es mit boshafter Freude. Doch bald verkehrte sich die Freude in ein schmerzhaftes Gefühl; das Gift fing an zu wirken, und er verreckte[7].

Möchtet ihr euch nie etwas anders als Gift erloben, verdammte Schmeichler[8]!

1. erzürnt: 生气的。
2. die Klaue: 动物爪子。
3. die Eiche: 橡树。
4. verzehren: 吃掉。
5. der Jupiter: 罗马神话的主神朱庇特。
6. die erflehte Gabe: 渴求的礼物。
7. verrecken: 倒毙。
8. der Schmeichler: 奉承者。

Aufgaben:
1. Geben Sie diese Geschichte in eigenen Worten wieder.
2. Überlegen Sie sich, welche Menschen(typen) sich bei den Fabeln hinter den Tieren verbergen.
3. Was wird in dieser Fabel zum Thema gemacht?
4. Lessing hat in seiner „Abhandlung" zur Fabel (1759) vorgeschlagen, dass der Autor alte Fabeln umarbeiten solle, um andere Prioritäten zu setzen. Finden Sie dann eine moralische Deutung heraus, die sich auf die Zustände der Epoche bezieht.

· **Gotthold Ephraim Lessing:** *Emilia Galotti* **(1772)**

G. E. 莱辛：《爱米丽雅·伽洛蒂》

> **Lesehinweis:** Bürgerliches Trauerspiel entstand somit im Zuge der Emanzipationsbewegung des Bürgertums, das sich durch Humanität, Toleranz, Gerechtigkeit, Mitleid und Sittlichkeit auszeichnet. Von Stoffen her geht es im bürgerlichen Trauerspiel entweder um unpolitische Familienkonflikte, oder es handelt vom politischen Kampf gegen die Unterdrückung durch den Adel. Es findet meistens keine Revolution statt, das Stück endet mit Selbstzerstörung, Resignation und Mord der bürgerlichen Figuren. In diesem Stück hat sich der Fürst von Guastalla in Emilia Galotti verliebt. Sein Helfer am Hof, Marinelli, lässt die Kutsche, in der Emilia und ihr Verlobter Appiani fahren, überfallen. Appiani wird ermordet und Emilia auf das Schloss des Fürsten „gerettet". Der Vater Odoardo durchschaut das Spiel. Er erhält von Orsina, der verlassenen Geliebten des Fürsten, einen Dolch, um diesen zu töten. Er trifft aber auf seine Tochter.

V/7

ODOARDO: Ich meine, du bist ruhig, mein Kind.

EMILIA: Das bin ich. Aber was nennen Sie ruhig sein? Die Hände in den Schoß legen[1]? Leiden, was man nicht sollte? Dulden, was man nicht dürfte?

ODOARDO: Ha! Wenn du so denkest! – Lass dich umarmen, meine Tochter! – Ich hab es immer gesagt: Das Weib wollte die Natur zu ihrem Meisterstücke machen. Aber sie vergriff sich im Tone, sie nahm ihn zu fein[2]. Sonst ist alles besser an euch als an uns. – Ha, wenn das deine Ruhe ist, so habe ich meine in ihr wiedergefunden! Lass dich umarmen, meine Tochter! – Denke nur: Unter dem Vorwande einer gerichtlichen Untersuchung – oh, des höllischen Gaukelspieles! – reißt er dich aus unsern Armen und bringt dich zur Grimaldi[3].

EMILIA: Reißt mich? Bringt mich? – Will mich reißen, will mich bringen: will! will! – Als ob wir, wir keinen Willen hätten, mein Vater!

ODOARDO: Ich ward auch so wütend, dass ich schon nach diesem Dolche griff *ihn herausziehend*, um einem von beiden – beiden! – das Herz zu durchstoßen.

EMILIA: Um des Himmels willen nicht, mein Vater! – Dieses Leben ist alles, was die Lasterhaften haben. – Mir, mein Vater, mir geben Sie diesen Dolch.

ODOARDO: Kind, es ist keine Haarnadel.

EMILIA: So werde die Haarnadel zum Dolche! – Gleichviel.

ODOARDO: Was? Dahin wäre es gekommen? Nicht doch; nicht doch! Besinne dich. – Auch du hast nur ein Leben zu verlieren.

EMILIA: Und nur eine Unschuld!

ODOARDO: Die über alle Gewalt erhaben ist.

EMILIA: Aber nicht über alle Verführung. – Gewalt! Gewalt! Wer kann der Gewalt nicht trotzen? Was Gewalt heißt, ist nichts: Verführung ist die wahre Gewalt. – Ich habe Blut, mein Vater, so jugendliches, so warmes Blut als eine. Auch meine Sinne sind Sinne. Ich stehe für nichts. Ich bin für nichts gut. Ich kenne das Haus der Grimaldi. Es ist das Haus der Freude[4]. Eine Stunde da, unter den Augen meiner Mutter – und es erhob sich so mancher Tumult in meiner Seele, den die strengsten Übungen der Religion kaum in Wochen besänftigen konnten! – Der Religion! Und welcher Religion? – Nichts Schlimmers zu vermeiden, sprangen Tausende in die Fluten und sind Heilige! – Geben Sie mir, mein Vater, geben Sie mir diesen Dolch.

[...]

ODOARDO: Sieh, wie rasch! – Nein, das ist nicht für deine Hand.

EMILIA: Es ist wahr, mit einer Haarnadel soll ich – *Sie fährt mit der Hand nach dem Haare, eine zu suchen, und bekommt die Rose zu fassen.* Du noch hier? – Herunter mit dir! Du gehörest nicht in das Haar einer – wie mein Vater will, dass ich werden soll!

ODOARDO: Oh, meine Tochter!

EMILIA: Oh, mein Vater, wenn ich Sie erriete! – Doch nein, das wollen Sie auch nicht.

Warum zauderten Sie sonst? – *In einem bittern Tone, während dass sie die Rose zerpflückt.* Ehedem wohl gab es einen Vater, der seine Tochter von der Schande zu retten, ihr den ersten, den besten Stahl in das Herz senkte – ihr zum zweiten Male das Leben gab[5]. Aber alle solche Taten sind von ehedem! Solcher Väter gibt es keinen mehr!

ODOARDO: Doch, meine Tochter, doch! *Indem er sie durchsticht* – Gott, was hab ich getan! *Sie will sinken, und erfasst sie in seine Arme.*

EMILIA: Eine Rose gebrochen, ehe der Sturm sie entblättert. – Lassen Sie mich sie küssen, diese väterliche Hand.

> 1. die Hände in den Schoß legen：无所事事，坐以待毙。
> 2. 此句的意思是：大自然本来要把女人塑造成它的杰作，但是它抓错了土，它取的土太细了。
> 3. Grimaldi: 亲王常在此举办舞会欢宴的大臣之家。
> 4. das Haus der Freude：放荡之家（讽刺用语）。
> 5. 此句是指古罗马历史上一位叫维吉尼亚（Virginia）的姑娘被父亲刺死，原因是她的父亲不想让有权势的人占有她，以此维护女儿的清白和自由。

Aufgaben:

1. Zeichnen Sie das mit eigenen Worten nach, was auf der Bühne geschehen ist.
2. Charakterisieren Sie die beiden Gesprächspartner und überlegen Sie sich, was Emilia dazu bringt, ihren Tod zu wünschen, und wie sie ihren Vater zwingt, sie zu töten?
3. Wie zeigen sich die Konflikte von Individuum und Gesellschaft? Ist das bürgerliche Trauerspiel auch das Trauerspiel des Bürgertums?
4. Lessing verlangt in seiner „Hamburgischen Dramaturgie", dass das bürgerliche Trauerspiel Mitleid auslösen soll, welches zur Reinigung der Leidenschaft führt. Kann Emilias Schicksal ein solches Mitleid auslösen? Wie kann der zeitgenössische Leser den Schluss des Trauerspiels verstehen?

5. STURM UND DRANG (1765—1785)
狂飙突进文学

5.1 Epochenüberblick

Die Epoche des Sturm und Drang fällt ausschließlich auf die deutsche Literatur und wird nur von einer relativ kleinen Autorengruppe gefördert. Der Sturm und Drang stellt eine literarische Bewegung innerhalb der Epoche der Aufklärung dar, die mit dem Älterwerden seiner Vertreter endet. Die Bezeichnung dieses Literaturabschnitts stammt vom Titel eines Dramas von Friedrich Maximilian Klinger. Vielfach wird auch die Bezeichnung „Geniezeit" gebraucht, weil Kreativität und Genialität des Einzelnen in dieser Zeit viel beachtet sind.

· **Die politische Situation:**

Die Aufklärung und der Sturm und Drang gehen zeitlich parallel vor (wenn auch die Geniezeit wesentlich kürzer war). Daher überschneidet sich das politische Verhältnis in Deutschland zur Zeit des Sturm und Drang mit dem der späten Aufklärung. Deutschland war zersplittert in viele kleine, souveräne Staaten, deswegen blieben die Bildung eines Nationalstaates und die Stärkung des Bürgertums noch auf dem Weg. Die Willkür und die Ohnmacht der Fürsten prägen die Zeit. Trotz der relativ fortschrittlichen Reformen vieler Monarchen empfanden die jungen Sturm-und-Drang-Autoren ein Ungenügen an den sozialen Verhältnissen.

· **Kulturelle Voraussetzungen:**

Die Kritik der Stürmer und Dränger ist mit dem Gedankengut der Aufklärung verbunden. Die Kritik der Aufklärung an Fürstenwillkür, Standesschranken, Untertanenmentalität, religiösem Dogmatismus und weltanschaulicher Engstirnigkeit wird von der jungen Generation erneut aufgegriffen. Doch die junge Generation hält die Vernunftorientierung der Aufklärung für zu einseitig. Sie protestiert gegen Fortschrittsglauben, Rationalismus und enge Moralvorstellungen der Vätergeneration. Die Dichter des Sturm und Drang sind beeinflusst von Jean-Jacques Rousseau (1712—1778), nach dem der Mensch von Natur aus gut, aber durch die Zivilisation verdorben ist. Natur, Gefühl, Freiheit und Genie sind die Leitbegriffe dieser Bewegung. Die Literatur orientiert sich dadurch an einer neuen, subjektivistischen Dimension, die die Zeitgenossen emotional viel stärker anspricht als der etablierte Kanon. Der Erfolg des *Götz von Berlichingen*, des *Werther* oder der *Räuber* verdeutlicht dies.

· Themen und Formen:

Das Grundthema ist wie folgend:
Der Geniegedanke: Der schöpferische und genialische Mensch verachtet die Autoritäten, er revoltiert gegen Dogmatismus, Zwang und Reglement (Goethe: *Prometheus*);
Der Naturenthusiasmus: Die „Mutter Natur" gilt als schöpferisches und göttliches Prinzip (Pantheismus), Natur bedeutet nicht nur Landschaft, sondern auch Körperlichkeit, Sinnlichkeit und Schöpfungskraft (Goethe: *Prometheus*);
Der Liebes- und Freundschaftskult (Schiller: *Die Räuber*, *Die Bürgschaft*);
Das Freiheitspathos (Schiller: *Don Karlos*).
Die Ballade sowie die Erlebnislyrik sind die im Sturm und Drang vorherrschenden literarischen Formen. Die Sprache der Dichter soll natürlich sein und sich nicht in eine grammatisch-logische Ordnung zwingen lassen. Die jungen Autoren streben nach einer neuen Sprache mit neuen Wörtern und Metaphern.

· Autoren und Werke:

Johann Wolfgang von Goethe (1749—1832):
Eine kurze, leidenschaftliche Liebe zur Sesenheimer Pfarrerstochter Friederike Brion findet dichterischen Ausdruck in der Sesenheimer Lyrik (Erlebnislyrik: *Mailied*; *Willkommen und Abschied*). Goethes Briefroman *Die Leiden des jungen Werthers* (1774) ist die erste deutsche Dichtung vom Weltrang. Die Hymnen *Prometheus* und *Ganymed* sind immer wieder als Belege für zwei sich gegenseitig ergänzende Haltungen Goethes beschrieben worden.

Johann Gottfried Herder (1744—1803):
Als Geschichtsphilosoph und Ästhetiker zählt Herder zu einem der führenden Denker des Sturm und Drang. *Stimmen der Völker in Liedern* ist eine wichtige Veröffentlichung von Herder.

Jakob Michael Reinhold Lenz (1751—1792):
Mit seinen Dramen (*Der Hofmeister*, 1774) begründete Lenz die offene Dramenform, der Büchner im *Woyzeck* folgt.

Friedrich Schiller (1759—1805):
Das bürgerliche Trauerspiel des 18. Jahrhunderts wird durch Schillers *Kabale und Liebe* aus dem Jahr 1784 repräsentiert. Im Drama *Die Räuber* (1781) finden sich das Motiv der

feindlichen Brüder und der Kampf gegen die Ungerechtigkeit. Das dramatische Gedicht *Don Carlos* zeigt schon Schillers Übergang zur Klassik.

5.2 Ausgewählte Texte

· **Johann Wolfgang von Goethe:** *Mailied* **(1771)**

歌德：《五月之歌》

> **Lesehinweis:** In Goethes Jugendlyrik schlagen sich alle Sturm-und-Drang-Themen am Individuum nieder. Echte Liebesleidenschaft, freies Menschenwesen, pathetische Naturfeier sind vor allem in den Friederiken Liedern sichtbar. In seiner Straßburg-Zeit verliebte sich Goethe in die Pfarrerstochter Friederike Brion und verarbeitete später diese und andere Liebeserfahrungen im literarischen Schaffen. Zu dieser Zeit schrieb Goethe Volkslieder, die mit neuen Formen und Stoffen der Auffassung vom Wesen der Literatur entsprachen. Zum Volkslied zählt das *Mailied*, das im menschlichen Liebesgefühl und in der Natur die gleiche kosmische Schöpferkraft besingt.

Wie herrlich leuchtet
Mir die Natur!
Wie glänzt die Sonne!
Wie lacht die Flur[1]!

Es dringen[2] Blüten
Aus jedem Zweig
Und tausend Stimmen
Aus dem Gesträuch.

Und Freud und Wonne[3]
Aus jeder Brust.
O Erd', o Sonne!
O Glück, o Lust,

O Lieb', o Liebe,
So golden schön
Wie Morgenwolken
Auf jenen Höhn,

Du segnest herrlich
Das frische Feld,
Im Blütendampfe
Die volle Welt!

O Mädchen, Mädchen,
Wie lieb' ich dich!
Wie blickt dein Auge,
Wie liebst du mich!

So liebt die Lerche[4]
Gesang und Luft,
Und Morgenblumen
Den Himmelsduft,

Wie ich dich liebe
Mit warmen Blut,
Die du mir Jugend
Und Freud' und Mut

Zu neuen Liedern
Und Tänzen gibst.
Sei ewig glücklich,
Wie du mich liebst.

1. die Flur: 田野。
2. dringen: 穿出。
3. die Wonne: 幸福。
4. die Lerche: 云雀。

Aufgaben：

1. Informieren Sie sich über die Merkmale der lyrischen Form „Volkslied".
2. Was wird in diesem Gedicht thematisiert?
3. Wie bringt das lyrische Ich die frühlingshafte Natur und die eigenen Empfindungen zum Ausdruck?
4. Wie lassen sich die Liebe und das Naturgefühl im Gedicht vereinigen?
5. Welche Stilmittel werden hier benutzt?

· Johann Wolfgang von Goethe: *Prometheus* (1774)

歌德：《普罗米修斯》

> **Lesehinweis:** Bemerkenswert ist auch das Gedicht *Prometheus*, eine Hymne an die Freiheit des Einzelnen, der seine Fähigkeit selbst entscheidet, sich gegen Autoritäten aufzulehnen. In der griechischen Mythologie hat Prometheus eine doppelte Funktion: Er bringt den Menschen das Feuer und er erschafft Menschen. Seine Auflehnung gegen den höchsten Gott Zeus machte ihn für die jungen Stürmer und Dränger attraktiv. Goethe thematisiert vor allem das Motiv der Auflehnung gegen die Götter. Wie Schöpfer oder Originalgenie ist Prometheus für die zeitgenössischen Autoren eine Identifikationsfigur.

Bedecke deinen Himmel, Zeus[1],
Mit Wolkendunst!
Und übe, Knaben gleich,
Der Disteln köpft,
An Eichen dich und Bergeshöhn!
Musst mir meine Erde
Doch lassen stehn,
Und meine Hütte,
Die du nicht gebaut,
Und meinen Herd,
Um dessen Glut
Du mich beneidest.

Ich kenne nichts Ärmer's
Unter der Sonn' als euch Götter!
Ihr nähret kümmerlich
Von Opfersteuern
Und Gebetshauch
Eure Majestät
Und darbtet, wären
Nicht Kinder und Bettler
Hoffnungsvolle Toren.

Da ich ein Kind war,
Nicht wusst', wo aus, wo ein,
Kehrte ich mein verirrtes Aug'

Zur Sonne, als wenn drüber wär'
Ein Ohr, zu hören meine Klage,
Ein Herz wie meins,
Sich des Bedrängten zu erbarmen.

Wer half mir
Wider der Titanen[2] Übermut?
Wer rettete vom Tode mich,
Von Sklaverei?
Hast du's nicht alles selbst vollendet,
Heilig glühend Herz?
Und glühtest, jung und gut,
Betrogen, Rettungsdank
Dem Schlafenden da droben[3]?

Ich dich ehren? Wofür?
Hast du die Schmerzen gelindert
Je des Beladenen?
Hast du die Tränen gestillet
Je des Geängsteten?
Hat nicht mich zum Manne geschmiedet
Die allmächtige Zeit
Und das ewige Schicksal,
Meine Herren und deine?

Wähntest du etwa,
Ich sollte das Leben hassen,
In Wüsten fliehn,
Weil nicht alle Knabenmorgen-
Blütenträume reiften?

Hier sitz' ich, forme Menschen
Nach meinem Bilde,
Ein Geschlecht, das mir gleich sei,
Zu leiden, weinen,
Genießen und zu freuen sich,
Und dein[4] nicht zu achten,
Wie ich.

1. der Zeus: 宙斯，希腊神话中的主神。
2. die Titanen (Pl.): 泰坦族，希腊神话中的巨人族。
3. dem schlafenden da droben: 天上的酣睡者，指宙斯。
4. dein: du的第二格，（旧）你。

Aufgaben:
1. Informieren Sie sich über die Merkmale der lyrischen Form „Hymne".
2. Welches Thema des „Sturm und Drang" wird hier zum Ausdruck gebracht?
3. Recherchieren Sie den Mythos von Prometheus und suchen Sie Erklärungen für die Veränderungen, die Goethe an der Geschichte vornimmt.
4. Wer ist der Sprecher und zu wem spricht er?
5. Wie beschreibt der Sprecher den Göttervater Zeus und sich selbst?

· **Johann Wolfgang von Goethe：** *Die Leiden des jungen Werthers* (1774)

歌德：《少年维特之烦恼》

> **Lesehinweis:** Der Protagonist des Romans, Werther, berichtet in Briefen an seinen Freund Wilhelm über seinen Gemütszustand. Die Briefe beginnen im Mai. Im Juni lernt er auf einem Ball Lotte kennen. Er verliebt sich, muss aber später erkennen, dass Lotte nicht für ihn frei ist. Sie ist mit Albert verlobt und wird ihn heiraten. Die „fatalen bürgerlichen Verhältnisse" quälen ihn. Werther kann sich schließlich nicht von der unerträglichen Lage loswerden. Goethe beschreibt die problematischen Verhältnisse zwischen Individuum und Gesellschaft und gestaltet einen gefühlsvollen bürgerlichen Intellektuellen, der nur nach eigenem Herzen handelt. Das Geschehen wirkt durch Verwendung fiktiver Briefe weniger konstruiert, dafür aber authentischer, leidenschaftlicher.

Briefe vom 10. Mai

Am 10. Mai

Eine wunderbare Heiterkeit hat meine ganze Seele eingenommen, gleich denen süßen Frühlingsmorgen, die ich mit ganzem Herzen genieße. Ich bin so allein und freue mich so meines Lebens, in dieser Gegend, die für solche Seelen geschaffen ist, wie die meine. Ich bin so glücklich, mein Bester, so ganz in dem Gefühl von ruhigem Dasein versunken, dass meine Kunst darunter leidet.

Ich könnte jetzt nicht zeichnen, nicht einen Strich, und bin niemalen ein größerer Maler gewesen als in diesen Augenblicken. Wenn das liebe Tal um mich dampft[1], und die hohe Sonne an der Oberfläche der undurchdringlichen Finsternis meines Waldes ruht, und nur einzelne Strahlen sich in das innere Heiligtum[2] stehlen, und ich dann im hohen Grase am fallenden Bache liege, und näher an der Erde tausend mannigfaltige Gräsgen mir merkwürdig werden. Wenn ich das Wimmeln der kleinen Welt zwischen Halmen³, die unzähligen, unergründlichen Gestalten, all der Würmgen, der Mückgen, näher an meinem Herzen fühle, und fühle die Gegenwart des Allmächtigen, der uns all nach seinem Bilde schuf, das Wehen des Allliebenden, der uns in ewiger Wonne schwebend trägt und erhält. Mein Freund, wenn's denn um meine Augen dämmert, und die Welt um mich her und Himmel ganz in meiner Seele ruht, wie die Gestalt einer Geliebten; dann sehn ich mich oft und denke: Ach könntest du das wieder ausdrücken, könntest du dem Papier das einhauchen⁴, was so voll, so warm in dir lebt, dass es würde der Spiegel deiner Seele, wie deine Seele ist der Spiegel des unendlichen Gottes. Mein Freund – Aber ich gehe darüber zu Grunde, ich erliege unter der Gewalt der Herrlichkeit dieser Erscheinungen.

Briefe vom 3. November

Am 3. November

Weiß Gott! Ich lege mich so oft zu Bette mit dem Wunsche, ja manchmal mit der Hoffnung, nicht wieder zu erwachen: und morgens schlage ich die Augen auf, sehe die Sonne wieder, und bin elend. O dass ich launisch sein könnte, könnte die Schuld aufs Wetter, auf einen Dritten, auf eine fehlgeschlagene Unternehmung schieben, so würde die unerträgliche Last des Unwillens doch nur halb auf mir ruhen. Wehe mir! Ich fühle zu wahr, dass an mir alle Schuld liegt – nicht Schuld! Genug, dass in mir die Quelle alles Elendes verborben ist, wie ehemals die Quelle aller Seligkeiten. Bin ich nicht noch ebenderselbe, der ehemals in aller Fülle der Empfindung herumschwebte, dem auf jedem Tritte ein Paradies folgte, der ein Herz hatte, eine ganze Welt liebevoll zu umfassen? Und dies Herz ist jetzt tot, aus ihm fließen keine Entzückungen mehr, meine Augen sind trocken, und meine Sinnen⁵, die nicht mehr von erquickenden Tränen gelabt⁶ werden, ziehen ängstlich meine Stirn zusammen. Ich leide viel, denn ich habe verloren, was meines Lebens einzige Wonne war, die heilige, belebende Kraft, mit der ich Welten um mich schuf; sie ist dahin! – Wenn ich zu meinem Fenster hinaus an den fernen Hügel sehe, wie die Morgensonne über ihn her den Nebel durchbricht und den stillen Wiesengrund bescheint, und der sanfte Fluss zwischen seinen entblätterten Weiden zu mir herschlängelt, – oh! Wenn da diese herrliche Natur so starr vor mir steht wie ein lackiertes Bildchen, und alle die Wonne keinen Tropfen Seligkeit aus meinem Herzen herauf in das Gehirn pumpen kann, und der ganze Kerl vor Gottes Angesicht steht wie ein versiegter Brunnen, wie ein verlechter Eimer. Ich habe mich oft auf den Boden geworfen und Gott um Tränen gebeten, wie ein Ackersmann um Regen, wenn der Himmel ehern über ihm ist und um ihn die Erde verdürstet.

Aber, ach, ich fühle es, Gott gibt Regen und Sonnenschein nicht unserm ungestümen Bitten, und jene Zeiten, deren Andenken mich quält, warum waren sie so selig, als weil⁷ ich mit Geduld seinen Geist erwartete und die Wonne, die er über mich ausgoss, mit ganzem, innig dankbarem Herzen aufnahm!

1. dampfen: 散发。
2. das Heiligtum: 圣地。
3. die Halmen (Pl.): 一种蝇类。
4. einhauchen: 吹入，注入。
5. der Sinn: 感官。
6. laben: 使振作，滋润。
7. als weil: derweil, 当时。

Aufgaben:
1. Wie sieht das Bild der Natur sowie des Menschen in Werthers Briefen aus?
2. Wie zeigt sich der Stimmungsumschwung Werthers bezüglich der Naturbeschreibung im Brief vom 3. November?
3. Analysieren Sie die Sprache, mit der das Bild der Natur in Werthers Briefen subjektiv gefärbt wird.
4. Erläutern Sie ausgehend von epochentypischem Naturbild die bürgerliche Gefühlskultur im Vergleich zu Vernunft und Rationalität.

· **Friedrich Schiller: *Die Räuber* (1781)**

弗里德里希·席勒：《强盗》

Lesehinweis: Das Stück, das 1780 im Mannheimer Nationaltheater uraufgeführt wurde, fand beim Publikum viel Begeisterung, da es fürstliche Willkür, die im 18. Jahrhundert in deutschen Kleinstaaten häufig zu sehen war, anprangerte. Im Schillers Erstlingswerk stehen die zwei feindlichen Brüder für die zwei zeitgenössisch vorherrschenden Denkrichtungen: Karl, der ältere der beiden, wird als edel denkender, seinem Gefühl folgender Mensch geschildert (Bedürfnis nach Freiheit, Gefühl für Gerechtigkeit, enthusiastische Liebe und Freundschaft). Franz, der jüngere, ist hingegen ein kalter Rationalist, ein Machtmensch ohne Glauben und moralische Skrupel. Eindeutig zeigt Schiller die Sympathie für seinen „edlen Verbrecher" und Rebellen gegen die Gesellschaft, Karl Moor.

I/2

Schänke an den Grenzen von Sachsen. Karl von Moor in ein Buch vertieft. Spiegelberg trinkend am Tisch.

KARL VON MOOR *legt das Buch weg*: Mir ekelt vor diesem tintenklecksenden Säkulum[1], wenn ich in meinem Plutarch[2] lese von großen Menschen.
SPIEGELBERG *stellt ihm ein Glas hin und trinkt*: Den Josephus[3] musst du lesen.

MOOR: Der lohe Lichtfunke Prometheus' ist ausgebrannt, dafür nimmt man itzt die Flamme von Bärlappenmehl – Theaterfeuer, das keine Pfeife Tabak anzündet. Da krabbeln sie nun wie die Ratten auf der Keule des Herkules und studieren sich das Mark aus dem Schädel, was das für ein Ding sei, das er in seinen Hoden geführt hat? Ein französischer Abbé[4] doziert, Alexander sei ein Hasenfuß gewesen, ein schwindsüchtiger Professor hält sich bei jedem Wort ein Fläschchen Salmiakgeist vor die Nase und liest ein Kollegium über die Kraft. Kerls, die in Ohnmacht fallen, wenn sie einen Buben gemacht haben, kritteln über die Taktik des Hannibals – feuchtohrige Buben fischen Phrases aus der Schlacht bei Cannä und greinen über die Siege des Scipio, weil sie sie exponieren[5] müssen. [...] Da verrammeln sie sich die gesunde Natur mit abgeschmackten Konventionen, haben das Herz nicht, ein Glas zu leeren, weil sie Gesundheit dazu trinken müssen – belecken den Schuhputzer, dass er sie vertrete bei Ihro Gnaden, und hudeln[6] den armen Schelm, den sie nicht fürchten. Vergöttern sich um ein Mittagessen und möchten einander vergiften um ein Unterbett, das ihnen beim Aufstreich[7] überboten wird. – Verdammen den Sadduzäer[8], der nicht fleißig genug in die Kirche kommt, und berechnen ihren Judenzins am Altare – fallen auf die Knie, damit sie ja ihren Schlamp[9] ausbreiten können – wenden kein Aug von dem Pfarrer, damit sie sehen, wie seine Perücke frisiert ist. – Fallen in Ohnmacht, wenn sie eine Gans bluten sehen, und klatschen in die Hände, wenn ihr Nebenbuhler bankerott von der Börse geht – – So warm ich so ihnen die Hand drückte: – Nur noch einen Tag! – Umsonst! – Ins Loch mit dem Hund! – Bitten! Schwüre! Tränen! *Auf den Boden stampfend:* Hölle und Teufel! [...]

SCHWARZ: Komm mit uns in die böhmischen Wälder! Wir wollen eine Räuberbande sammeln, und du – *Moor stiert ihn an.*

SCHWEIZER: Du sollst unser Hauptmann sein! Du musst unser Hauptmann sein!

SPIEGELBERG *wirft sich wild in einen Sessel*: Sklaven und Memmen!

MOOR: Wer blies dir das Wort ein? Höre, Kerl! *Indem er Schwarzen hart ergreift*: Das hast du nicht aus deiner Menschenseele hervorgeholt! Wer blies dir das Wort ein? Ja, bei dem tausendarmigen Tod! Das wollen wir, das müssen wir! Der Gedanke verdient Vergötterung – Räuber und Mörder! – So wahr meine Seele lebt, ich bin euer Hauptmann!

ALLE *mit lärmendem Geschrei*: Es lebe der Hauptmann!

SPIEGELBERG *aufspringend, vor sich*: Bis ich ihm hinhelfe!

MOOR: Siehe, da fällt's wie der Star von meinen Augen! Was für ein Tor ich war, dass ich in den so Käfig zurückwollte! – Mein Geist dürstet nach Taten, mein Atem nach Freiheit. – *Mörder, Räuber!* – mit diesem Wort war das Gesetz unter meine Füße gerollt. – Menschen haben Menschheit vor mir verborgen, da ich an Menschheit appellierte, weg dann von mir Sympathie und menschliche Schonung! – Ich habe keinen Vater mehr, ich habe keine Liebe mehr, und Blut und Tod soll mich vergessen lehren, dass mir jemals teuer war! Kommt, kommt! – Oh ich will mir eine fürchterliche Zerstreuung machen – es bleibt dabei, ich bin euer Hauptmann! Und Glück zu den Meister unter euch, der am wildesten sengt, am grässlichsten mordet, denn ich sage euch, er soll königlich belohnt werden – tretet her um mich und schwöret mir Treu und Gehorsam zu bis in den Tod! – Schwört mir das bei dieser mannlichen Rechte.

1. das Säkulum: 时代，世纪。
2. Plutarch (ca. 40—120 n. Chr.): 普鲁塔克，古希腊作家和历史学家。
3. Josephus (37—100 n. Chr.): 约瑟夫斯，犹太历史学家。
4. der Abbé: 大修道院院长，僧侣，神父。
5. exponieren: 阐述，说明。
6. hudeln: 责备，斥责。
7. der Aufstreich: 拍卖。
8. der Sadduzäer: 撒都该人，古犹太教一个派别的成员。
9. der Schlamp: 拖裙。

Aufgaben:
1. Informieren Sie sich über die Handlung dieses Dramas mit Hilfe des Internets oder eines Lexikons.
2. Worüber diskutieren Karl Moor und seine Freunde?
3. Welche Urteile haben Karl Moor und seine Freunde? Und wie haben sie sie begründet?
4. Zählen Sie die Einwände Moors gegen das eigene Jahrhundert auf.
5. Wie ist die Hauptfigur Karl Moor charakterisiert?

6. WEIMARER KLASSIK (1786—1805)
魏玛古典主义文学

6.1 Epochenüberlick

Mit dem Begriff „Klassik" ist einerseits etwas zeitlos Gültiges, oder Vorbildliches gemeint, andererseits bezeichnet man damit einen kulturellen Höhepunkt in den einzelnen Ländern. In diesem Sinne kann die Blütezeit jeder europäischen Literatur als „klassische" Epoche bezeichnet werden. Diese Epoche entfällt in jedem Land auf ganz unterschiedliche historische Perioden. Die deutsche Klassik umfasst nur eine sehr kurze Zeitspanne. Mit Goethes Italienreise (1786) begann die eigentliche klassische Zeit. Sie endete mit Schillers Tod (1805). Die Werke zweier Autoren beziehen sich in Form und Inhalt auf die Antike Griechenlands und Roms.

· **Die politische Situation:**

Das herausragende, den gesamten Zeitabchnitt prägende Ereignis ist die Französische Revolution von 1789. Der Ruf der Französischen Revolution nach Freiheit, Gleichheit und Brüderlichkeit löste zunächst Begeisterung im Deutschen Reich aus, doch führten wachsendes Chaos und fortschreitender Terror (Jakobinerherrschaft) bald zu kritischer Sicht und Ablehnung. Die Zeit um 1800 war geprägt von politischer Unruhe und großen Umwälzungen: die Kriege der europäischen Monarchien gegen das republikanische Frankreich, der Aufstieg und die Kaiserkrönung Napoleons und die Auflösung der alten politischen und territorialen Ordnung in Deutschland durch Napoleons imperiale Politik.

· **Kulturelle Voraussetzungen:**

Von entscheidender Bedeutung für das literarische und kulturelle Zentrum ist die kleine Residenzstadt Weimar. So entfaltete sich das Herzogtum mit den Dichtern Johann Wolfgang Goethe, Johann Gottfried Herder (1744—1803) und Christoph Martin Wieland (1733—1813), zu denen in den 1790er Jahren noch Friedrich Schiller kam, zu einer Kulturmetropole, die die Intellektuellen aus ganz Europa anzog. Der Archäologe Johann Joachim Winckelmann (1717—1768) verweist auf die griechische Antike als Vorbild, wo das Schönheitsideal „edle Einfalt und stille Größe" verwirklicht werden kann. Die Leitbegriffe der Aufklärung wie Toleranz, Humanität und Weltbürgertum und der Glaube an die Entwicklungsfähigkeit des Menschen werden übernommen. Der Sturm und Drang setzt sich mit den kreativen Möglichkeiten und Grenzen der Individualität auseinander. Die Klassik soll die Mängel der beiden Seiten überwinden und zugleich eine harmonische Welt errichten. Bereits 1786 war Goethe zu einer eineinhalbjährigen Italienreise aufgebrochen. In der Begegnung mit der Kunst und den Bauwerken der Antike entwickelte er eine andere Kunstauffassung. Durch Maß, Gesetz und Formstrenge wollten Goethe und Schiller das vollendete Schöne formen, das sich in deren Werken niederschlägt.

· **Themen und Formen:**

Die Literatur der Weimarer Klassik beschränkt sich auf die Werke zweier Autoren, Goethe und Schiller. So findet man die kennzeichnenden Merkmale und Themen der Weimarer Klassik:
Glaube an die Bildungsfähigkeit des Menschen und Bildung zur Gemeinschaft (Goethe: *Wilhelm Meister*);
Suche nach Ausgleich zwischen Verstand und Gefühl, Individuum und Gesellschaft, Besonderes und Allgemeines: Verhältnis von Genie und Gesellschaft (Goethe: *Torquato Tasso*), Freiheit (Schiller: *Wilhelm Tell*), Charakter- und Willensfreiheit (Schiller: *Wallenstein*), Schuld und Läuterung (Schiller: *Maria Stuart*);
Orientierung am Schönheitsideal der Antike (vgl. Goethes Vorstellung einer den gesamten Kosmos durch waltenden Harmonie);
Streben nach Humanität, Toleranz und Wahrhaftigkeit (Goethe: *Iphigenie*).
Alle Gattungen werden gleichmäßig gepflegt. Das klassische Drama hält sich an die Regeln der geschlossenen Form. Im Roman sind Erziehung und Bildung zum Inhalt. Mit *Wilhelm Meister* bietet Goethe das Vorbild des Entwicklungs- und Bildungsromans. Auch die Lyrik zeigt etwas Grundsätzliches. Die Balladen, Epigrammen, Hymnen und Oden enthalten allgemeingültige Lehren. Die Sprache der Weimarer Klassik ist eine stilisierte Kunstsprache, so sind ihr Mundart und Umgangsidiom fremd.

· **Autoren und Werke:**

Johann Wolfgang von Goethe(1749—1832):
Iphigenie auf Tauris (1779), *Torquato Tasso* (1790), *Egmont* (1788), *Faust I* (1808), *West-östlicher Divan* (1819), *Wilhelm Meisters Lehrjahre* (1795/1796), *Wilhelm Meisters Wanderjahre* (1821/1829), *Dichtung und Wahrheit* (1831), *Faust II* (1832).
Friedrich Schiller(1759—1805):
Ästhetische und philosophische Schriften, *Wallenstein* (1799), *Maria Stuart* (1800), *Die*

Jungfrau von Orleans (1801), *Wilhelm Tell* (1804).

Autoren zwischen Klassik und Romantik:

Friedrich Hölderlin (1770—1843):

In Hölderlins Werken gilt seine Suche nach der Harmonie zwischen Gott und Mensch, Antike und Gegenwart, Mythos und Christentum. Hölderlins Elegien sind der Höhepunkt der deutschen Elegiedichtung. Im Briefroman *Hyperion oder der Eremit in Griechenland* (1797/1799) zeigt er das Scheitern eines Idealisten.

Heinrich von Kleist (1777—1811):

Pessimismus und menschliche Verwirrung werden in *Penthesilea* (1808) zugespitzt. Die Erkenntnisproblematik und Fragen der Schuld greift Kleist auch in seinen Novellen auf (*Das Erdbeben in Chili*, 1807; *Die Marquise von O.*, 1808; *Michael Kohlhaas*, 1810). Menschliche Unzulänglichkeiten werden in der Komödie *Der zerbrochene Krug* (1808) angesprochen.

6.2 Ausgewählte Texte

· **Johann Wolfgang von Goethe: *Das Göttliche* (1789)**

歌德：《神性》

> **Lesehinweis:** Die ersten zwei Leitsätze der Ode „Edel sei der Mensch, Hilfreich und gut!" leiten bereits den Grundton der Klassik ein. In reimloser Form und schlichter Darstellung kommt das pathetische Gefühl des Sturm und Drang nicht zum Vorschein. Der Mensch, dem humanitäre Eigenschaften verliehen sind, kann sein Leben nach „göttlichen" Idealen gestalten. Trotz der fast gottesgleichen Macht und moralischen Verantwortung ist der Mensch nicht mit dem Gott gleichzusetzen. In verschiedenen Vergleichsebenen wird der Mensch geschildert und dazu veranlasst, alle Tugenden und Werte in die Tat umzusetzen.

Edel sei der Mensch,
Hilfreich und gut!
Denn das allein
Unterscheidet ihn
Von allen Wesen[1],
Die wir kennen.

Heil den unbekannten
Höhern Wesen,

Die wir ahnen!
Ihnen gleiche der Mensch!
Sein Beispiel lehr' uns
Jene glauben.

Denn unfühlend
Ist die Natur:
Es leuchtet die Sonne
Über Bös' und Gute[2],
Und dem Verbrecher
Glänzen wie dem Besten
Der Mond und die Sterne.

Wind und Ströme,
Donner und Hagel
Rauschen[3] ihren Weg
Und ergreifen[4]
Vorüber eilend
Einen um den andern.

Auch so das Glück
Tappt[5] unter die Menge,
Fasst bald des Knaben
Lockige Unschuld,
Bald auch den kahlen
Schuldigen Scheitel.

Nach ewigen, ehrnen,
Großen Gesetzen
Müssen wir alle
Unsreres Daseins
Kreise vollenden.

Nur allein der Mensch
Vermag das Unmögliche:
Er unterscheidet,
Wählet und richtet;
Er kann dem Augenblick
Dauer verleihen.[6]

Er allein darf
Den Guten lohnen,
Den Bösen strafen,
Heilen und retten,
Alles Irrende, Schweifende[7]
Nützlich verbinden.

Und wir verehren
Die Unsterblichen,
Als wären sie Menschen,
Täten im großen,
Was der Beste im kleinen
Tut oder möchte.

Der edle Mensch
Sei hilfreich und gut!
Unermüdet schaff' er
Das Nützliche, Rechte,
Sei uns ein Vorbild
Jener geahneten Wesen!

1. das Wesen: 有生命之物。
2. Es leuchtet die Sonne über Bös' und Gute: 见《新约·马太福音》第五章第四十五节，"太阳照好人，也照恶人"。
3. rauschen: 呼啸。
4. ergreifen: 侵袭。
5. tappen: 摸索着行走。
6. verleihen: 赋予。
7. schweifend: 入歧途的。

Aufgaben:
1. Welche Verszeile bildet die Hauptthematik des gesamten Gedichtes?
2. In welcher inhaltlichen Beziehung stehen Strophen 3—6 zu Strophen 7 und 8?
3. Wodurch vermag der Mensch nach Goethe das Unmögliche?
4. Was bedeutet „die Unsterblichen" in der neunten Strophe?
5. Was für eine Funktion hat die letzte Strophe?

· Johann Wolfgang von Goethe: *Faust* (*Faust I*, 1808; *Faust II*, 1832)

歌德：《浮士德》

Lesehinweis: Die 1808 veröffentlichte Tragödie greift die Geschichte des historischen Doktor Faustus auf und wird in Faust II zu einer Menschheitsparabel ausgeweitet. Im ersten Teil durchlebt Faust Stadien der Betrebung nach unerstättlichem Lebensgenuss in der „kleinen Welt". Zwei Handlungsstränge, nämlich die Gelehrtentragödie und Gretchentragödie sind miteinander verknüpft. Im zweiten Teil steht Fausts rastlose Tätigkeit in der „großen Welt" im Mittelpunkt. Der alternde Gelehrte Faust ist unzufrieden mit seinem Leben. Er strebt nach umfassendem Wissen über den Menschen, die Welt und das göttliche Wirken, muss jedoch erkennen, dass ihm die göttlichen Hintergründe der menschlichen Existenz verschlossen geblieben sind. Um Einsicht in die letzten Geheimnisse des Seins zu erlangen, versucht Faust mit einem Gifttrunk sein Bewusstsein zu erweitern. Doch im letzten Moment holt ihn der Klang der Osterglocken in die Welt zurück. Nun ist die Zeit für Mephistopheles gekommen. Er macht sich in Gestalt eines Pudels an Faust heran, lässt sich von ihm in dessen Studierzimmer mitnehmen und verwandelt sich dort in die Gestalt eines eleganten Edelmannes auf Reisen. Er bietet Faust das Teufelsbündnis an.

Faust I – Nacht (V. 652—719; e. 1797—1801/v. 1808)

FAUST:
Den Göttern gleich' ich nicht! Zu tief ist es gefühlt;
Dem Wurme gleich' ich, der den Staub durchwühlt,
Den, wie er sich im Staube nährend lebt,
Des Wandrers Tritt vernichtet und begräbt.
[...]
FAUST:
Ich grüße dich, du einzige Phiole[1],
Die ich mit Andacht nun herunterhole!
In dir verehr' ich Menschenwitz und Kunst.
Du Inbegriff der holden Schlummersäfte,
Du Auszug aller tödlich feinen Kräfte,
Erweise deinem Meister deine Gunst!
Ich sehe dich, es wird der Schmerz gelindert,
Ich fasse dich, das Streben wird gemindert,
Des Geistes Flutstrom ebbet nach und nach.
Ins hohe Meer werd' ich hinausgewiesen,
Die Spiegelflut erglänzt zu meinen Füßen,

Zu neuen Ufern lockt ein neuer Tag.
Ein Feuerwagen schwebt auf leichten Schwingen,
An mich heran! Ich fühle mich bereit,
Auf neuer Bahn den Äther[2] zu durchdringen,
Zu neuen Sphären reiner Tätigkeit.
Dies hohe Leben, diese Götterwonne,
Du, erst noch Wurm, und die verdienest du?
Ja, kehre nur der holden Erdensonne
Entschlossen deinen Rücken zu!
Vermesse dich, die Pforten[3] aufzureißen,
Vor denen jeder gern vorüberschleicht.
Hier ist es Zeit, durch Taten zu beweisen,
Dass Manneswürde nicht der Götterhöhe weicht,
Vor jener dunkeln Höhle nicht zu beben,
In der sich Phantasie zu eigner Qual verdammt,
Nach jenem Durchgang hinzustreben,
Um dessen engen Mund die ganze Hölle flammt;
Zu diesem Schritt sich heiter zu entschließen,
Und wär' es mit Gefahr, ins Nichts dahinzufließen.

1. die Phiole: 长颈球状玻璃瓶。
2. der Äther: 太空，苍穹。浮士德希望在解脱肉体之后进入超越尘世的灵界。
3. die Pforten (Pl.): 这里指通往天堂之门。

Faust I – Studierzimmer II (V. 1635—1711; e. 1801/v. 1808)

MEPHISTOPHELES:
Hör auf, mit deinem Gram[1] zu spielen,
Der, wie ein Geier[2], dir am Leben frisst;
Die schlechteste Gesellschaft lässt dich fühlen,
Dass du ein Mensch mit Menschen bist.
Doch so ist's nicht gemeint,
Dich unter das Pack zu stoßen.
Ich bin keiner von den Großen;
Doch willst du, mit mir vereint
Deine Schritte durchs Leben nehmen,
So will ich mich gern bequemen,
Dein zu sein, auf der Stelle.
Ich bin dein Geselle,
Und mach' ich dir's recht,

Bin ich dein Diener, bin dein Knecht!
FAUST:
Und was soll ich dagegen dir erfüllen?
MEPHISTOPHELES:
Dazu hast du noch eine lange Frist.
FAUST:
Nein, nein! der Teufel ist ein Egoist
Und tut nicht leicht um Gottes willen,
Was einem andern nützlich ist.
Sprich die Bedingung deutlich aus;
Ein solcher Diener bringt Gefahr ins Haus.
MEPHISTOPHELES:
Ich will mich hier zu deinem Dienst verbinden,
Auf deinen Wink nicht rasten und nicht ruhn;
Wenn wir uns drüben wiederfinden,
So sollst du mir das Gleiche tun.
FAUST:
Das Drüben kann mich wenig kümmern;
Schlägst du erst diese Welt zu Trümmern,
Die andre mag darnach entstehn.
Aus dieser Erde quillen meine Freuden,
Und diese Sonne scheinet meinen Leiden;
Kann ich mich erst von ihnen scheiden,
Dann mag, was will und kann, geschehn.
Davon will ich nichts weiter hören,
Ob man auch künftig hasst und liebt,
Und ob es auch in jenen Sphären
Ein Oben oder Unten gibt.
MEPHISTOPHELES:
In diesem Sinne kannst du's wagen.
Verbinde dich; du sollst, in diesen Tagen,
Mit Freuden meine Künste sehn,
Ich gebe dir, was noch kein Mensch gesehn.
FAUST:
Was willst du armer Teufel geben?
Ward eines Menschen Geist, in seinem hohen Streben,
Von deinesgleichen je gefasst?
Doch hast du Speise, die nicht sättigt, hast
Du rotes Gold, das ohne Rast[3],
Quecksilber[4] gleich, dir in der Hand zerrinnt,

Ein Spiel, bei dem man nie gewinnt,
Ein Mädchen, das an meiner Brust
Mit Äugeln schon dem Nachbar sich verbindet,
Der Ehre schöne Götterlust,
Die, wie ein Meteor, verschwindet.
Zeig mir die Frucht, die fault, eh' man sie bricht,
Und Bäume, die sich täglich neu begrünen!
MEPHISTOPHELES:
Ein solcher Auftrag schreckt mich nicht,
Mit solchen Schätzen kann ich dienen.
Doch, guter Freund, die Zeit kommt auch heran,
Wo wir was Guts in Ruhe schmausen[5] mögen.
FAUST:
Werd' ich beruhigt je mich auf ein Faulbett legen,
So sei es gleich um mich getan!
Kannst du mich schmeichelnd je belügen,
Dass ich mir selbst gefallen mag,
Kannst du mich mit Genuss betrügen,
Das sei für mich der letzte Tag!
Die Wette biet' ich!
MEPHISTOPHELES:
Topp! Und Schlag auf Schlag!
FAUST:
Werd' ich zum Augenblicke sagen:
Verweile doch! du bist so schön!
Dann magst du mich in Fesseln schlagen,
Dann will ich gern zugrunde gehn!
Dann mag die Totenglocke schallen,
Dann bist du deines Dienstes frei,
Die Uhr mag stehn, der Zeiger fallen,
Es sei die Zeit für mich vorbei!
MEPHISTOPHELES:
Bedenk es wohl, wir werden's nicht vergessen.
FAUST:
Dazu hast du ein volles Recht;
Ich habe mich nicht freventlich[6] vermessen.
Wie ich beharre, bin ich Knecht,
Ob dein, was frag' ich, oder wessen.

1. der Gram: 悲伤。
2. der Geier: 秃鹰，猛禽。
3. die Rast: 休息。
4. das Quecksilber: 水银。
5. schmausen: 津津有味地吃。
6. freventlich: 罪恶的，亵渎神灵的。

Aufgaben:
1. Geben Sie Fausts innere Befindlichkeit in den beiden Szenenauszügen wieder.
2. Wie stellt sich Faust den Tod in der Szene „Nacht" vor?
3. In der Tradition der alten Faust-Legenden und des Volksbuchs beschwor Faust um Mitternacht den Teufel und schloss mit ihm einen Pakt. Danach sollte der Teufel ihm auf Erden in allen Dingen dienen und dafür am Ende Fausts Seele erhalten.
Analysieren Sie die Pakt-Szene und arbeiten Sie die Änderungen der Beziehungsgefüge zwischen den beiden Gegenspielern heraus.
4. Wie versteht Faust und wie Mephisto das Bündnis?
5. Welche Erwartungen haben Sie hinsichtlich der weiteren Entwicklung der Handlung?

· Friedrich Hölderlin: *Hyperions Schicksalslied* (1799)

弗里德里希·荷尔德林：《许佩里翁的命运之歌》

> **Lesehinweis:** Das Gedicht erschien im zweiten Band des Briefromans *Hyperion oder Der Eremit in Griechenland* von Friedrich Hölderlin. Im Roman möchte der Titelheld, der am Befreiungskrieg seines Vaterlandes gegen die Türken teilgenommen hat, zu seiner Geliebten Diotima zurückkreisen. Auf das Fahrzeug wartend singt Hyperion sein „Schicksalslied", da erreicht ihn Diotimas letzter Brief: sie ist an Schwermut gestorben. Das im Gedicht dargestellte niederschmetternde Bild des menschlichen Daseins lässt sich Hölderlin wegen seiner zeitweise recht unglücklichen Biografie auch unterstellen.

Ihr wandelt droben im Licht
  Auf weichem Boden, selige Genien[1]!
    Glänzende Götterlüfte
      Rühren euch leicht,
        Wie die Finger der Künstlerin
          Heilige Saiten[2].

Schicksallos, wie der schlafende
　Säugling, atmen die Himmlischen[3];
　　Keusch[4] bewahrt
　　　In bescheidener Knospe[5],
　　　　Blühet ewig
　　　　　Ihnen der Geist,
　　　　　　Und die seligen Augen
　　　　　　　Blicken in stiller
　　　　　　　　Ewiger Klarheit.

Doch uns ist gegeben,
　Auf keiner Stätte zu ruhn,
　　Es schwinden, es fallen
　　　Die leidenden Menschen
　　　　Blindlings von einer
　　　　　Stunde zur andern,
　　　　　　Wie Wasser von Klippe[6]
　　　　　　　Zu Klippe geworfen,
　　　　　　　　Jahrlang ins Ungewisse[7] hinab.

> 1. selige Genien: 极乐的天才，此处指天神们。
> 2. die Saite: 琴弦。
> 3. die Himmlischen: 天神，天使。
> 4. keusch: 纯洁的，贞洁的。
> 5. die Knospe: 蓓蕾。
> 6. die Klippe: 礁石，危岩。
> 7. das Ungewisse: 渺茫，不确定。

Aufgaben:

1. Welche symbolische Bedeutung hat der Name „Hyperion" in diesem Gedicht?
2. Analysieren Sie das Metrum im Gedicht.
3. Fassen Sie den Inhalt und Kernaussagen der einzelnen Strophen zusammen.
4. In welchem Verhältnis steht die letzte Strophe zu den ersten beiden Strophen?
5. Die Verse sind treppenförmig eingerückt. Deuten Sie die Funktion dieser Form.
6. Inwiefern wird das Gedicht der Klassik zugeordnet?

· **Heinrich von Kleist:** *Das Erdbeben in Chili* (1807)

海因里希·冯·克莱斯特：《智利地震》

> **Lesehinweis:** In dieser Novelle entwickelt sich der Konflikt aus der Katastrophe des Einzelnen und der Gesellschaft. Jeronimo Rugera und Donna Josephe, die aufgrund ihres illegalen Verhältnisses 1647 in St. Jago auf ihre Hinrichtung warten, treffen sich nach einem verheerenden Erdbeben in einem Tal außerhalb der Stadt wieder. Dort werden sie mit vielen weiteren Flüchtlingen zu einer großen Familie, in welcher Standesunterschiede keine Rolle zu spielen scheinen. Während einer gemeinsamen Messe in der Stadt aber kommt es zu einem Tumult, bei dem die beiden vom religiösen Fanatismus des Volkes in den Tod getrieben werden. Entnommen ist hier der Anfang der Novelle.

In St. Jago[1], der Hauptstadt des Königreichs Chili, stand gerade in dem Augenblicke der großen Erderschütterung vom Jahre 1647, bei welcher viele tausend Menschen ihren Untergang fanden, ein junger, auf ein Verbrechen angeklagter Spanier, namens Jeronimo Rugera, an einem Pfeiler des Gefängnisses, in welches man ihn eingesperrt hatte, und wollte sich erhenken. Don[2] Henrico Asteron, einer der reichsten Edelleute der Stadt, hatte ihn ungefähr ein Jahr zuvor aus seinem Hause, wo er als Lehrer angestellt war, entfernt, weil er sich mit Donna[3] Josephe, seiner einzigen Tochter, in einem zärtlichen Einverständnis befunden hatte. Eine geheime Bestellung, die dem alten Don, nachdem er die Tochter nachdrücklich gewarnt hatte, durch die hämische Aufmerksamkeit seines stolzen Sohnes verraten worden war, entrüstete ihn dergestalt, dass er sie in dem Karmeliterkloster[4] unsrer lieben Frauen vom Berge daselbst unterbrachte.

Durch einen glücklichen Zufall hatte Jeronimo hier die Verbindung von neuem anzuknüpfen gewusst, und in einer verschwiegenen Nacht den Klostergarten zum Schauplatze seines vollen Glückes gemacht. Es war am Fronleichnamsfeste[5], und die feierliche Prozession der Nonnen, welchen die Novizen folgten, nahm eben ihren Anfang, als die unglückliche Josephe, bei dem Anklange der Glocken, in Mutterwehen[6] auf den Stufen der Kathedrale niedersank.

Dieser Vorfall machte außerordentliches Aufsehen; man brachte die junge Sünderin, ohne Rücksicht auf ihren Zustand, sogleich in ein Gefängnis, und kaum war sie aus den Wochen erstanden[7], als ihr schon, auf Befehl des Erzbischofs, der geschärfteste Prozess gemacht ward. Man sprach in der Stadt mit einer so großen Erbitterung von diesem Skandal, und die Zungen fielen so scharf über das ganze Kloster her, in welchem er sich zugetragen hatte, dass weder die Fürbitte der Familie Asteron, noch auch der Wunsch der Äbtissin selbst, welche das junge Mädchen wegen ihres sonst untadelhaften Betragens liebgewonnen hatte, die Strenge, mit welcher das klösterliche Gesetz sie bedrohte, mildern konnte. Alles, was geschehen konnte, war, dass der Feuertod, zu dem sie verurteilt wurde, zur großen Entrüstung der Matronen und Jungfrauen von St. Jago, durch einen Machtspruch des Vizekönigs[8], in eine Enthauptung verwandelt ward.

Man vermietete in den Straßen, durch welche der Hinrichtungszug gehen sollte, die Fenster, man trug die Dächer der Häuser ab, und die frommen Töchter der Stadt luden ihre Freundinnen ein, um dem Schauspiele, das der göttlichen Rache gegeben wurde, an ihrer schwesterlichen Seite beizuwohnen.

Jeronimo, der inzwischen auch in ein Gefängnis gesetzt worden war, wollte die Besinnung verlieren, als er diese ungeheure Wendung der Dinge erfuhr. Vergebens sann er auf Rettung: überall, wohin ihn auch der Fittig der vermessensten Gedanken trug, stieß er auf Riegel und Mauern, und ein Versuch, die Gitterfenster zu durchfeilen, zog ihm, da er entdeckt ward, eine nur noch engere Einsperrung zu. Er warf sich vor dem Bildnisse der heiligen Mutter Gottes nieder, und betete mit unendlicher Inbrunst zu ihr, als der einzigen, von der ihm jetzt noch Rettung kommen könnte.

Doch der gefürchtete Tag erschien, und mit ihm in seiner Brust die Überzeugung von der völligen Hoffnungslosigkeit seiner Lage. Die Glocken, welche Josephen zum Richtplatz begleiteten, ertönten, und Verzweiflung bemächtigte sich seiner Seele. Das Leben schien ihm verhasst, und er beschloss, sich durch einen Strick, den ihm der Zufall gelassen hatte, den Tod zu geben. Eben stand er, wie schon gesagt, an einem Wandpfeiler und befestigen den Strick, der ihn dieser jammervollen Welt entreißen sollte, an eine Eisenklammer, die an dem Gesimse derselben eingefugt war; als plötzlich der größte Teil der Stadt, mit einem Gekrache, als ob das Firmament einstürzte, versank, und alles, was Leben atmete, unter seinen Trümmern begrub. Jeronimo Rugera war starr vor Entsetzen; und gleich als ob sein ganzes Bewusstsein zerschmettert worden wäre, hielt er sich jetzt an dem Pfeiler, an welchem er hatte sterben wollen, um nicht umzufallen. Der Boden wankte unter seinen Füßen, alle Wände des Gefängnisses rissen, der ganze Bau neigte sich, nach der Straße zu einzustürzen, und nur der, seinem langsamen Fall begegnende, Fall des gegenüberstehenden Gebäudes verhinderte, durch eine zufällige Wölbung, die gänzliche Zubodenstreckung desselben. Zitternd, mit sträubenden Haaren, und Knieen, die unter ihm brechen wollten, glitt Jeronimo über den schiefgesenkten Fußboden hinweg, der Öffnung zu, die der Zusammenschlag beider Häuser in die vordere Wand des Gefängnisses eingerissen hatte.

Kaum befand er sich im Freien, als die ganze, schon erschütterte Straße auf eine zweite Bewegung der Erde völlig zusammenfiel. Besinnungslos, wie er sich aus diesem allgemeinen Verderben retten würde, eilte er, über Schutt und Gebälk hinweg, indessen der Tod von allen Seiten Angriffe auf ihn machte, nach einem der nächsten Tore der Stadt. Hier stürzte noch ein Haus zusammen, und jagte ihn, die Trümmer weit umherschleudernd, in eine Nebenstraße; hier leckte die Flamme schon, in Dampfwolken blitzend, aus allen Giebeln, und trieb ihn schreckenvoll in eine andere; hier wälzte sich, aus seinem Gestade gehoben, der Mapochofluss[9] auf ihn heran, und riss ihn brüllend in eine dritte. Hier lag ein Haufen Erschlagener, hier ächzte noch eine Stimme unter dem Schutte, hier schrien Leute von brennenden Dächern herab, hier kämpften Menschen und Tiere mit den Wellen, hier war ein mutiger Retter bemüht, zu helfen; hier stand ein anderer, bleich wie der Tod, und streckte sprachlos zitternde Hände zum Himmel. Als Jeronimo das Tor erreicht, und einen Hügel jenseits desselben bestiegen hatte, sank er ohnmächtig auf demselben nieder.

[...]

1. St. Jago: Santiago的旧式写法，智利首都圣地亚哥市。
2. Don: 西班牙语对于男性的尊称，译为"唐"或"先生"。
3. Donna: 西班牙语对于女性的尊称，译为"唐娜"或"小姐"。
4. das Karmeliterkloster: （天主教）加尔默罗会修道院。加尔默罗会是创始于巴勒斯坦加尔默罗山的教团。
5. das Fronleichnamsfest: 基督圣体节。
6. in Mutterwehen: 处于分娩阵痛中。
7. aus den Wochen erstehen: 产褥期满后。
8. der Vizekönig: 这里指总督。
9. der Mapochefluss: 圣地亚哥南面的马波乔河。

Aufgaben:

1. Aus welchen Aspekten ist diese Novelle zu betrachten? Berücksichtigen Sie den historischen Kontext, die Weltsicht des Autors sowie den gesellschaftkritischen Faktor usw.
2. Was ist das „unerhörte Ereignis", also eine Extremsituation, mit der sich der Mensch konfrontiert sieht, innerhalb dessen er sich behaupten muss?
3. Die an den Beginn gestellte Situation ist beispielhaft für die Kleistsche Erzählung. Finden Sie die erzählerischen Besonderheiten dieser Novelle heraus.
4. Wie ist die Hauptfigur Jeronimo charakterisiert? Welche Wertvorstellungen sind hier vertreten?

7. ROMANTIK (1795—1840)
浪漫主义文学

7.1 Epochenüberblick

Die Romantik umfasst die bildende Kunst ebenso wie die Malerei, die Musik und die Literatur zwischen 1790 und 1850. Sie ist eine gesamteuropäische Bewegung. Der Beginn der romantischen Literaturepoche in Deutschland ist mit der Wanderung Ludwig Tiecks und Wilhelm Heinrich Wackenroders gebunden. Auflösungszeichen lassen sich vor allem im Werk Heinrich Heines erkennen, doch die Nachwirkungen der Romantik reichen über das 19. Jahrhundert hinaus bis in unsere Zeit (vgl. Neuromantik um 1880, Surrealismus und Thomas Mann).

· **Die politische Situation:**

Die Zeit wurde durchzogen mit den Revolutions- und den napoleonischen Kriegen. Napoleons Hegemoniestreben, das Ende des Deutschen Reiches (1806), Befreiungskriege, Wiener Kongress (1815) und Restaurationszeit prägten die Politik der Zeit. Die deutschen Fürstentümer bemühten sich, alle freiheitlichen Bestrebungen zu unterdrücken. Viele patriotisch gesinnte Bürger und Studenten, die sich an den „Befreiungskriegen" beteiligt haben, erlebten mit ihren Hoffnungen auf die Bildung eines deutschen Nationalstaates mit liberaler Verfassung bittere Enttäuschung. Zukunftsorientierte Schichten des Bürgertums setzten bereits auf die beginnende Industrialisierung und erkannten im Kapital ein entscheidendes Machtmittel. In breiten Bevölkerungsteilen existierte die aus vorrevolutionärer Zeit stammende Untertanenmentalität weiter.

· **Kulturelle Voraussetzungen:**

Die fortschrittlichen Kräfte in der Gesellschaft stellen die gesamte Epoche als Krisenzeit fest. Wegen der Machtlosigkeit des Bürgertums und der Zersplitterung Deutschlands erscheint das Mittelalter mit einer quasi naturgewollten politischen und gesellschaftlichen Ordnung als ein Ideal. Das romantische Ich sucht den Weg nach innen. Es schafft sich

Fluchträume in einer idyllisch verklärten Natur, in der Fiktion eines ursprünglichen Lebens, in der geordneten, heilen Welt des Mittelalters. Im Mittelpunkt der Philosophie für die romantische Kunst stehen Fichtes radikaler Subjektivismus (menschliches Bewusstsein als Schöpfer der Welt), Schellings Vorstellung vom beseelten Universum (Identität zwischen Natur und Geist) und Schleiermachers religiöser Individualismus (nicht ein Dogma entscheidet, sondern das „Gefühl" vom Unendlichen). Zu dieser Zeit bildet sich die Germanistik neben den Philologien der klassischen Sprachen als Wissenschaft heraus.

· **Themen und Formen:**

Das Heilmittel gegen das Elend an der Zeit fanden die Dichter in der Poetisierung oder, anders gesagt, Romantisierung der Welt. Novalis beschrieb den Vorgang: „Indem ich dem Gemeinen einen hohen Sinn, dem Gewöhnlichen ein geheimnisvolles Aussehen, dem Bekannten die Würde des Unbekannten, dem Endlichen einen unendlichen Schein gebe, so romantisiere ich es." Die von Friedrich Schlegel aufgestellte „progressive Universalpoesie" wollte Geist und Natur, Endliches und Unendliches, Vergangenes und Gegenwärtiges vereinigen. Die Romantiker haben Vorliebe für Märchen (Sammlung der *Kinder- und Hausmärchen* durch die Brüder Grimm; Produktion von Kunstmärchen) und phantastische Erzählungen. Daneben ist die Lyrik mit ihrer Tendenz zur Innerlichkeit und zum Gefühlsausdruck die bevorzugte Gattung.
Im Epochenverlauf bilden sich vier Phasen der Romantik:
– **Die Jenaer Romantik (Frühromantik)** zeigt eine philosophisch spekulative Ausrichtung. Zu ihr gehören die Brüder Schlegel, Novalis, Wackenroder und Tieck.
– **Die Heidelberger Romantik (Hochromantik)** bindet sich an Volk, Tradition und Kirche und sammelt Lieder, Märchen und Sagen. Vertreter sind Arnim, Brentano, Eichendorff und die Brüder Grimm.
– **Die Berliner Romantik (Spätromantik)** orientiert sich politisch-patriotisch und arbeitet wissenschaftlich. Arnim, Brentano, Chamisso und E. T. A. Hoffmann leben zeitweise in Berlin.
– **Die Schwäbische Romantik** hat ihren Mittelpunkt in Stuttgart. Ihre Vertreter, Uhland, Schwab, Justinus Kerner, später Hauff und Mörike, zeigen Interesse am Historischen.
Unter den epischen Formen werden besonders der Roman, die Novelle und das Kunstmärchen gepflegt. Der Roman ist die dominierende Gattung. Beliebt ist die Form des Fragments. Die Lyrik zeichnet sich durch sprachliche Musikalität, Liedhaftigkeit, Volkstümlichkeit und Schlichtheit aus. Besonders die Gedichte Eichendorffs (vertont von Robert Schumann) haben bis heute nichts von ihrer Popularität verloren.

· **Autoren und Werke:**

Achim von Arnim(1781—1831):
Arnim gab zusammen mit Brentano eine Sammlung lyrischer Volksdichtung heraus, nämlich *Des Knaben Wunderhorn* (1805/1808).

Clemens Brentano (1778—1842):
Mit Achim von Arnim gab Brentano die lyrische Sammlung *Des Knaben Wunderhorn* (1805/1808) heraus.

Adalbert von Chamisso (1781—1838):
Er verfasste die Novelle *Peter Schlemihls wundersame Geschichte* (1814). Sie zeigt einen Helden, der dem Bösen seinen Schatten verkauft. Trotz des erhaltenen Reichtums vereinsamt er, weil er als Schattenloser von den Menschen gemieden wird. Erst in der Natur findet er Ruhe.

Joseph von Eichendorff (1788—1857):
Er ist der bekannteste Romantiker. In seiner Novelle *Aus dem Leben eines Taugenichts* (1826) verlässt ein Müllersohn die Heimat, um in der weiten Welt sein Glück zu finden. Im kindlichen Vertrauen auf Gottes Führung geht sein Wunsch in Erfüllung.

Ernst Theodo Amadeus Hoffmann (1776—1822):
Im Roman *Die Elixiere des Teufels* (1815/1816) thematisiert Hoffmann die Nachtseite der Romantik. Mit *Das Fräulein von Scuderi* (1819/1821) schreibt Hoffmann die erste deutsche Kriminalnovelle. Als sein Hauptwerk gilt *Die Lebensansichten des Katers Murr* (1820/1822) – ein unvollendeter Roman, der den Bildungsroman parodiert. Eine seiner bekanntesten Märchennovellen ist *Der Goldene Topf* (1814).

Novalis (1772—1801):
Die *Hymnen an die Nacht* (1799/1800) drücken die tiefe Erschütterung des Dichters nach dem Tod seiner jungen Verlobten aus. In seinem fragmentarischen Entwicklungsroman *Heinrich von Ofterdingen* (1802) zeigt der Autor eine Lebensphase des sagenhaften mittelalterlichen Dichters, der im Traum das Symbol romantischer Sehnsucht, die blaue Blume, gesehen hat und sich auf die Suche nach ihr macht.

Friedrich Schlegel (1772—1829):
Als Theoretiker der Romantik veröffentlichte Schlegel „Athenäum" (1798/1800), die Programmzeitschrift der Frühromantik. Mit seinem Roman *Lucinde* (1799) versuchte Schlegel, die moderne Form des Romans zu verwirklichen.

August Wilhelm Schlegel (1767—1845):
Der ältere Bruder Friedrich Schlegels machte sich als Übersetzer einen Namen. Als Meisterleistung gilt seine Übersetzung von 17 Shakespeare-Dramen.

Ludwig Tieck (1773—1853):
Tieck schrieb Märchen (*Der blonde Eckbert*, 1797), Erzählungen, Novellen, Schauspiele (*Der gestiefelte Kater*, 1797) und Romane. Der unvollendete Künstlerroman *Franz Sternbalds Wanderungen* (1798) steht in der Nachfolge von Goethes *Wilhelm Meister*. Besondere Bedeutung erlangte Tieck auch als Übersetzer von Cervantes und Shakespeare.

7.2 Ausgewählte Texte

· **Friedrich Schlegel:** *116. Athenäum–Fragment* **(1798/1800)**

弗里德里希·施莱格尔：《雅典娜神庙》片断第 116 条

> **Lesehinweis:** 1798 wurde das *116. Athenäum–Fragment* mit anderen Fragmenten in der Zeitschrift „Athenäum" veröffentlicht. Darin stellt Schlegel die romantische Poesie als progressive Universalpoesie auf. „Progressiv" bedeutet hier, offen für neue literarische Formen und Inhalte zu sein. „Universalität" meint in diesem Zusammenhang die Aufhebung der Grenze zwischen den Gattungen und Künsten. Eine klare Trennung wird in der Romantik vermieden. Die Poesie sollte alles umfassen und sich im Sinne der romantischen Ironie immer wieder über sich selbst erheben.

Die romantische Poesie ist eine progressive Universalpoesie[1]. Ihre Bestimmung ist nicht bloß, alle getrennte Gattungen der Poesie wieder zu vereinigen, und die Poesie mit der Philosophie und Rhetorik[2] in Berührung zu setzen. Sie will, und soll auch Poesie und Prosa, Genialität und Kritik, Kunstpoesie und Naturpoesie bald mischen, bald verschmelzen, die Poesie lebendig und gesellig, und das Leben und die Gesellschaft poetisch machen, den Witz[3] poetisieren, und die Formen der Kunst mit gediegnem Bildungsstoff jeder Art anfüllen und sättigen, und durch die Schwingungen des Humors beseelen. Sie umfasst alles, was nur poetisch ist, vom größten wieder mehre Systeme in sich enthaltenden Systeme der Kunst, bis zu dem Seufzer, dem Kuss, den das dichtende Kind aushaucht in kunstlosen Gesang. Sie kann sich so in das Dargestellte verlieren, dass man glauben möchte, poetische Individuen jeder Art zu charakterisieren, sei ihr Eins und Alles; und doch gibt es noch keine Form, die so dazu gemacht wäre, den Geist des Autors vollständig auszudrücken: so dass manche Künstler, die nur auch einen Roman schreiben wollten, von ungefähr sich selbst dargestellt haben. Nur sie kann gleich dem Epos ein Spiegel der ganzen umgebenden Welt, ein Bild des Zeitalters werden. Und doch kann auch sie am meisten zwischen dem Dargestellten und dem Darstellenden, frei von allem realen und idealen Interesse auf den Flügeln der poetischen Reflexion in der Mitte schweben, diese Reflexion immer wieder potenzieren und wie in einer endlosen Reihe von Spiegeln vervielfachen. Sie ist der höchsten und der allseitigsten Bildung fähig; nicht bloß von innen heraus, sondern auch von außen hinein; indem sie jedem, was ein Ganzes in ihren Produkten sein soll, alle Teile ähnlich organisiert, wodurch ihr die Aussicht auf eine grenzlos wachsende Klassizität eröffnet wird. Die romantische Poesie ist unter den Künsten, was der Witz der Philosophie und die Gesellschaft, Umgang, Freundschaft und Liebe im Leben ist. Andre Dichtarten sind fertig, und können nun vollständig zergliedert werden. Die romantische Dichtart ist noch im Werden; ja das ist ihr eigentliches Wesen, dass sie ewig nur werden, nie vollendet sein kann. Sie kann durch keine Theorie erschöpft werden, und nur eine divinatorische Kritik[4] dürfte es wagen, ihr Ideal charakterisieren zu wollen. Sie allein ist unendlich, wie sie allein frei ist, und das als ihr erstes Gesetz anerkennt, dass die Willkür des Dichters kein Gesetz über sich leide. Die romantische Dichtart ist die einzige, die mehr als Art, und gleichsam die Dichtkunst selbst ist: denn in einem gewissen Sinn ist oder soll alle Poesie romantisch sein.

1. progressive Universalpoesie: 渐进的总汇诗。
2. die Rhetorik: 雄辩术。
3. der Witz: 才智，机智。
4. eine divinatorische Kritik: 一种预知的批评。

Aufgaben:
1. Wie ist ein romantisches Literaturprogramm nach Ansicht von Schlegel entworfen?
2. Wie konkretisiert sich die progressive Universalpoesie auf verschiedenen Gebieten?
3. Die Romantiker versuchen der klassischen Poesie eine moderne entgegenzusetzen. Vergleichen Sie unter den Stichworten „das Idealisieren" und „das Romantisieren" die Literaturkonzepte der Klassik und Romantik.

- **Novalis: *Hymne an die Nacht* (1799/1800)**

诺瓦利斯：《夜颂》

> **Lesehinweis:** 1795 verlobte sich Novalis im Alter von 22 Jahren mit der 13 jährigen Sophie von Kühn. Diese starb jedoch zwei Jahre später in Folge der unheilbaren Krankheit. Der frühe Tod seiner Verlobten prägte Novalis stark. Die persönliche Schwermut findet seinen poetischen Ausdruck in diesen sechs Hymnen, in denen Novalis die Nacht und den Tod als Tor zur mystischen Vereinigung mit seiner Geliebten und mit Christus feiert. In der zweiten Hymne wird die Nacht traditionell unterteilt in irdische und wahre Nacht und der Schlaf in den heiligen Schlaf und den Schatten.

Kapitel 2

Muss immer der Morgen wieder kommen?
Endet nie des Irdischen[1] Gewalt?
Unselige[2] Geschäftigkeit verzehrt[3]
Den himmlischen Anflug der Nacht?
Wird nie der Liebe geheimes Opfer

Ewig brennen?
Zugemessen ward
Dem Lichte seine Zeit
Und dem Wachen –
Aber zeitlos ist der Nacht Herrschaft,
Ewig ist die Dauer des Schlafs.
Heiliger Schlaf!
Beglücke zu selten nicht
Der Nacht Geweihte –
In diesem irdischen Tagwerk.
Nur die Toren verkennen[4] dich
Und wissen von keinem Schlafe
Als den Schatten,
Den du mitleidig auf uns wirfst
In jener Dämmmrung
Der wahrhaften Nacht.
Sie fühlen dich nicht
In der goldnen Flut der Trauben,
In des Mandelbaums[5]
Wunderöl
Und dem braunen Safte des Mohns.
Sie wissen nicht,
Dass du es bist,
Der des zarten Mädchens
Busen umschwebt[6]
Und zum Himmel den Schoß macht –
Ahnden nicht,
Dass aus alten Geschichten
Du himmelöffnend entgegen trittst
Und den Schlüssel trägst
Zu den Wohnungen der Seligen,
Unendlicher Geheimnisse
Schweigender Bote.

> 1. irdisch: 尘世的。
> 2. unselig: 不幸的。
> 3. verzehren: 耗尽。
> 4. verkennen: 误认。
> 5. der Mandelbaum: 杏树。
> 6. umschweben: 绕，盘旋。

Aufgaben:
1. Wie lässt sich das Gedicht inhaltlich gliedern?
2. Warum beklagt sich das Ich über die Geschäftigkeit des Tagewerks?
3. Was symbolisieren die „Nacht" und das „Licht"?
4. Wie beurteilt das Ich die Herrschaft des Lichts und die der Nacht?
5. Welche Haltung nimmt das Ich dem Tod gegenüber ein?

· Joseph von Eichendorff: *Mondnacht* (1837)

约瑟夫·冯·艾兴多夫：《月夜》

> **Lesehinweis:** Das Gedicht beschreibt die Gefühle und Eindrücke des lyrischen Ichs in einer Mondnacht und thematisiert seine Sehnsucht nach der Heimat. Es besteht aus drei vierzeiligen Strophen mit Kreuzreim, wobei jede Strophe einen eigenen Sinnabschnitt bildet. Die ersten beiden Strophen beschäftigen sich mit der Atmosphäre der Nacht und der sinnlichen Wahrnehmung des lyrischen Ichs, in der dritten Strophe stehen die geistig-seelischen Empfindungen im Vordergrund. Das Gedicht klingt wegen der relativ schlichten Sprache, sowie wegen des Aufbaus der Strophen an ein Volkslied an.

Es war, als hätt' der Himmel
Die Erde still geküsst,
Dass sie im Blütenschimmer[1]
Von ihm nun träumen müsst'.

Die Luft ging durch die Felder,
Die Ähren[2] wogten[3] sacht[4],
Es rauschten[5] leis' die Wälder,
So sternklar war die Nacht.

Und meine Seele spannte
Weit ihre Flügel aus[6],
Flog durch die stillen Lande,
Als flöge sie nach Haus.

   1. der Blütenschimmer: 花丛微光。
   2. die Ähre: 麦穗。
   3. wogen: 波浪起伏。

4. sacht: 轻轻的。
5. rauschen: 沙沙作响。
6. ausspannen: 张开。

Aufgaben:

1. Warum wird im ersten Vers der ersten Strophe und vierten Vers der dritten Strophe der Konjunktiv Irrealis verwendet?
2. Welchen inhaltlichen Hinweis gibt der Neologismus „Blütenschimmer" in der ersten Strophe?
3. Worauf weist die Beschreibung der Nacht im letzten Vers der 2. Strophe hin?
4. Wodurch wird im Gedicht eine Verbindung von Himmel und Erde geschaffen?
5. Was symbolisiert die Metapher „Haus"?
6. Warum lässt sich das Gedicht in die Epoche der Romantik einordnen?

• **Joseph von Eichendorff:** *Aus dem Leben eines Taugenichts* **(1826)**

约瑟夫·冯·艾兴多夫：《一个无用人的生涯》

Lesehinweis: Die Novelle handelt von einem romantischen Lieblingsthema: vom Künstler, der außerhalb des bürgerlichen Lebens steht. Der junge Müllersohn, den sein Vater in die Welt hinausschickt, weil er zu Hause nicht zu brauchen ist, und der fröhlich und allein mit seiner Geige durch die Welt zieht, ist gewiss ein Bild des Künstlers. Eichendorff nimmt dem Motiv alle Schwere und macht ein heiteres Spiel daraus, halb Märchen, halb Komödie. Dem Taugenichts kann nichts geschehen; selten versteht er, was um ihn vorgeht; er gerät in die seltsamsten Intrigen und Konfusionen, aber sein kindliches Vertrauen auf sich selber, auf die Welt, auf Gott wird nie enttäuscht. „Und es war alles, alles gut", sind die letzten Worte der Erzählung.

Erstes Kapitel

Das Rad an meines Vaters Mühle brauste und rauschte schon wieder recht lustig, der Schnee tröpfelte emsig vom Dache, die Sperlinge zwitscherten und tummelten sich dazwischen; ich saß auf der Türschwelle und wischte mir den Schlaf aus den Augen; mir war so recht wohl in dem warmen Sonnenscheine. Da trat der Vater aus dem Hause; er hatte schon seit Tagesanbruch in der Mühle rumort und die Schlafmütze schief auf dem Kopfe, der sagte zu mir: „Du Taugenichts! da sonnst du dich schon wieder und dehnst und reckst dir die Knochen müde[1] und lässt mich alle Arbeit allein tun. Ich kann dich hier nicht länger füttern. Der Frühling ist vor der Tür, geh auch einmal hinaus in die Welt und erwirb dir selber dein Brot." – „Nun", sagte ich, „wenn ich ein Taugenichts bin, so ist's gut, so will ich in die Welt gehen und mein Glück machen." Und eigentlich war mir das recht lieb, denn es war mir kurz vorher selber eingefallen, auf Reisen zu gehen, da ich die Goldammer[2], welche im Herbst und Winter immer betrübt an unserm Fenster sang: „Bauer, miet mich, Bauer, miet mich!" nun in der schönen Frühlingszeit wieder ganz stolz und lustig vom Baume rufen hörte: „Bauer, behalt deinen Dienst!"

Ich ging also in das Haus hinein und holte meine Geige, die ich recht artig spielte, von der Wand, mein Vater gab mir noch einige Groschen Geld mit auf den Weg, und so schlenderte ich durch das lange Dorf hinaus. Ich hatte recht meine heimliche Freude, als ich da alle meine alten Bekannten und Kameraden rechts und links, wie gestern und vorgestern und immerdar, zur Arbeit hinausziehen, graben und pflügen sah, während ich so in die freie Welt hinausstrich. Ich rief den armen Leuten nach allen Seiten stolz und zufrieden Adjes[3] zu, aber es kümmerte sich eben keiner sehr darum. Mir war es wie ein ewiger Sonntag im Gemüte. Und als ich endlich ins freie Feld hinauskam, da nahm ich meine liebe Geige vor und spielte und sang, auf der Landstraße fortgehend:

Wem Gott will rechte Gunst erweisen,
Den schickt er in die weite Welt,
Dem will er seine Wunder weisen
In Berg und Wald und Strom und Feld.

Die Trägen, die zu Hause liegen,
Erquicket nicht das Morgenrot,
Sie wissen nur vom Kinderwiegen,
Von Sorgen, Last und Not um Brot.

Die Bächlein von den Bergen springen,
Die Lerchen schwirren hoch vor Lust,
Was sollt ich nicht mit ihnen singen
Aus voller Kehl und frischer Brust?

Den lieben Gott lass ich nur walten;
Der Bächlein, Lerchen, Wald und Feld
Und Erd und Himmel will erhalten,
Hat auch mein Sach aufs best bestellt![4]

Indem, wie ich mich so umsehe, kömmt[5] ein köstlicher Reisewagen ganz nahe an mich heran, der mochte wohl schon einige Zeit hinter mir drein gefahren sein, ohne dass ich es merkte, weil mein Herz so voller Klang war, denn es ging ganz langsam, und zwei vornehme Damen steckten die Köpfe aus dem Wagen und hörten mir zu. Die eine war besonders schön und jünger als die andere, aber eigentlich gefielen sie mir alle beide. Als ich nun aufhörte zu singen, ließ die ältere stillhalten und redete mich holdselig an: „Ei, lustiger Gesell, Er⁶ weiß ja recht hübsche Lieder zu singen." Ich nicht zu faul dagegen: „Euer Gnaden aufzuwarten⁷, wüsst ich noch viel schönere." Darauf fragte sie mich wieder: „Wohin wandert Er denn schon so am frühen Morgen?" Da schämte ich mich, dass ich das selber nicht wusste, und sagte dreist: „Nach Wien"; nun sprachen beide miteinander in einer fremden Sprache, die ich nicht verstand. Die jüngere schüttelte einige Male mit dem Kopfe, die andere lachte aber in einem fort und rief mir endlich zu: „Spring Er nur hinten mit auf, wir fahren auch nach Wien." Wer war froher als ich! Ich machte eine Reverenz und war mit einem Sprunge hinter dem Wagen, der Kutscher knallte, und wir flogen über die glänzende Straße fort, dass mir der Wind am Hute pfiff.

Hinter mir gingen nun Dorf, Gärten und Kirchtürme unter, vor mir neue Dörfer, Schlösser und Berge auf, unter mir Saaten, Büsche und Wiesen bunt vorüberfliegend, über mir unzählige Lerchen in der klaren blauen Luft – ich schämte mich, laut zu schreien, aber innerlichst jauchzte ich und strampelte und tanzte auf dem Wagentritt herum, dass ich bald meine Geige verloren hätte, die ich unterm Arme hielt. Wie aber denn die Sonne immer höher stieg, rings am Horizont schwere weiße Mittagswolken aufstiegen und alles in der Luft und auf der weiten Fläche so leer und schwül und still wurde über den leise wogenden Kornfeldern, da fiel mir erst wieder mein Dorf ein und mein Vater und unsere Mühle, wie es da so heimlich kühl war an dem schattigen Weiher, und dass nun alles so weit, weit hinter mir lag. Mir war dabei so kurios zumute, als müsst ich wieder umkehren; ich steckte meine Geige zwischen Rock und Weste, setzte mich voller Gedanken auf den Wagentritt hin und schlief ein.

Als ich die Augen aufschlug, stand der Wagen still unter hohen Lindenbäumen, hinter denen eine breite Treppe zwischen Säulen in ein prächtiges Schloß führte. Seitwärts durch die Bäume sah ich die Türme von Wien. Die Damen waren, wie es schien, längst ausgestiegen, die Pferde abgespannt. Ich erschrak sehr, da ich auf einmal so allein saß, und sprang geschwind in das Schloß hinein, da hörte ich von oben aus dem Fenster lachen.
[...]

1. sich die Knochen müde dehnen und recken: 伸懒腰，无所事事。
2. die Goldammer: 黄鹂。
3. Adjes: 法语Adieu, 再见。
4. 此诗曾于1817年以《快乐的漫游人》为题单独发表过。
5. kömmt: kommt的旧式用法。
6. Er: 对下属du或Sie的旧式称谓。
7. Euer Gnaden aufzuwarten: 禀告夫人。

Aufgaben:

1. Das Geschehen wird aus der Ich-Perspektive geschildert. Welche Funktion hat diese Erzählweise?
2. Wie lockert Eichendorff die epische Form der Novelle auf? Was versteht man unter dem eingestreuten Gedicht „Der frohe Wandersmann"?

3. Wie ist die Hauptfigur Taugenichts charakterisiert?
4. Auf seinen einsamen Wanderungen liebt der Taugenichts die Natur in allen ihren Erscheinungsformen. Arbeiten Sie den Zusammenhang der romantischen Landschaft mit der seelischen Verfassung von Taugenichts heraus.

· Ernst Theodor Amadeus Hoffmann: *Der goldene Topf* (1814)

E. T. A. 霍夫曼：《金罐》

> **Lesehinweis:** Hoffmanns Märchennovellen gelten als Meisterwerke der phantastischen, grotesken Literatur. Der Autor hat dieser Novelle die Gattungsbezeichnung „Märchen aus der neuen Zeit" gegeben, daher wird sie als repräsentatives Kunstmärchen bezeichnet. In diesem in zwölf „Vigilien" eingeteilten Werk verlegt Hoffmann das Phantastische in die Wirklichkeit seiner Zeit. Der Student Anselmus schwankt zwischen Traumwelt und Spießbürgertum hin und her. Die poesiefeindliche und karrieresüchtige Bürgerwelt vermischt sich mit der verzauberten Phantasiewelt. Anselmus, der ein poetisches Gemüt hat, überwindet mit Hilfe eines guten Elementgeistes alle Hindernisse und gelangt mit seiner Geliebten in die Poesiewelt, das imaginäre Reich Atlantis.

ERSTE VIGILIE[1]

Die Unglücksfälle des Studenten Anselmus. – Des Konrektors[2] Paulmann Sanitätsknaster[3] und die goldgrünen Schlangen.

Am Himmelfahrtstage, Nachmittags um drei Uhr rannte ein junger Mensch in Dresden durchs schwarze Tor und geradezu in einen Korb mit Äpfeln und Kuchen hinein, die ein altes hässliches Weib feilbot, so dass Alles, was der Quetschung glücklich entgangen, hinausgeschleudert wurde, und die Straßenjungen sich lustig in die Beute teilten, die ihnen der hastige Herr zugeworfen. Auf das Zetergeschrei, das die Alte erhob, verließen die Gevatterinnen ihre Kuchen- und Branntweintische, umringten den jungen Menschen und schimpften mit pöbelhaftem Ungestüm auf ihn hinein, so dass er, vor Ärger und Scham verstummend, nur seinen kleinen nicht eben besonders gefüllten Geldbeutel hinhielt, den die Alte begierig ergriff und schnell einsteckte. Nun öffnete sich der festgeschlossene Kreis, aber indem der junge Mensch hinausschoss, rief ihm die Alte nach: Ja, renne – renne nur zu, Satanskind – ins Kristall bald dein Fall – ins Kristall! – Die gellende, krächzende Stimme des Weibes hatte etwas Entsetzliches, so dass die Spaziergänger verwundert still standen, und das Lachen, das sich erst verbreitet, mit einem Mal verstummte. – Der Student Anselmus (niemand anders war der junge Mensch) fühlte sich, unerachtet er des Weibes sonderbare Worte durchaus nicht verstand, von einem unwillkürlichen Grausen ergriffen, und er beflügelte noch mehr seine Schritte, um sich den auf ihn gerichteten Blicken der

neugierigen Menge zu entziehen. Wie er sich nun durch das Gewühl geputzter Menschen durcharbeitete, hörte er überall murmeln: „Der arme junge Mann – Ei! über das verdammte Weib! " – Auf ganz sonderbare Weise hatten die geheimnisvollen Worte der Alten dem lächerlichen Abenteuer eine gewisse tragische Wendung gegeben, so dass man dem vorhin ganz Unbemerkten jetzt teilnehmend nachsah. Die Frauenzimmer verziehen dem wohlgebildeten Gesichte, dessen Ausdruck die Glut des innern Grimms noch erhöhte, so wie dem kräftigen Wuchse des Jünglings alles Ungeschick, so wie den ganz außer dem Gebiete aller Mode liegenden Anzug. Sein hechtgrauer Frack war nämlich so zugeschnitten, als habe der Schneider, der ihn gearbeitet, die moderne Form nur vom Hörensagen gekannt, und das schwarzatlasne wohlgeschonte Unterkleid gab dem Ganzen einen gewissen magistermässigen Stil, dem sich nun wieder Gang und Stellung durchaus nicht fügen wollte. – Als der Student schon beinahe das Ende der Allee erreicht, die nach dem Linkschen Bade führt, wollte ihm beinahe der Atem ausgehen. Er war genötigt langsamer zu wandeln; aber kaum wagte er den Blick in die Höhe zu richten, denn noch immer sah er die Äpfel und Kuchen um sich tanzen, und jeder freundliche Blick dieses oder jenes Mädchens war ihm nur der Reflex des schadenfrohen Gelächters am schwarzen Tor. So war er bis an den Eingang des Linkschen Bades gekommen; eine Reihe festlich gekleideter Menschen nach der andern zog herein. Musik von Blasinstrumenten ertönte von innen, und immer lauter und lauter wurde das Gewühl der lustigen Gäste. Die Tränen wären dem armen Studenten Anselmus beinahe in die Augen getreten; denn auch er hatte, da der Himmelfahrtstag immer ein besonderes Familienfest für ihn gewesen, an der Glückseligkeit des Linkschen Paradieses teilnehmen, ja er hatte es bis zu einer halben Portion Kaffee mit Rum und einer Bouteille[4] Doppelbier treiben wollen, und um so recht schlampampen zu können, mehr Geld eingesteckt, als eigentlich erlaubt und tunlich war. Und nun hatte ihn der fatale Tritt in den Äpfelkorb um alles gebracht, was er bei sich getragen. An Kaffee, an Doppelbier, an Musik, an den Anblick der geputzten Mädchen – kurz – an alle geträumten Genüsse war nicht zu denken; er schlich langsam vorbei und schlug endlich den Weg an der Elbe ein, der gerade ganz einsam war. Unter einem Holunderbaume, der aus der Mauer hervorgesprossen, fand er ein freundliches Rasenplätzchen; da setzte er sich hin und stopfte eine Pfeife von dem Sanitätsknaster, den ihm sein Freund, der Konrektor Paulmann, geschenkt. [...] Hier wurde der Student Anselmus in seinem Selbstgespräche durch ein sonderbares Rieseln und Rascheln[5] unterbrochen, das sich dicht neben ihm im Grase erhob, bald aber in die Zweige und Blätter des Holunderbaumes hinaufglitt, der sich über seinem Haupte wölbte. Bald war es, als schüttle der Abendwind die Blätter, bald als kosten Vöglein in den Zweigen, die kleinen Fittiche[6] im mutwilligen Hin- und Herflattern rührend. Da fing es an zu flüstern und zu lispeln, und es war als ertönten die Blüten wie aufgehangene Kristallglöckchen. Anselmus horchte und horchte.
[...] Aber in dem Augenblick ertönte es über seinem Haupte wie ein Dreiklang heller Kristallglocken; er schaute hinauf und erblickte drei in grünem Gold erglänzende Schlänglein, die sich um die Zweige gewickelt hatten und die Köpfchen der Abendsonne entge-

genstreckten. Da flüsterte und lispelte es von neuem in jenen Worten, und die Schlänglein schlüpften und kosten auf und nieder durch die Blätter und Zweige, und wie sie sich so schnell rührten, da war es, als streue der Holunderbusch tausend funkelnde Smaragde durch seine dunklen Blätter. „Das ist die Abendsonne, die so in dem Holunderbusch spielt", dachte der Student Anselmus, aber da ertönten die Glocken wieder, und Anselmus sah, wie eine Schlange ihr Köpfchen nach ihm herabstreckte. Durch alle Glieder fuhr es ihm wie ein elektrischer Schlag, er erbebte im Innersten – er starrte hinauf, und ein Paar herrliche dunkelblaue Augen blickten ihn an mit unaussprechlicher Sehnsucht, so dass ein nie gekanntes Gefühl der höchsten Seligkeit und des tiefsten Schmerzes seine Brust zersprengen wollte. Und wie er voll heißen Verlangens immer in die holdseligen Augen schaute, da ertönten stärker in lieblichen Akkorden die Kristallglocken, und die funkelnden Smaragde[7] fielen auf ihn herab und umspannen ihn, in tausend Flämmchen um ihn herflackernd und spielend mit schimmernden Goldfaden. Der Holunderbusch rührte sich und sprach: „Du lagst in meinem Schatten, mein Duft umfloss Dich, aber Du verstandest mich nicht: der Duft ist meine Sprache, wenn ihn die Liebe entzündet." Der Abendwind strich vorüber und sprach: „Ich umspielte Deine Schläfe, aber Du verstandest mich nicht: der Hauch ist meine Sprache, wenn ihn die Liebe entzündet." Die Sonnenstrahlen brachen durch das Gewölk und der Schein brannte wie in Worten: „Ich umgoss Dich mit glühendem Gold, aber Du verstandest mich nicht: Glut ist meine Sprache, wenn sie die Liebe entzündet."

Und immer inniger und inniger versunken in den Blick des herrlichen Augenpaars, wurde heißer die Sehnsucht, glühender das Verlangen. Da regte und bewegte sich alles, wie zum frohen Leben erwacht. Blumen und Blüten dufteten um ihn her, und ihr Duft war wie herrlicher Gesang von tausend Flötenstimmen; und was sie gesungen, trugen im Widerhall die goldenen vorüberfliegenden Abendwolken in ferne Lande. Aber als der letzte Strahl der Sonne schnell hinter den Bergen verschwand und nun die Dämmerung ihren Flor über die Gegend warf, da rief, wie aus weiter Ferne, eine rauhe tiefe Stimme:

„Hei, hei! was ist das für ein Gemunkel und Geflüster da drüben? – Hei, hei! wer sucht mir doch den Strahl hinter den Bergen! genug gesonnt, genug gesungen. – Hei, hei! durch Busch und Gras – durch Gras und Strom! – Hei, – hei – Her u – u – u nter – Her u – u – u nter!"

So verschwand die Stimme wie im Murmeln eines fernen Donners, aber die Kristallglocken zerbrachen im schneidenden Misston. Alles war verstummt, und Anselmus sah, wie die drei Schlangen schimmernd und blinkend durch das Gras nach dem Strome schlüpften; rischelnd und raschelnd stürzten sie sich in die Elbe, und über den Wogen, wo sie verschwunden, knisterte ein grünes Feuer empor, das in schiefer Richtung nach der Stadt zu leuchtend verdampfte.

1. die Vigilie: Nachtwache, 夜间执勤。让·保尔用它做章节的标记，有些作家仿效。
2. der Konrektor: （中小学）副校长。
3. der Sanitätsknaster: 一种烟草。
4. die Bouteille: （法语）酒瓶。
5. Rieseln und Rascheln: 窸窣声。
6. der Fittich: 翅膀。
7. der Smaragd: 绿宝石。

Aufgaben:

1. In welcher seelischen Verfassung befindet sich der Student Anselmus?
2. Wie wird die Schilderung der wirklichen Welt mit Schilderungen der phantastischen Welt verknüpft?
3. Anselmus stößt am Schwarzen Tor den Korb eines alten Apfelweibes um, das die feindliche Macht vertritt. Informieren Sie sich über die weitere Handlung der Novelle.
4. Für welche Welt steht der Korrektor Paulmann? Welche Welt verkörpern die goldgrünen Schlangen?

8. BIEDERMEIER, VORMÄRZ UND JUNGES DEUTSCHLAND (1815—1850)
比德迈耶尔、三月前和青年德意志文学

8.1 Epochenüberblick

Neben der romantischen Bewegung in Deutschland kamen neue literarische Strömungen auf. Sie verkörpern unterschiedliche Reaktionen auf die politische Entwicklung nach 1815 und dauern bis zur Revolution von 1848/1849.

Der Begriff „Biedermeier" charakterisiert den Typus des redlichen und unpolitischen Kleinbürgers. Die Literatur des Biedermcier gehört nicht der politischen Richtung, sondern knüpft beim Idealismus der Klassik und Romantik an.

Die Literatur des Jungen Deutschland hingegen befindct sich im Widerspruch zur Restauration und zum Absolutheitsanspruch des Staates und der Kirche. Die Autoren wollen mit literarischen Mitteln eine geistige Erneuerung und soziale Veränderungen herbeiführen.

„Vormärz" ist ein ursprünglich politischer Begriff; er meint die Zeit von der Julirevolution 1830 bis zu den Märzereignissen von 1848. „Literatur des Vormärz" ist demnach die Literatur in den zwei Jahrzehnten vor 1848. Sie ist meist politischen Inhalts und gegen die auf dem Wiener Kongress hergestellte Ordnung gerichtet.

· **Die politische Situation:**

Der Sieg über Napoleon brachte nicht das von einer breiten Bevölkerungsschicht erhoffte Recht auf politische Mitsprache. Nach dem Wiener Kongress (1814/1815) erneuerten konservative Kreise die absolutistischen Verhältnisse der vorrevolutionären Zeit. Diese zeichneten sich aus durch die Unterdrückung nationaler Forderungen und politischer Äußerungen durch Pressezensur, Überwachung der Universitäten. Mit der Folge der einsetzenden industriellen Revolution entstand das neue Besitzbürgertum, das nach gesellschaftlichem Einfluss strebte und sich von den verarmenden Handwerkern und Arbeitern distanzierte.

8. Biedermeier, Vormärz und Junges Deutschland (1815—1850)

· Kulturelle Voraussetzungen:

Diese Zeit bewegt sich im Spannungsfeld zwischen dem überlieferten Erbe der Klassik und Romantik und der positivistisch und materialistisch ausgerichteten Weltanschauung. Politische Hoffnungslosigkeit, gesellschaftliche Spaltung, wirtschaftliche Verarmung und weltanschauliche Unsicherheit lösen gegensätzliche Reaktionen aus. Die nationale Enttäuschung führt zur Resignation. Dafür zeigen sich Tendenzen zur Unterordnung und Entsagung, diese Einstellungen werden von dem sogenannten Biedermeier vertreten. Daneben antworten einige junge Schriftsteller und Journalisten auf die politische Restauration aggressiv, die man als Junges Deutschland bezeichnet.

· Themen und Formen:

Die Biedermeier-Autoren suchen das kleine, beschränkte Glück, von dem der innere Frieden zugesichert wird. Thematisiert werden vor allem der Rückzug ins Privatleben und das sittliche Gesetz, dem alles gehorchen soll. Selbstgenügsamkeit, Innerlichkeit, Zähmung der Leidenschaften, Maß und Glaube an die Harmonie in der Natur verweisen auf eine heile Welt. Bei vielen Dichtern spürt man eine Neigung zu Vereinsamung, zu Schwermut, Verzweiflung und Hypochondrie.

Dagegen fordern die Vertreter des Jungen Deutschland und des Vormärz engagiert eine Änderung der gesellschaftlichen Missstände. Sie stellen sich gegen weltfremde Romantik, erstarrte Moralvorstellung. Sie lehnen jeglichen Dogmatismus (politisch, religiös, moralisch) ab. Die kritische Auseinandersetzung mit der Aktualität wird bevorzugter Gegenstand ihrer literarischen Tätigkeit.

In der Epik dominieren kleinere Formen: Erzählung, Stimmungsbild, Märchen, Skizze und Novelle (Stifter: *Bergkristall*; Heine: *Deutschland. Ein Wintermärchen*; Droste-Hülshoff: *Die Judenbuche*; Mörike: *Mozart auf der Reise nach Prag*). Mit den Reisebildern wird eine neue Gattung in die Literatur eingeführt (Heine: *Die Harzreise*). Der wichtige Romantyp ist der Bildungsroman (Stifter: *Der Nachsommer*; Mörike: *Maler Nolten*).

Das Drama thematisiert historisches Geschehen (Büchner: *Dantons Tod*). Die Tendenz zum Kleinen zeigt sich ebenso beim Drama. Lokalpossen und Volksstücke treffen den Publikumsgeschmack in Wien. In der Lyrik versucht man, idyllische Stimmung wiederzugeben, Naturbilder einzufangen oder eine allgemeine Lebensweisheit auszudrücken (Droste, Mörike). Heines Gedichte schaffen romantische Stimmung und zerstören diese wieder.

· Autoren und Werke:

Georg Büchner (1813—1837):
Sein Drama *Dantons Tod* (1835) spielt in der Endphase der Französischen Revolution. 1835 verfasste Büchner auch seine Erzählung *Lenz* (1835). Die Hauptfigur ist ein Sturm-

und-Drang-Dichter, der nicht idealisiert wird. Im Drama *Woyzeck* (1836/1837) betritt das Proletariat erstmals die Bühne.

Annette von Droste-Hülshoff (1797—1848):
Die Kriminalnovelle *Die Judenbuche* (1842) ist ihr Hauptwerk.

Franz Grillparzer (Österreich, 1791—1872):
Der Österreicher ist vor allem Dramatiker. In *Sappho* (1818) thematisiert er die unerwiderte Liebe der griechischen Dichterin Sappho zu Phaon. Verschiedene Dramen greifen historische Themen auf, haben aber durchaus Zeitbezug, z. B. *König Ottokars Glück und Ende* (1825). In der Novelle *Der arme Spielmann* (1848) finden sich autobiografische Züge.

Heinrich Heine (1797—1856):
Heine begründet die neue Gattung des Reisebildes. In *Die Harzreise* (1826) sind satirisch-kritische Äußerungen über die akademischen Missstände der Zeit eingestreut. Heines Lyrik zeichnet sich durch sprachliche Virtuosität, Musikalität und Rhythmik aus. *Das Buch der Lieder* (1827) gehört zur erfolgreichsten deutschen Gedichtsammlung. *Deutschland. Ein Wintermärchen* ist ein satirisches Versepos.

Eduard Mörike (1804—1875):
In der Nachfolge von Goethes *Wilhelm Meister* steht der Künstlerroman *Maler Nolten* (1832). Seine Novelle *Mozart auf der Reise nach Prag* (1855) hält einen Tag im Leben des Meisters fest. In seiner Lyrik begründet er das deutsche Dinggedicht (*Auf eine Lampe*).

Adalbert Stifter (Österreich, 1805—1868):
Viele Erzählungen (*Studien*, 1844/1850; *Bunte Steine*, 1853, darin: *Bergkristall*) kreisen um das in die Natur eingebettete Leben. Leidenschaft gefährdet als extremes Verhalten, es muss gebändigt werden. *Der Nachsommer* (1857) ist ein Bildungsroman in der Nachfolge von Goethes *Wilhelm Meister*.

8.2 Ausgewählte Texte

· **Georg Büchner:** *Woyzeck* **(1836/1837)**

格奥尔格·毕希纳：《沃伊采克》

> **Lesehinweis:** In der Dramatisierung eines tatsächlichen Mordfalls aus dem Jahre 1821 lässt Büchner gesellschaftliche Moralvorstellung und die Folgen von Armut und Elend aufeinanderprallen. *Woyzeck* wird als das erste proletarische Drama der deutschen Literatur bezeichnet. Es handelt von einem einfachen Soldaten, der einen Mord begeht und doch kein Mörder ist. Er ist ein ausgebeuteter Mensch und ein betrogener Liebhaber. Er geht zugrunde an der Kälte, Härte und Indifferenz seiner Mitmenschen. Die Tragödie von Woyzeck spiegelt das Leben der Proletarier in der ersten Hälfte des 19. Jahrhunderts wider.

Beim Hauptmann

Hauptmann auf dem Stuhl, Woyzeck rasiert ihn.

Hauptmann: Langsam, Woyzeck, langsam; eins nach dem andern! Er[1] macht mir ganz schwindlich. Was soll ich dann mit den 10 Minuten anfange, die Er heut zu früh fertig wird? Woyzeck, bedenk Er, Er hat noch seine schöne dreißig Jahr zu leben, dreißig Jahr! Macht dreihundertsechzig Monate! und Tage! Stunden! Minuten! Was will Er denn mit der ungeheuren Zeit all anfangen? Teil Er sich ein, Woyzeck!

Woyzeck: Jawohl, Herr Hauptmann.

Hauptmann: Es wird mir ganz angst um die Welt, wenn ich an die Ewigkeit denke. Beschäftigung, Woyzeck, Beschäftigung! Ewig: das ist ewig, das ist ewig, das siehst du ein; nun ist es aber wieder nicht ewig, und das ist ein Augenblick, ja ein Augenblick – Woyzeck, es schaudert mich, wenn ich denke, daß sich die Welt in einem Tag herumdreht. Was' ne Zeitverschwendung! Wo soll das hinaus? Woyzeck, ich kann kein Mühlrad mehr sehen, oder ich werd' melancholisch.

Woyzeck: Jawohl, Herr Hauptmann.

Hauptmann: Woyzeck, Er sieht immer so verhetzt aus! Ein guter Mensch tut das nicht, ein guter Mensch, der sein gutes Gewissen hat. – Red' er doch was Woyzeck! Was ist heut für Wetter?

Woyzeck: Schlimm, Herr Hauptmann, schlimm: Wind.

Hauptmann: Ich spür's schon. s' ist so was Geschwindes draußen: so ein Wind macht mir den Effekt wie eine Maus. *Pfiffig:* Ich glaub', wir haben so was aus Süd-Nord.

Woyzeck: Jawohl, Herr Hauptmann.

Hauptmann: Ha, ha ha! Süd-Nord! Ha, ha, ha! Oh, Er ist dumm, ganz abscheulich dumm! *Gerührt:* Woyzeck, Er ist ein guter Mensch – aber *mit Würde* Woyzeck, Er hat keine Moral! Moral, das ist, wenn man moralisch ist, versteht Er. Es ist ein gutes Wort. Er hat ein Kind ohne den Segen der Kirche, wie unser hocherwürdiger Herr Garnisionsprediger sagt, ohne den Segen der Kirche, es ist ist nicht von mir.

Woyzeck: Herr Hauptmann, der liebe Gott wird den armen Wurm nicht drum ansehen, ob das Amen drüber gesagt ist, eh' er gemacht wurde. Der Herr sprach: Lasset die Kindlein zu mir kommen.[2]

Hauptmann: Was sagt Er da? Was ist das für eine kuriose Antwort? Er macht mich ganz konfus mit seiner Antwort. Wenn ich sag: Er, so mein' ich Ihn, Ihn.

Woyzeck: Wir arme Leut. Sehn Sie, Herr Hauptmann: Geld, Geld. Wer kein Geld hat – Da setz einmal eines seinesgleichen auf die Moral in die Welt. Man hat auch sein Fleisch und Blut. Unsereins ist doch einmal unselig in der und der andern Welt. Ich glaub', wenn wir in Himmel kämen, so müssten wir donnern helfen.[3]

Hauptmann: Woyzeck, Er hat keine Tugend! Er ist kein tugendhafter Mensch! Fleisch und Blut? Wenn ich am Fenster lieg, wenn's geregnet hat, und den weißen Strümpfen so nachsehe, wie sie über die Gassen springen – verdammt Woyzeck –, da kommt mir die Liebe.

Ich hab auch Fleisch und Blut. Aber, Woyzeck, die Tugend, Die Tugend! Wie sollte ich dann die Zeit herumbringen? Ich sag' mir immer: du bist ein tugendhafter Mensch, *gerührt* ein guter Mensch, ein guter Mensch.

Woyzeck: Ja, Herr Hauptmann, die Tugend! ich hab's noch nicht so aus. Sehn Sie: wir gemeine Leut, das hat keine Tugend, es kommt einem nur so die Natur, aber wenn ich ein Herr wär und hätt ein' Hut und eine Uhr und eine Anglaise[4] und könnt' vornehm reden, ich wollt schon tugendhaft sein. Es muss was Schöns sein um die Tugend, Herr Hauptmann. Aber ich bin ein armer Kerl.

Hauptmann: Gut, Woyzeck. Du bist ein guter Mensch, ein guter Mensch. Aber du denkst zuviel, das zehrt, du siehst immer so gehetzt aus. Der Diskurs hat mich ganz angegriffen. Geh' jetzt, und renn nicht so; langsam, hübsch langsam die Straße hinunter.

1. Er: du, 对下属的旧式称谓。
2. Der Herr... kommen: 见《新约·马可福音》第十章。"主说过：让小孩子们到我这里来吧。"
3. Ich glaub' ... helfen: 我相信，如果我们来到天上，那我们一定会帮助打雷。意思是说，有什么样的社会地位就能做出什么样的事情。
4. die Anglaise: 男式礼服。

Aufgaben:

1. Vergleichen Sie die Redeweise des Hauptmanns mit derjenigen Woyzecks.
2. Was ist die Ansicht des Hauptmanns, wenn er feststellt, Woyzeck habe keine „Tugend", er selbst aber sei „ein guter Mensch"? Was meint er, wenn er auch Woyzeck einen „guten Menschen" nennt?
3. Analysieren Sie die Vorstellung Woyzecks im Vergleich zu der Hauptmanns: Was will Woyzeck behaupten, wenn er „Tugend" und „Natur" einander gegenüberstellt und „Tugend" mit Reichtum verbindet?
4. Wie bewerten Sie die Szene? Ist sie eine realistische Schilderung der Wirklichkeit in einer kleinen Garnisonsstadt der Zeit oder eine Satire? Begründen Sie.

· **Eduard Mörike:** *Mozart auf der Reise nach Prag* **(1855)**

爱德华特·默里克：《莫扎特在去布拉格的旅途上》

> **Lesehinweis:** Zum hundertsten Geburtstag Mozarts schrieb Eduard Mörike die Novelle *Mozart auf der Reise nach Prag*. Einer Chronik vergleichbar wird eine Episode aus Mozarts Leben intensiv nachempfunden und sprachlich gestaltet. Geschildert wird ein Tag im Herbst 1787. Mozart und seine Frau Konstanze machen Rast auf seiner Reise von Wien nach Prag in einem böhmischen Dorf. Mozart geht im nahe gelegenen Schlossgarten spazieren und pflückt gedankenverloren eine Orange vom schönen Pomeranzenbäumchen des Parks. Die Gesetze des schöpferischen Genies werden in dem Spiegel einer beiläufigen Begebenheit sichtbar gemacht.

Kapitel 3

[...]

Von der Mitte zweier großen, noch reichlich blühenden Blumenparterre ging unser Meister nach den buschigen Teilen der Anlagen zu, berührte ein paar schöne dunkle Piniengruppen und lenkte seine Schritte auf vielfach gewundenen Pfaden, indem er sich allmählich den lichteren Partien[1] wieder näherte, dem lebhaften Rauschen eines Springbrunnens nach, den er sofort erreichte.

Das ansehnlich weite, ovale Bassin war rings von einer sorgfältig gehaltenen Orangerie[2] in Kübeln[3], abwechselnd mit Lorbeeren und Oleandern[4], umstellt; ein weicher Sandweg, gegen den sich eine schmale Gitterlaube öffnete, lief rund umher. Die Laube bot das angenehmste Ruheplätzchen dar; ein kleiner Tisch stand vor der Bank, und Mozart ließ sich vorn am Eingang nieder.

Das Ohr behaglich dem Geplätscher des Wassers hingegeben, das Aug' auf einen Pomeranzenbaum[5] von mittlerer Größe geheftet, der außerhalb der Reihe, einzeln, ganz dicht an seiner Seite auf dem Boden stand und voll der schönsten Früchte hing, ward unser Freund durch diese Anschauung des Südens alsbald auf eine liebliche Erinnerung aus seiner Knabenzeit geführt. Nachdenklich lächelnd reicht er hinüber nach der nächsten Frucht, als wie um ihre herrliche Ründe, ihre saftige Kühle in hohler Hand zu fühlen. Ganz im Zusammenhang mit jener Jugendszene aber, die wieder vor ihm aufgetaucht, stand eine längst vermischte musikalische Reminiszenz[6], auf deren unbestimmter Spur er sich ein Weilchen träumerisch erging. Jetzt glänzen seine Blicke, sie irren da und dort umher, er ist von einem Gedanken ergriffen, den er sogleich eifrig verfolgt. Zerstreut hat er zum zweiten Mal die Pomeranze angefasst, sie geht vom Zweige los und bleibt ihm in der Hand. Er sieht und sieht es nicht; ja so weit geht die künstlerische Geistesabwesenheit, dass er, die duftige Frucht beständig unter der Nase hin und her wirbelnd und bald den Anfang, bald die Mitte einer Weise unhörbar zwischen den Lippen bewegend, zuletzt instinktmäßig ein emailliertes Etui aus der Seitentasche des Rocks hervorbringt, ein kleines Messer mit silbernem Heft daraus nimmt und die gelbe kugelige Masse von oben nach unten langsam durchschneidet. Es mochte ihn dabei entfernt ein dunkles Durstgefühl geleitet haben, jedoch begnügten sich die angeregten Sinne mit Einatmung des köstlichen Geruchs. Er starrt minutenlang die beiden innern Flächen an, fügt sie sachte wieder zusammen, ganz sachte, trennt und vereinigt sie wieder.

Da hört er Tritte in der Nähe, er erschrickt, und das Bewusstsein, wo er ist, was er getan, stellt sich urplötzlich bei ihm ein. Schon im Begriff, die Pomeranze zu verbergen, hält er doch gleich damit inne, sei es aus Stolz, sei's, weil es zu spät dazu war. Ein großer, breitschulteriger Mann in Livree, der Gärtner des Hauses, stand vor ihm. Derselbe hatte wohl die letzte verdächtige Bewegung noch gesehen und schwieg betroffen einige Sekunden. Mozart, gleichfalls sprachlos, auf seinem Sitz wie angenagelt, schaute ihm halb lachend, unter sichtbarem Erröten, doch gewissermaßen keck[7] und groß mit seinen blauen Augen ins Gesicht; dann setzte – er für einen Dritten wäre es höchst komisch anzusehn gewesen – die scheinbar unverletzte Pomeranze mit einer Art von trotzig couragiertem Nachdruck in die Mitte des Tisches. [...]

1. die Partie: 部分。
2. die Orangerie: 橙园。
3. der Kübel: 桶。
4. der Oleander: 夹竹桃。
5. der Pomeranzenbaum: 酸橙树。
6. die Reminiszenz: 回忆。
7. keck: 精神抖擞的，活泼的。

Aufgaben:
1. Wie zeichnet Mörike den Komponisten Mozart? Berücksichtigen Sie dabei Sinneseindrücke, Erinnerungen und die geistige Verfassung des Spaziergängers.
2. Wie kontaktieren sich die innere Welt (Mozarts Gemütszustand) und äußere Welt (der Park usw.)?
3. Wie gibt Mörike den Moment der musikalischen Inspiration wieder?
4. Warum zerschneidet Mozart die Orange und starrt auf die „inneren Flächen"?

· **Heinrich Heine:** *Die Harzreise* **(1826)**

海因里希·海涅：《哈尔茨山游记》

> **Lesehinweis:** *Die Harzreise* (im Herbst 1824 niedergeschrieben; erschienen erstmals 1826) ist ein Reisebericht von Heinrich Heine. In diesem Werk schildert Heine mit brillanter Erzählkunst seine Reise als Student von Göttingen nach Ilsenburg. Er begegnet dabei bekannten und unbekannten Zeitgenossen, die Heine teils detailliert darstellt, teils mit geschichtlichen Persönlichkeiten vergleicht. Die Menschen, die Orte und die Landschaft sind Gegenstände seiner Reisebeschreibung. Den thematischen Rahmen bildet der Gegensatz zwischen gesellschaftlichen Zwängen und der Natur. Romantische Erlebnisse, satirische Reflexionen, Aphorismen und lyrische Stimmungsbilder finden hier ihren Niederschlag. Heines *Harzreise* beginnt mit einer Satire auf den Uni-Betrieb Göttingens.

Schwarze Röcke, seidne Strümpfe,
Weiße, höfliche Manschetten,
Sanfte Reden, Embrassieren –
Ach, wenn sie nur Herzen hätten!

Herzen in der Brust, und Liebe,
Warme Liebe in dem Herzen –
Ach, mich tötet ihr Gesinge
Von erlognen Liebesschmerzen.

Auf die Berge will ich steigen,
Wo die frommen Hütten stehen,
Wo die Brust sich frei erschließet,
Und die freien Lüfte wehen.

Auf die Berge will ich steigen,
Wo die dunklen Tannen ragen,
Bäche rauschen, Vögel singen,
Und die stolzen Wolken jagen.

Lebet wohl, ihr glatten Säle,
Glatte Herren! Glatte Frauen!
Auf die Berge will ich steigen,
Lachend auf euch niederschauen.

Die Stadt Göttingen, berühmt durch ihre Würste und Universität, gehört dem Könige von Hannover, und enthält 999 Feuerstellen, diverse Kirchen, eine Entbindungsanstalt[1], eine Sternwarte[2], einen Karzer[3], eine Bibliothek und einen Ratskeller, wo das Bier sehr gut ist. Der vorbeifließende Bach heißt „die Leine", und dient des Sommers zum Baden; das Wasser ist sehr kalt und an einigen Orten so breit, dass Lüder[4] wirklich einen großen Anlauf nehmen musste, als er hinübersprang. Die Stadt selbst ist schön, und gefällt einem am besten, wenn man sie mit dem Rücken ansieht. Sie muss schon sehr lange stehen; denn ich erinnere mich, als ich vor fünf Jahren dort immatrikuliert und bald darauf konsiliiert[5] wurde, hatte sie schon dasselbe graue, altkluge Ansehen, und war schon vollständig eingerichtet mit Schnurren[6], Pudeln[7], Dissertationen, Teedansants[8], Wäscherinnen, Kompendien[9], Taubenbraten, Guelfenorden[10], Promotionskutschen, Pfeifenköpfen, Hofräten, Justizräten, Relegationsräten, Profaxen[11] und anderen Faxen. Einige behaupten sogar, die Stadt sei zur Zeit der Völkerwanderung erbaut worden, jeder deutsche Stamm habe damals ein ungebundenes Exemplar seiner Mitglieder darin zurückgelassen, und davon stammten all die Vandalen, Friesen, Schwaben, Teutonen, Sachsen, Thüringer usw., die noch heutzutage in Göttingen, hordenweis, und geschieden durch Farben der Mützen und der Pfeifenquäste, über die Weenderstraße einherziehen, auf den blutigen Walstätten der Rasenmühle, des Ritschenkrugs und Bovdens sich ewig untereinander herumschlagen, in Sitten und Gebräuchen noch immer wie zur Zeit der Völkerwanderung dahinleben, und teils durch ihre Duces[12], welche Haupthähne heißen, teils durch ihr uraltes Gesetzbuch, welches Comment heißt und in den legibus barbarorum[13] eine Stelle verdient, regiert werden.

Im allgemeinen werden die Bewohner Göttingens eingeteilt in Studenten, Professoren, Philister und Vieh; welche vier Stände doch nichts weniger als streng geschieden sind. Der Viehstand ist der bedeutendste. Die Namen aller Studenten und aller ordentlichen und unordentlichen Professoren hier herzuzählen, wäre zu weitläufig; auch sind mir in diesem Augenblick nicht alle Studentennamen im Gedächtnisse, und unter den Professoren sind manche, die noch gar keinen Namen haben. Die Zahl der Göttinger Philister muss sehr groß sein, wie Sand, oder besser gesagt, wie Kot am Meer; wahrlich, wenn ich sie des Morgens, mit ihren schmutzigen Gesichtern und weißen Rechnungen, vor den Pforten des akademischen Gerichtes aufgepflanzt sah, so mochte ich kaum begreifen, wie Gott nur so viel Lumpenpack erschaffen konnte.

Ausführlicheres über die Stadt Göttingen lässt sich sehr bequem nachlesen in der Topographie derselben von K. F. H. Marx. Obzwar ich gegen den Verfasser, der mein Arzt war und mir sehr viel Liebes erzeigte, die heiligsten Verpflichtungen hege, so kann ich doch sein Werk nicht unbedingt empfehlen, und ich muss tadeln, dass er jener falschen Meinung, als hätten die Göttingerinnen allzu große Füße, nicht streng genug widerspricht. Ja, ich habe mich sogar seit Jahr und Tag mit einer ernsten Widerlegung dieser Meinung beschäftigt, ich habe deshalb vergleichende Anatomie gehört, die seltensten Werke auf der Bibliothek exzerpiert, auf der Weenderstraße stundenlang die Füße der vorübergehenden Damen studiert, und in der grundgelehrten Abhandlung, so die Resultate dieser Studien enthalten wird, spreche ich 1. von den Füßen überhaupt, 2. von den Füßen bei den Alten, 3. von den Füßen der Elefanten, 4. von den Füßen der Göttingerinnen, 5. stelle ich alles zusammen, was über diese Füße auf Ullrichs Garten schon gesagt worden, 6. betrachte ich diese Füße in ihrem Zusammenhang, und verbreite mich bei dieser Gelegenheit auch über Waden, Knie usw., und endlich 7., wenn ich nur so großes Papier auftreiben kann, füge ich noch hinzu einige Kupfertafeln mit dem Faksimile göttingischer Damenfüße.

Es war noch sehr früh, als ich Göttingen verließ, und der gelehrte lag gewiss noch im Bette und träumte wie gewöhnlich: er wandle in einem schönen Garten, auf dessen Beeten lauter weiße, mit Zitaten beschriebene Papierchen wachsen, die im Sonnenlichte lieblich glänzen, und von denen er hier und da mehrere pflückt, und mühsam in ein neues Beet verpflanzt, während die Nachtigallen mit ihren süßesten Tönen sein altes Herz erfreuen.

Vor dem Weender Tore begegneten mir zwei eingeborne kleine Schulknaben, wovon der eine zum andern sagte: „Mit dem Theodor will ich gar nicht mehr umgehen, er ist ein Lumpenkerl, denn gestern wusste er nicht mal wie der Genitiv von Mensa heißt." So unbedeutend diese Worte klingen, so muss ich sie doch wiedererzählen, ja, ich möchte sie als Stadtmotto gleich auf das Tor schreiben lassen; denn die Jungen piepen, wie die Alten pfeifen, und jene Worte bezeichnen ganz den engen, trocknen Notizenstolz der hochgelahrten Georgia Augusta[14].

Auf der Chaussee wehte frische Morgenluft, und die Vögel sangen gar freudig, und auch mir wurde allmählich wieder frisch und freudig zumute. Eine solche Erquickung tat not. Ich war die letzte Zeit nicht aus dem Pandektenstall[15] herausgekommen, römische Kasuisten hatten mir den Geist wie mit einem grauen Spinnweb überzogen, mein Herz war wie eingeklemmt zwischen den eisernen Paragraphen selbstsüchtiger Rechtssysteme, beständig klang es mir noch in den Ohren wie „Tribonian, Justinian, Hermogenian[16] und Dummerjahn", und ein zärtliches Liebespaar, das unter einem Baume saß, hielt ich gar für eine Corpus-iuris-Ausgabe mit verschlungenen Händen. Auf der Landstraße fing es an lebendig zu werden. Milchmädchen zogen vorüber; auch Eseltreiber mit ihren grauen Zöglingen. Hinter Weende begegneten mir der Schäfer und Doris[17]. Dieses ist nicht das idyllische Paar, wovon Geßner singt, sondern es sind wohlbestallte Universitätspedelle, die wachsam aufpassen müssen, dass sich keine Studenten in Bovden duellieren, und dass keine neue Ideen, die noch immer einige Dezennien[18] vor Göttingen Quarantäne halten müssen, von einem spekulierenden Privatdozenten eingeschmuggelt werden. Schäfer grüßte mich sehr kollegialisch; denn er ist ebenfalls Schriftsteller, und hat meiner in seinen halbjährigen Schriften oft erwähnt; wie er mich denn auch außerdem oft zitiert hat, und wenn er mich nicht zu Hause fand, immer so gütig war, die Zitation mit Kreide auf meine Stubentür zu schreiben. Dann und wann rollte auch ein Einspänner vorüber, wohlbepackt mit Studenten, die für die Ferienzeit, oder auch für immer wegreisten. In solch einer Universitätsstadt ist ein beständiges Kommen und Abgehen, alle drei Jahre findet man dort eine neue Studentengeneration, das ist ein ewiger Menschenstrom, wo eine Semesterwelle die andere fortdrängt, und nur die alten Professoren bleiben stehen in dieser allgemeinen Bewegung, unerschütterlich fest, gleich den Pyramiden Ägyptens – nur dass in diesen Universitätspyramiden keine Weisheit verborgen ist.

[...]

    1. die Entbindungsanstalt: 助产院。
    2. die Sternwarte: 观星台。
    3. der Karzer: 大学生禁闭室。
    4. Lüder: 当时哥廷根大学著名的运动员。
    5. konsiliiert: 海涅因决斗违反校规于1821年1月被处罚停学半年。
    6. die Schnurren (Pl.): 大学生用语，指守夜人。
    7. der Pudel: 大学生用语，指大学司事。
    8. die Teedansants (Pl.): 跳舞茶会。
    9. das Kompendium: 教学大纲。
    10. der Guelfenorden: 汉诺威国王颁发的一种勋章。
    11. die Profaxen (Pl.): 大学生用语，指教授。
    12. die Duces (Pl.): 领袖们。
    13. legibus barbarorum: 拉丁语，与当时罗马比较而言的野蛮人法律。
    14. Georgia Augusta: 哥廷根大学（Georg-August-Universität Göttingen）的名字。
    15. der Pandektenstall: Pandekten,《学说汇纂》，古罗马的法律学说汇编。
    16. Tribonian, Justinian, Hermogenian: 罗马法学家的名字。
    17. Schäfer und Doris: 大学司事的诨名，和牧歌中牧羊人的名字相近。
    18. das Dezennium: Jahrzehnt, 十年。

Aufgaben:
1. Heine gelingt es den Text geschickt mit Gedichten aufzulockern. Untersuchen Sie die Wirkung des Prologgedichts.
2. Wie beschreibt Heine die Stadt Göttingen sowie ihre Universität?
3. Mit bissigen Bemerkungen und spöttischen Worten kommt ein Bild von Phlistertum und Scholastik, Honoratioren und dummen Studenten in den Augen. Machen Sie eine stilistische Analyse in diesem Teil.
4. Formulieren Sie die Haltung des Dichters zu Zeitgenossen und ihren Gesinnungen.

· Heinrich Heine: *Deutschland, ein Wintermärchen* (1844)

海因里希·海涅：《德国，一个冬天的童话》

Lesehinweis: Im Herbst 1843 reiste Heine nach 12-jährigem Exil in Paris zum ersten Mal wieder nach Deutschland, um seine Mutter in Hamburg zu besuchen. Nach seiner Rückkehr nach Paris, im Januar 1844, verfasste Heine das von dieser Reise reflektierende Versepos. In diesem Werk äußert sich Heine satirisch zu den damals in Deutschland herrschenden Verhältnissen. Das Werk besteht aus einem Vorwort und 27 „Kapiteln" (jeweils „Caput" genannt) mit mehr als 500 Strophen. Caput I erzählt vom Grenzübertritt des Reisenden von Frankreich nach Deutschland. Mit gemischtem Gefühl betritt der reisende Ich-Erzähler Deutschland. Je näher er der deutschen Grenze kommt, desto mehr ist er vom Heimweh und Herzklopfen erfüllt.

CAPUT I

Im traurigen Monat November war's,
Die Tage wurden trüber,
Der Wind riss von den Bäumen das Laub,
Da reist ich nach Deutschland hinüber.

Und als ich an die Grenze kam,
Da fühlt ich ein stärkeres Klopfen
In meiner Brust, ich glaube sogar
Die Augen begunnen[1] zu tropfen.

Und als ich die deutsche Sprache vernahm,
Da ward mir seltsam zumute;
Ich meinte nicht anders, als ob das Herz
Recht angenehm verblute.

Ein kleines Harfenmädchen sang.
Sie sang mit wahrem Gefühle
Und falscher Stimme, doch ward ich sehr
Gerühret[2] von ihrem Spiele.

Sie sang von Liebe und Liebesgram[3],
Aufopfrung[4] und Wiederfinden
Dort oben, in jener besseren Welt,
Wo alle Leiden schwinden.

Sie sang vom irdischen Jammertal[5],
Von Freuden, die bald zerronnen[6],
Vom jenseits, wo die Seele schwelgt[7]
Verklärt in ew'gen Wonnen.

Sie sang das alte Entsagungslied,
Das Eiapopeia vom Himmel,
Womit man einlullt[8], wenn es greint[9],
Das Volk, den großen Lümmel.

Ich kenne die Weise, ich kenne den Text,
Ich kenn auch die Herren Verfasser;
Ich weiß, sie tranken heimlich Wein
Und predigten öffentlich Wasser.

Ein neues Lied, ein besseres Lied,
O Freunde, will ich euch dichten!
Wir wollen hier auf Erden schon
Das Himmelreich errichten.

Wir wollen auf Erden glücklich sein,
Und wollen nicht mehr darben[10];
Verschlemmen[11] soll nicht der faule Bauch,
Was fleißige Hände erwarben.

Es wächst hienieden Brot genug
Für alle Menschenkinder,
Auch Rosen und Myrten, Schönheit und Lust,
Und Zuckererbsen[12] nicht minder.

Ja, Zuckererbsen für jedermann,
Sobald die Schoten platzen!
Den Himmel überlassen wir
Den Engeln und den Spatzen[13].

Und wachsen uns Flügel nach dem Tod,
So wollen wir euch besuchen
Dort oben, und wir, wir essen mit euch
Die seligsten Torten und Kuchen.

Ein neues Lied, ein besseres Lied!
Es klingt wie Flöten und Geigen!
Das Miserere[14] ist vorbei,
Die Sterbeglocken schweigen.

Die Jungfer Europa ist verlobt
Mit dem schönen Geniusse
Der Freiheit, sie liegen einander im Arm,
Sie schwelgen im ersten Kusse.

Und fehlt der Pfaffensegen[15] dabei,
Die Ehe wird gültig nicht minder –
Es lebe Bräutigam und Braut,
Und ihre zukünftigen Kinder!

Ein Hochzeitkarmen ist mein Lied,
Das bessere, das neue!
In meiner Seele gehen auf
Die Sterne der höchsten Weihe –

Begeisterte Sterne, sie lodern[16] wild,
Zerfließen in Flammenbächen –
Ich fühle mich wunderbar erstarkt,
Ich könnte Eichen zerbrechen!

Seit ich auf deutsche Erde trat,
Durchströmen mich Zaubersäfte –
Der Riese[17] hat wieder die Mutter berührt,
Und es wuchsen ihm neu die Kräfte.

> 1. begunnen: begannen, 开始。
> 2. rühren: 打动。
> 3. der Gram: 悲伤，怨恨。
> 4. die Aufopferung: 牺牲，奉献。
> 5. das Jammertal: 尘世，苦海。
> 6. zerrinnen: 消失。
> 7. schwelgen: 沉浸。
> 8. einlullen: 使入睡
> 9. greinen: 悲伤，哭泣。

10. darben: 忍饥挨饿。
11. verschlemmen: 大吃大喝。
12. die Zuckererbse: 甜豌豆。
13. der Spatz: 麻雀。
14. das Miserere: 忏悔。《旧约·诗篇》第五十一章开头语："神啊，求你按你的仁慈怜悯我。"
15. der Pfaffensegen: 牧师的祝福。
16. lodern: 熊熊燃烧。
17. der Riese: 巨人。指希腊神话中的安泰。安泰是地神之子，他同人角力时，只要身不离地，就可以从他的母亲那里获取无限的力量。

Aufgaben:

1. Wie ist „der Winter" in der Überschrift zu verstehen?
2. Welche Rolle spielt „das Harfenmädchen"?
3. Warum will der Erzähler ein neues, besseres Lied dichten?
4. Worauf spielt „Die Jungfer Europa" an?
5. Was ist mit dem „Pfaffensegen" gemeint?
6. Wofür stehen „Sterne" und „Eiche"?
7. Welche politische Einstellung hat der Dichter zu den Zuständen in Deutschland in der ersten Hälfte des 19. Jahrhunderts?

9. REALISMUS (1850—1890)
现实主义文学

9.1 Epochenüberblick

Der Begriff „Realismus" bezeichnet eine Epoche, die die sinnlich wahrnehmbare, empirisch fassbare Wirklichkeit zum Gegenstand ihrer Darstellung macht. Der Realismus ist eine gesamteuropäische Epoche: Es lassen sich Vertreter aus Frankreich (Flaubert, Stendhal, Balzac) ebenso aufzählen wie aus England (Dickens, Thackeray) und aus Russland (Dostojewskij, Tolstoj, Turgenjew). In Deutschland datiert man die Epoche des Realismus von ca. 1850 also nach der Revolution von 1848/1849 bis zum Rücktritt Bismarcks 1890. Der bürgerliche Realismus weicht von einem scharfen Bild vom Menschen und seinem soialen Milieu ab und wird deshalb auch poetischer Realismus genannt.

· **Die politische Situation:**

Die Jahre 1850 bis 1890 waren stark geprägt von der sich schnell entfaltenden Industrialisierung und Technisierung. Mit den klassischen Mitteln der Machtpolitik – geschickte Diplomatie und Kriege – setzte der preußische Ministerpräsident Otto von Bismarck die Proklamation des Deutschen Reiches mit dem preußischen König Wilhelm I. als Kaiser durch (1871). An den führenden Positionen der Gesellschaft stand im Kaiserreich weiterhin der Adel. Daneben entwickelten sich das wirtschaftlich erfolgreiche Großbürgertum, das sich in ihrem Lebensstil stark am Adel orientierte, und auch das Bildungsbürgertum, das die kulturelle Tradition wahrte und die Mentalität der Gesellschaft prägte. Hier fand sich eine Welt des Scheins und der ausgehöhlten Moral. Landflucht und Verstädterung ließen städtische Elendssiedlungen entstehen. Immer größer und wichtiger wurde dagegen die Industriearbeiterschaft im unteren Bereich der Gesellschaftshierarchie. Die innenpolitischen Probleme löste Bismark einerseits mit der Ausführung der Sozialistengesetze („Gesetz gegen die gemein-gefährlichen Bestrebungen der Sozialdemokratie", 1878), andererseits mit den Anfängen einer Sozialgesetzgebung (Krankenversicherung, 1883; Unfallversicherung, 1884; Alters- und Invalidenversicherung, 1889).

· Kulturelle Voraussetzungen:

Das Weltbild wird von verschiedenen geistigen Strömungen beeinflusst. Der Positivismus Auguste Comtes geht davon aus, dass man alles nur vom Tatsächlichen und Erfahrbaren aus erkennen dürfe. Ludwig Feuerbach verwirft Religion als Illusion und definiert Gott als bloße Projektion des menschlichen Vollkommenheitsstrebens. Karl Marx und Friedrich Engels analysieren mithilfe des sog. wissenschaflichen Sozialismus die Strukturgesetze im Kapitalismus: Die gesamte Kultur als bloßer „Überbau" sei von der Basis der Produktionsverhältnisse in einer Gesellschaft abhängig. In der Evolutionstheorie Charles Darwins sind das „Recht des Stärkeren" und die „natürliche Auslese" behandelt. Arthur Schopenhauer betrachtet pessimistisch die Welt als Manifestation der Unvernunft. Alles Leben werde vom Leiden determiniert. Friedrich Nietzsche schockiert mit dem Schlagwort „Gott ist tot" und entlarvt die bürgerlichen Werte und Normen als Heuchelei und Schein. Obwohl wirtschaftliche Erfolge und technischer Fortschritt zum Glauben an den Fortschritt der Welt führen, lösen sich die traditionellen bürgerlichen Humanitäts- und Bildungsideale auf. Pessimismus und Skeptizismus als geistige Einstellungen widersetzen dem weiterhin propagierten Fortschrittsoptimismus.

· Themen und Formen:

Der von Otto Ludwig (1813—1865) aufgestellte Begriff „Poetischer Realismus" besagt, dass die Wiedergabe der Realitäten dichterisch verklärt werden soll. Dieser oberflächliche Optimismus täuscht über die wirklichen Probleme der Zeit hinweg. Typisierend für die Stoff- und Themenauswahl der deutschen Realisten ist die Tendenz zum Regionalismus, also der Hinwendung zur engeren, oft ländlich-dörflichen Heimat, oder zum Historismus, dem Ausweichen in die Vergangenheit. Dichtung des Realismus ist bürgerliche Literatur, häufig von versöhnlichem Humor begleitet und damit letztlich resignativ. Im Realismus ist die erzählende Literatur hervorzuheben. Novellen, Erzählungen und Romane spiegeln die epochalen Erfahrungen am deutlichsten wider.

· Autoren und Werke:

Theodor Fontane (1819—1898):
Fontane gilt als ein scharfer und kritischer Beobachter seiner Zeit. Mit seinen großen Gesellschaftsromanen wie *Irrungen, Wirrungen* (1887), *Frau Jenny Treibel* (1892), *Effi Briest* (1895) und *Der Stechlin* (1897) vollendet er den deutschen Realismus.

Friedrich Hebbel (1813—1863):
Mit *Maria Magdalene* (1844) erneuert Friedrich Hebbel das bürgerliche Trauerspiel und zeigt das Tragische in der engen bürgerlichen Welt.

Gottfried Keller (die Schweiz, 1819—1890):
Kellers Hauptwerk, der autobiografische Entwicklungsroman *Der grüne Heinrich*

(1854/1855; 2. Fassung 1879/1880), liegt in zwei Fassungen vor. Im Novellenzyklus *Die Leute von Seldwyla* (1856 und 1874) finden sich die berühmten Novellen *Romeo und Julia auf dem Dorfe* und *Kleider machen Leute*.

Theodor Storm (1817—1888):

Bekannt sind *Immensee* (1850), *Pole Poppenspäler* (1874), *Aquis submersus* (1878) und *Carsten Curator* (1878). Sein Meisterwerk, die Rahmennovelle *Der Schimmelreiter* (1888), schildert den Konflikt zwischen Bewahren und Erneuern, zwischen Leben mit der Natur und Auflehnung gegen sie.

Wilhelm Raabe (1831—1910):

Mit einem klaren Blick für die Schattenseiten seiner Zeit karikiert Raabe die Philisterwelt des Kleinbürgertums. Zu seinen Hauptwerken zählen die Romane *Die Chronik der Sperlingsgasse* (1857) und *Der Hungerpastor* (1864) sowie die Kriminalgeschichte *Stopfkuchen* (1891).

9.2 Ausgewählte Texte

· **Conrad Ferdinand Meyer: *Der römische Brunnen* (1882)**

C. F. 迈耶尔：《罗马喷泉》

> **Lesehinweis:** Das um 1858 verfasste Gedicht von C. F. Meyer gehört zur Gattung der Dinggedichte, bei denen kein lyrisches Ich spricht, sondern ein Gegenstand distanziert und objektiviert dargestellt wird. Das Gedicht *Der römische Brunnen* beschreibt die Wasserbewegungen in einem Brunnen. Meyer verband in seinem Gedicht eine genaue sinnliche Darstellung der Wirklichkeit mit einer symbolischen und subjektiven Deutung. Inspiriert wurde er zu dem Gedicht auf seiner Italienreise im Jahr 1858. An diesem Gedicht arbeitete Meyer sehr sorgfältig von 1858 bis 1882. Davon existieren sieben Fassungen. Das vorliegende Gedicht ist die siebte und endgültige Fassung.

Aufsteigt der Strahl[1] und fallend gießt[2]
Er voll der Marmorschale[3] Rund,
Die, sich verschleiernd[4], überfließt[5]
In einer zweiten Schale Grund;
Die zweite gibt, sie wird zu reich,
Der dritten wallend[6] ihre Flut,
Und jede nimmt und gibt zugleich
Und strömt und ruht.

1. der Strahl: 水柱。
2. gießen: 注入。
3. die Marmorschale: 大理石水池。
4. sich verschleiern: 遮着，变模糊。
5. überfließen: 溢出。
6. wallend: 波浪翻滚的。

Aufgaben:

1. Wofür steht der Brunnen?
2. Warum verwendet der Dichter im ersten, zweiten sowie vierten Vers die Form der Inversionen?
3. Was deutet die „Flut" im sechsten Vers an?
4. Was ist mit der Gleichzeitigkeit von „Nehmen und Geben" gemeint?
5. Welche Moral versteckt sich hinter dem paradoxen Zugleich von Strömen und Ruhen im letzten Vers?

· **Theodor Storm: *Der Schimmelreiter* (1888)**

特奥尔多·施笃姆：《白马骑者》

> **Lesehinweis:** Theodor Storms letzte und bekannteste Novelle erreicht den Höhepunkt seines literarischen Schaffens. Der aus einfachen Verhältnissen stammende Hauke Haien steigt dank seines Ehrgeizes und des Vermögens seiner Frau zum Deichgraf auf. Mit seiner Zielstrebigkeit und Rücksichtslosigkeit kämpft Hauke gegen den Aberglauben, das Misstrauen und den Unverstand seiner Landsleute. Er reitet immer mit einem rätselhaften Schimmel im Mondlicht über den Deich. Er lässt einen neuen dauerhaften Deich bauen, geht jedoch mitsamt seiner Frau und seinem Kind unter, als der alte Deich bei einer Sturmflut bricht. Das Unheimliche der Ereignisse, die norddeutschen Meereslandschaft und die dramatische Wucht machen diese Heimatgeschichte einprägend. Abgedruckt ist hier der letzte Teil der Novelle.

[...]
Wie sinnlos starrte Hauke darauf hin; eine Sündflut[1] war's, um Tier und Menschen zu verschlingen. Da blinkte wieder ihm der Lichtschein in die Augen; es war derselbe, den er vorhin gewahrt hatte; noch immer brannte der auf seiner Werfte[2]; und als er jetzt ermutigt in den Koog[3] hinabsah, gewahrte er wohl, dass hinter dem sinnverwirrenden Strudel, der tosend vor ihm hinabstürzte, nur noch eine Breite von etwa hundert Schritten überflutet war; dahinter konnte er deutlich den Weg erkennen, der vom Koog heranführte. Er sah

noch mehr: ein Wagen, nein, eine zweirädrige Karriole kam wie toll gegen den Deich herangefahren; ein Weib, ja auch ein Kind saßen darin. Und jetzt – war das nicht das kreischende Gebell eines kleinen Hundes, das im Sturm vorüberflog? Allmächtiger Gott! Sein Weib, sein Kind waren es; schon kamen sie dicht heran, und die schäumende Wassermasse drängte auf sie zu. Ein Schrei, ein Verzweiflungsschrei brach aus der Brust des Reiters. „Elke!" schrie er; „Elke! Zurück! Zurück!"
Aber Sturm und Meer waren nicht barmherzig, ihr Toben zerwehte seine Worte; nur seinen Mantel hatte der Sturm erfasst, es hätte ihn bald vom Pferd herabgerissen; und das Fuhrwerk flog ohne Aufenthalt der stürzenden Flut entgegen. Da sah er, dass das Weib wie gegen ihn hinauf die Arme streckte: Hatte sie ihn erkannt? Hatte die Sehnsucht, die Todesangst um ihn sie aus dem sicheren Haus getrieben? Und jetzt – rief sie ein letztes Wort ihm zu? – Die Fragen fuhren durch sein Hirn; sie blieben ohne Antwort: von ihr zu ihm, von ihm zu ihr waren die Worte all verloren: nur ein Brausen wie vom Weltenuntergang füllte ihre Ohren und ließ keinen andern Laut hinein.

„Mein Kind! O Elke, o getreue Elke!" schrie Hauke in den Sturm hinaus. Da sank aufs neu ein großes Stück des Deiches vor ihm in die Tiefe, und donnernd stürzte das Meer sich hintendrein; noch einmal sah er drunten den Kopf des Pferdes, die Räder des Gefährtes aus dem wüsten Greuel emportauchen und dann quirlend darin untergehen. Die starren Augen des Reiters, der so einsam auf dem Deiche hielt, sahen weiter nichts. „Das Ende!" sprach er leise vor sich hin; dann ritt er an den Abgrund, wo unter ihm die Wasser, unheimlich rauschend, sein Heimatsdorf zu überfluten begannen; noch immer sah er das Licht von seinem Hause schimmern; es war ihm wie entseelt. Er richtete sich hoch auf und stieß dem Schimmel die Sporen in die Weichen[4]; das Tier bäumte sich, es hätte sich fast überschlagen[5]; aber die Kraft des Mannes drückte es herunter. „Vorwärts!" rief er noch einmal, wie er es so oft zum festen Ritt gerufen hatte. „Herr Gott, nimm mich; verschon die andere!"
Noch ein Sporenstich; ein Schrei des Schimmels, der Sturm und Wellenbrausen überschrie; dann unten aus dem hinabstürzenden Strom ein dumpfer Schall[6], ein kurzer Kampf.

Der Mond sah leuchtend aus der Höhe; aber unten auf dem Deiche war kein Leben mehr als nur die wilden Wasser, die bald den alten Koog fast völlig überflutet hatten. Noch immer aber ragte die Werfte von Hauke Haiens Hofstatt aus dem Schwall hervor, noch schimmerte von dort der Lichtschein, und von der Geest her, wo die Häuser allmählich dunkel wurden, warf noch die einsame Leuchte aus dem Kirchturm ihre zitternden Lichtfunken über die schäumenden Wellen.

Der Erzähler schwieg; ich griff nach dem gefüllten Glase, das seit lange vor mir stand; aber ich führte es nicht zum Munde; meine Hand blieb auf dem Tische ruhen.
„Das ist die Geschichte von Hauke Haien", begann mein Wirt noch einmal, „wie ich sie nach bestem Wissen nur berichten konnte. Freilich, die Wirtschafterin unseres Deichgrafen würde sie Ihnen anders erzählt haben; denn auch das weiß man zu berichten: jenes weiße Pferdsgerippe ist nach der Flut wiederum, wie vormals, im Mondschein auf Jevershallig[7]

zu sehen gewesen; das ganze Dorf will es gesehen haben. – Soviel ist sicher: Hauke Haien mit Weib und Kind ging unter in dieser Flut; nicht einmal ihre Grabstätte hab ich droben auf dem Kirchhof finden können; die toten Körper werden von dem abströmenden Wasser durch den Bruch ins Meer hinausgetrieben und auf dessen Grunde allmählich in ihre Urbestandteile aufgelöst sein – so haben sie Ruhe vor den Menschen gehabt. Aber der Hauke-Haien-Deich steht noch jetzt nach hundert Jahren, und wenn Sie morgen nach der Stadt reiten und die halbe Stunde Umweg nicht scheuen wollen, so werden Sie ihn unter den Hufen Ihres Pferdes haben.

Der Dank, den einstmals Jewe Manners bei den Enkeln seinem Erbauer versprochen hatte, ist, wie Sie gesehen haben, ausgeblieben; denn so ist es, Herr: dem Sokrates gaben sie ein Gift zu trinken[8], und unsern Herrn Christus schlugen sie an das Kreuz! Das geht in den letzten Zeiten nicht mehr so leicht; aber – einen Gewaltsmenschen oder einen bösen stiernackigen Pfaffen[9] zum Heiligen oder einen tüchtigen Kerl, nur weil er uns um Kopfeslänge überwachsen war[10], zum Spuk und Nachtgespenst zu machen – das geht noch alle Tage."

Als das ernsthafte Männlein das gesagt hatte, stand es auf und horchte nach draußen. „Es ist dort etwas anders worden", sagte er und zog die Wolldecke vom Fenster; es war heller Mondschein. „Seht nur", fuhr er fort, „dort kommen die Gevollmächtigten zurück; aber sie zerstreuen sich, sie gehen nach Hause; – drüben am andern Ufer muss ein Bruch geschehen sein; das Wasser ist gefallen."

Ich blickte neben ihm hinaus; die Fenster hier oben lagen über dem Rand des Deiches; es war, wie er gesagt hatte. Ich nahm mein Glas und trank den Rest. „Haben Sie Dank für diesen Abend!" sagte ich; „ich denk, wir können ruhig schlafen!"

„Das können wir", entgegnete der kleine Herr; „ich wünsche von Herzen eine wohlschlafende Nacht!"

[...]

1. die Sündflut: 大洪水。
2. die Werfte: 北德沿海地区的高丘。
3. der Koog: 海边的围垦地。
4. stieß dem Schimmel die Sporen in die Weichen: 刺了一下白马的软肋。
5. es hätte sich fast überschlagen: 几乎翻倒过去。
6. ein dumpfer Schall: 沉闷的响声。
7. Jevershallig: 村庄附近的耶尔维斯岛。
8. dem Sokrates gaben sie ein Gift zu trinken: 人们给苏格拉底喝毒药。
9. ein böser stiernackiger Pfaffe: 阴险顽固的教士。
10. weil er uns um Kopfeslänge überwachsen war: 仅仅因为他高出我们一头。

Aufgaben:

1. Die Novelle ist in drei Erzählebenen aufgebaut. Die Binnengeschichte um Hauke Haien wird in der dritten Ebene von einem alten Schulmeister erzählt. Sie wird an bestimmten

Stellen wieder durch die zweite Ebene unterbrochen. Welche Funktion hat diese Rahmenstruktur?
2. Was kann der Satz „Herr Gott, nimm mich; verschon die andere!" bedeuten?
3. Versuchen Sie, mit eigenen Worten die Gedanken von Hauke Haien im letzten Moment zu rekonstruieren.
4. Wie bewertet der alte Schulmeister die Gechichte von Hauke Haien? Wie verwandelt sich Hauke Haien in der dörflichen Überlieferung?

· **Theodor Fontane:** *Effi Briest* **(1895)**

特奥尔多·冯塔纳：《艾菲·布里斯特》

> **Lesehinweis:** *Effi Briest* gehört zu den großen europäischen Gesellschaftsromanen des Realismus im 19. Jahrhundert. Die Titelfigur Effi heiratet mit 17 Jahren den 22 Jahre älteren und karrieresüchtigen Innstetten. Nach anderthalb Ehejahren begeht Effi aus Enttäuschung und Langeweile Ehebruch mit dem Major Crampas, einem Mann, den sie nicht liebt und zu dem sie die Beziehung löst. Sechs Jahre nach dem Ende der Affäre entdeckt der betrogene Ehemann zufällig die verräterischen Briefe, fordert den Major Crampas zum Duell und lässt sich von Effi scheiden. Nach dem Wiedersehen mit ihrer Tochter, die vom Vater zu einem herzlosen Papagei erzogen ist, zerbricht Effi an ihrem Schicksal. Nach dem Tod von Effi empfindet Innstetten sein Leben als gescheitert und führt ein freudloses Dasein. Im Kapitel 27 findet das Gespräch zwischen Innstetten und seinem Freund Wüllersdorf über preußische Ehrenvorstellung statt.

27. Kapitel

[...]

„Es handelt sich um einen Galan[1] meiner Frau, der zugleich mein Freund war oder doch beinah."

Wüllersdorf sah Innstetten an. „Innstetten, das ist nicht möglich."

„Es ist mehr als möglich, es ist gewiss. Lesen Sie."

Wüllersdorf flog drüber hin. „Die sind an Ihre Frau gerichtet?"

„Ja. Ich fand sie heut in ihrem Nähtisch."

„Und wer hat sie geschrieben?"

„Major Crampas."

„Also Dinge, die sich abgespielt, als Sie noch in Kessin[2] waren?"

Innstetten nickte.

„Liegt also sechs Jahre zurück oder noch ein halb Jahr länger."

„Ja."

Wüllersdorf schwieg. Nach einer Weile sagte Innstetten: „Es sieht fast so aus, Wüllersdorf, als ob die sechs oder sieben Jahre einen Eindruck auf Sie machten. Es gibt eine Verjährungstheorie[3], natürlich, aber ich weiß doch nicht, ob wir hier einen Fall haben, diese Theorie gelten zu lassen."

„Ich weiß es auch nicht", sagte Wüllersdorf. „Und ich bekenne Ihnen offen, um diese Frage scheint sich hier alles zu drehen."

Innstetten sah ihn groß an. „Sie sagen das in vollem Ernst?"

„In vollem Ernst. Es ist keine Sache, sich in jeu d'esprit[4] oder in dialektischen Spitzfindigkeiten[5] zu versuchen."

„Ich bin neugierig, wie Sie das meinen. Sagen Sie mir offen, wie stehen Sie dazu?"

„Innstetten, Ihre Lage ist furchtbar, und Ihr Lebensglück ist hin. Aber wenn Sie den Liebhaber totschießen, ist Ihr Lebensglück sozusagen doppelt hin, und zu dem Schmerz über empfangenes Leid kommt noch der Schmerz über getanes Leid. Alles dreht sich um die Frage, müssen Sie's durchaus tun? Fühlen Sie sich so verletzt, beleidigt, empört, dass einer weg muss, er oder Sie? Steht es so?"

„Ich weiß es nicht."

„Sie müssen es wissen."

Innstetten war aufgesprungen, trat ans Fenster und tippte voll nervöser Erregung an die Scheiben. Dann wandte er sich rasch wieder, ging auf Wüllersdorf zu und sagte: „Nein, so steht es nicht."

„Wie steht es denn?"

„Es steht so, dass ich unendlich unglücklich bin; ich bin gekränkt, schändlich hintergangen[6], aber trotzdem, ich bin ohne jedes Gefühl von Hass oder gar von Durst nach Rache. Und wenn ich mich frage, warum nicht, so kann ich zunächst nichts anderes finden als die Jahre. Man spricht immer von unsühnbarer Schuld; vor Gott ist es gewiss falsch, aber vor den Menschen auch. Ich hätte nie geglaubt, dass die Zeit, rein als Zeit, so wirken könne. Und dann als zweites: Ich liebe meine Frau, ja, seltsam zu sagen, ich liebe sie noch, und so furchtbar ich alles finde, was geschehen, ich bin so sehr im Bann ihrer Liebenswürdigkeit, eines ihr eigenen heiteren Scharmes, dass ich mich, mir selbst zum Trotz, in meinem letzten Herzenswinkel zum Verzeihen geneigt fühle."

Wüllersdorf nickte. „Kann ganz folgen, Innstetten, würde mir vielleicht ebenso gehen. Aber wenn Sie so zu der Sache stehen und mir sagen: ‚Ich liebe diese Frau so sehr, dass ich ihr alles verzeihen kann', und wenn wir dann das andere hinzunehmen, dass alles weit, weit zurückliegt, wie ein Geschehnis auf einem andern Stern, ja, wenn es so liegt, Innstetten, so frage ich, wozu die ganze Geschichte?[7]"

„Weil es trotzdem sein muss. Ich habe mir's hin und her überlegt. Man ist nicht bloß ein einzelner Mensch, man gehört einem Ganzen an, und auf das Ganze haben wir beständig Rücksicht zu nehmen, wir sind durchaus abhängig von ihm. Ginge es, in Einsamkeit zu leben, so könnt ich es gehen lassen; ich trüge dann die mir aufgepackte Last, das rechte

Glück wäre hin, aber es müssen so viele leben ohne dies ‚rechte Glück', und ich würde es auch müssen und – auch können. Man braucht nicht glücklich zu sein, am allerwenigsten hat man einen Anspruch darauf, und den, der einem das Glück genommen hat, den braucht man nicht notwendig aus der Welt zu schaffen. Man kann ihn, wenn man weltabgewandt weiterexistieren will, auch laufen lassen. Aber im Zusammenleben mit den Menschen hat sich ein Etwas gebildet, das nun mal da ist und nach dessen Paragraphen wir uns gewöhnt haben, alles zu beurteilen, die andern und uns selbst. Und dagegen zu verstoßen geht nicht; die Gesellschaft verachtet uns, und zuletzt tun wir es selbst und können es nicht aushalten und jagen uns die Kugel durch den Kopf[8]. Verzeihen Sie, dass ich Ihnen solche Vorlesung halte, die schließlich doch nur sagt, was sich jeder selber hundertmal gesagt hat. Aber freilich, wer kann was Neues sagen! Also noch einmal, nichts von Hass oder dergleichen, und um eines Glückes willen, das mir genommen wurde, mag ich nicht Blut an den Händen haben; aber jenes, wenn Sie wollen, uns tyrannisierende Gesellschafts-Etwas, das fragt nicht nach Charme und nicht nach Liebe und nicht nach Verjährung. Ich habe keine Wahl. Ich muss."

„Ich weiß doch nicht, Innstetten ..."

Innstetten lächelte. „Sie sollen selbst entscheiden, Wüllersdorf. Es ist jetzt zehn Uhr. Vor sechs Stunden, diese Konzession[9] will ich Ihnen vorweg machen, hatt' ich das Spiel noch in der Hand, konnt' ich noch das eine und noch das andere, da war noch ein Ausweg. Jetzt nicht mehr, jetzt stecke ich in einer Sackgasse. Wenn Sie wollen, so bin ich selber schuld daran; ich hätte mich besser beherrschen und bewachen, alles in mir verbergen, alles im eignen Herzen auskämpfen sollen. Aber es kam mir zu plötzlich, zu stark, und so kann ich mir kaum einen Vorwurf machen, meine Nerven nicht geschickter in Ordnung gehalten zu haben. Ich ging zu Ihnen und schrieb Ihnen einen Zettel, und damit war das Spiel aus meiner Hand. Von dem Augenblick an hatte mein Unglück und, was schwerer wiegt, der Fleck auf meiner Ehre einen halben Mitwisser und nach den ersten Worten, die wir hier gewechselt, hat es einen ganzen. Und weil dieser Mitwisser da ist, kann ich nicht mehr zurück."

„Ich weiß doch nicht", wiederholte Wüllersdorf. „Ich mag nicht gerne zu der alten abgestandenen Phrase greifen, aber doch lässt sich's nicht besser sagen: Innstetten, es ruht alles in mir wie in einem Grabe."

„Ja, Wüllersdorf, so heißt es immer. Aber es gibt keine Verschwiegenheit. Und wenn Sie's wahrmachen und gegen andere die Verschwiegenheit selber sind, so wissen *Sie* es, und es rettet mich nicht vor Ihnen, dass Sie mir eben Ihre Zustimmung ausgedrückt und mir sogar gesagt haben: ich kann Ihnen in allem folgen. Ich bin, und dabei bleibt es, von diesem Augenblick an ein Gegenstand Ihrer Teilnahme (schon nicht etwas sehr Angenehmes), und jedes Wort, das Sie mich mit meiner Frau wechseln hören, unterliegt Ihrer Kontrolle, Sie mögen wollen oder nicht, und wenn meine Frau von Treue spricht oder, wie Frauen tun, über eine andere zu Gericht sitzt, so weiß ich nicht, wo ich mit meinen Blicken hin soll. Und ereignet sich's gar, dass ich in irgendeiner ganz alltäglichen Beleidigungssache zum Guten rede, ‚weil ja der dolus[10] fehle' oder so was Ähnliches, so geht ein Lächeln über Ihr

Gesicht, oder es zuckt wenigstens darin, und in Ihrer Seele klingt es: ‚Der gute Innstetten, er hat doch eine wahre Passion, alle Beleidigungen auf ihren Beleidigungsgehalt chemisch zu untersuchen, und das richtige Quantum Stickstoff[11] findet er *nie.* Er ist noch nie an einer Sache erstickt.' ... Habe ich recht, Wüllersdorf, oder nicht?"

Wüllersdorf war aufgestanden. „Ich finde es furchtbar, dass Sie recht haben, aber Sie haben recht. Ich quäle Sie nicht länger mit meinem ‚Muss es sein?'. Die Welt ist einmal, wie sie ist, und die Dinge verlaufen nicht, wie wir wollen, sondern wie die andern wollen. Das mit dem ‚Gottesgericht', wie manche hochtrabend versichern, ist freilich ein Unsinn, nichts davon, umgekehrt, unser Ehrenkultus ist ein Götzendienst[12], aber wir müssen uns ihm unterwerfen, solange der Götze gilt."

Innstetten nickte.

Sie blieben noch eine Viertelstunde miteinander, und es wurde festgestellt, Wüllersdorf solle noch denselben Abend abreisen. Ein Nachtzug ging um zwölf.

Dann trennten sie sich mit einem kurzen: „Auf Wiedersehen in Kessin."

1. der Galan: 情人。
2. Kessin: 凯辛县，殷士台顿曾经工作的地方。
3. die Verjährungstheorie:（法律上的）失效理论。
4. jeu d'esprit: 法语，geistreiches Spiel, 心血来潮。
5. die Spitzfindigkeit: 吹毛求疵，诡辩。
6. schändlich hintergangen: 被羞辱地欺骗。
7. wozu die ganze Geschichte: 干吗还要提这件事情？
8. jagen uns die Kugel durch den Kopf: 用枪弹来结束自己的生命。
9. die Konzession: 许可权。
10. dolus: 拉丁文，Arglist，意图欺诈。
11. der Stickstoff: 令人窒息的物质。
12. unser Ehrenkultus ist ein Götzendienst: 我们的名誉崇拜是一种偶像崇拜。

Aufgaben:

1. Wie empfindet Innstteten die Affäre seiner Frau und wie beschreibt er seine jetzige Situation?
2. Warum hat sich Innstetten zum Duell entschlossen, obwohl er schon seine Liebe zu Effi zugegeben hat.
3. „[...] unser Ehrenkultus ist ein Götzendienst, aber wir müssen uns ihm unterwerfen, solange der Götze gilt." Diskutieren Sie, ob Sie dieser Haltung zustimmen.
4. In Fontanes Romanen zeigen sich die Ansichten und Überzeugungen in langen Dialogen der Figuren. Auf welche Erzählweise vermittelt Fontane seine Kritik an der preußischen Gesellschaft?
5. Die Schuldfrage und das gesellschaftliche Bewusstsein bilden die zentrale Fragestellung des Romans. Setzen Sie sich mit dem Ehebruchthema und dem Schiksal von Effi auseinander.

· **Gottfried Keller:** *Der grüne Heinrich* **(1879/1880)**

戈特弗里德·凯勒：《绿衣亨利》

> **Lesehinweis:** Neben Goethes *Wilhelm Meister* und Stifters *Nachsommer* gilt *Der grüne Heinrich* als einer der bedeutendsten Bildungsromane der deutschen Literatur im 19. Jahrhundert. Der Roman hat autobiografische Züge. Keller erzählt damit also die Jugendgeschichte eines fiktiven Helden bzw. Antihelden mit Anlehnungen an selbst Erlebtes. Durch die Gestaltung der Heranreifung von Heinrich hat Keller die Möglichkeit, Chancen, die er persönlich nicht ergriffen hat, und Probleme, die er nicht gelöst hat, aufzuarbeiten oder sogar zu lösen. Heinrichs Lebensweg ist durch Phantasie und Wirklichkeit geprägt. Die beiden Frauenfiguren Anna und Judith stehen für die inneren Gegensätze in Heinrichs Welt. Die zweite Fassung (1879/1880) unterscheidet sich von der ersten (1854/1855) vor allem dadurch, dass Heinrich in praktischer Tätigkeit als Beamter einer Landgemeinde und in familiärem Glück weiterlebt.

Kapitel 31

2

Judith und Anna

[...]

Auf meinen Wegen war ich häufig am Hause der schönen Judith vorübergekommen, und da ich eben deswegen, weil sie ein schönes Weib war, auch einige Befangenheit fühlte und Anstand nahm einzutreten, von ihr gebieterisch hereingerufen und festgehalten worden[1]. Nach der Weise der aufopfernden und nimmermüden alten Frauen und auch aus unentbehrlicher Gewohnheit befand sich ihre Mutter beinahe immer auf dem warmen Felde, während die kräftige Tochter das leichtere Teil erwählte und im kühlen Haus und Garten gemächlich wartete. Deswegen war diese bei gutem Wetter regelmäßig allein zu Hause und sah es gern, wenn jemand, den sie leiden mochte, bei ihr verkehrte und mit ihr plauderte. Als sie meine Malerkünste entdeckt hatte, trug sie mir sogleich auf, ihr ein Blumensträußchen zu malen, welches sie mit Zufriedenheit in ihr Gesangbuch legte. Sie besaß ein kleines Stammbüchelchen[2] von der Stadt her, das nur zwei oder drei Inschriften und eine Menge leerer Blätter mit Goldschnitt enthielt; von diesen gab sie mir bei jedem Besuche einige, dass ich eine Blume oder ein Kränzchen darauf male (Farben und Pinsel hatte ich schon bei ihr zurückgelassen, und sie verwahrte dieselben sorgfältig); dann wurde ein Vers oder witziger Spruch darunter geschrieben und ihr Kirchenbuch mit solchen Bildchen, die ich in wenigen Minuten anfertigte, gefüllt. Die Verse wurden einer großen Sammlung bedruckter Papierstreifchen entnommen, welche sie als Überbleibsel früher genossenen Zuckerzeuges aufbewahrte. Durch diesen Verkehr war ich heimisch und vertraut bei ihr geworden, und indem ich immer an die junge Anna dachte, hielt ich mich gern bei der schönen Judith auf, weil ich in jener unbewussten Zeit[3] ein Weib für das andere nahm und nicht im mindesten eine Untreue zu begehen glaubte, wenn ich im Anblicke der entfalteten vollen Frauengestalt behaglicher an die abwesende zarte Knospe dachte[4] als anderswo, ja als in Gegenwart dieser selbst. Manchmal traf ich sie am Morgen, wie sie ihr üppiges Haar kämmte, welches geöffnet bis auf ihre Hüften fiel. Mit dieser wallenden Seidenflut fing ich neckend an zu spielen, und Judith pflegte bald, ihre Hände in den Schoß legend, den meinigen ihr schönes Haupt zu überlassen und lächelnd die Liebkosungen zu erdulden, in welche das Spiel allmählich überging. Das stille Glück, welches ich dabei empfand, nicht fragend, wie es entstanden und wohin es führen könne, wurde mir Gewohnheit und Bedürfnis, dass ich bald täglich in das Haus huschte, um eine halbe Stunde dort zuzubringen, eine Schale Milch zu trinken und der lachenden Frau die Haare aufzulösen, selbst wenn sie schon geflochten waren. Dies tat ich aber nur, wenn sie ganz allein und keine Störung zu befürchten war, sowie sie auch nur dann es sich gefallen ließ, und diese stillschweigende Übereinkunft der Heimlichkeit lieh dem ganzen Verkehre einen süßen Reiz.

So war ich eines Abends, vom Berge kommend, bei ihr eingekehrt: sie saß hinter dem Hause am Brunnen und hatte soeben einen Korb grünen Salat gereinigt; ich hielt ihre Hände unter den klaren Wasserstrahl, wusch und rieb dieselben wie einem Kinde, ließ ihr kalte Wassertropfen in den Nacken träufeln und spritzte ihr solche endlich mit unbeholfenem Scherze ins Gesicht, bis sie mich beim Kopfe nahm und ihn auf ihren Schoß presste, wo sie ihn ziemlich derb zerarbeitete und walkte, dass mir die Ohren sausten. Obgleich ich diese Strafe halb und halb bezweckt hatte, wurde sie mir doch zu arg; ich riss mich los und fasste meine Feindin, nach Rache dürstend, nun meinerseits beim Kopfe. Doch leistete sie, indem sie immer sitzen blieb, so kräftigen Widerstand, dass wir beide zuletzt heftig atmend und erhitzt den Kampf aufgaben und ich, beide Arme um ihren weißen Hals geschlungen, ausruhend an ihr hangen blieb; ihre Brust wogte auf und nieder, indessen sie, die Hände erschöpft auf ihre Knie gelegt, vor sich hin sah. Meine Augen gingen den ihrigen nach in den roten Abend hinaus, dessen Stille uns umfächelte; Judith saß in tiefen Gedanken versunken und verschloss, die Wallung ihres aufgejagten Blutes bändigend, in ihrer Brust innere Wünsche und Regungen fest vor meiner Jugend, während ich, unbewusst des brennenden Abgrundes, an dem ich ruhte, mich arglos der stillen Seligkeit hingab und in der durchsichtigen Rosenglut des Himmels das feine, schlanke Bild Annas auftauchen sah. Denn nur an sie dachte ich in diesem Augenblicke; ich ahnte das Leben und Weben der Liebe, und es war mir, als müsste ich nun das gute Mädchen alsogleich sehen. Plötzlich riss ich mich los und eilte nach Hause, von wo mir der schrille Ton einer Dorfgeige entgegenklang. Sämtliche Jugend war in dem geräumigen Saale versammelt und benützte den kühlen, müßigen Abend, nach den Weisen des herbeigerufenen Geigers sich gegenseitig im Tanze zu unterrichten und zu üben; denn die älteren Glieder der Sippschaft[5] befanden für gut, auf die Feste des nahenden Herbstes den jüngeren Nachwuchs vorzubereiten und dadurch sich selbst ein vorläufiges Tanzvergnügen zu verschaffen. Als ich in den Saal trat, wurde ich aufgefordert, sogleich teilzunehmen, und indem ich mich fügte und unter die lachenden Reihen mischte, ersah ich plötzlich die errötende Anna, welche sich hinter denselben versteckt hatte. Da war ich sehr zufrieden und innerlich hoch vergnügt; aber obgleich schon Wochen vergangen, seit ich sie zum ersten Male gesehen, ließ ich meine Zufriedenheit nicht merken und entfernte mich, nachdem ich sie kurz begrüßt, wieder von ihr, und als meine Basen mich aufforderten, mit ihr, die gleichfalls anfing, einen Tanz zu tun, suchte ich ungefällig und unter tausend Ausflüchten auszuweichen[6]. Dieses half nichts; widerstrebend fügten wir uns endlich und tanzten, einander nicht ansehend und uns kaum berührend, etwas ungeschickt und beschämt einmal durch den Saal. Ungeachtet es mir schien, als ob ich einen jungen Engel an der Hand führte und im Paradiese herumwalzte, trennten wir uns doch nach der Tour so schleunig wie Feuer und Wasser und waren im selben Augenblicke an den entgegengesetzten Enden des Saales zu sehen. Ich, der kurz vorher unbefangen und mutwillig die Wangen der großen und schönen Judith zwischen meine Hände gepresst, hatte jetzt gezittert, die schmale, fast wesenlose Gestalt des Kindes zu umfangen, und dieselbe fahren lassen, wie ein glühendes Eisen. Sie verbarg sich ihrerseits wieder hinter die fröhlichen Mädchen und ließ sich so wenig mehr in die Reihen bringen als ich; hingegen bestrebte ich mich, meine Worte an die Gesamtheit zu richten und so zu stellen, dass sie von Anna auch hingenommen werden mussten, und bildete mir ein, sie meine es mit den wenigen Wörtchen, die sie hören ließ, ebenfalls so.

[...]

1. von ihr... worden: 曾被她命令式地叫进去并不让走。
2. das Stammbüchelchen: 题词用的纪念册。
3. in jener unbewussten Zeit: 在那浑然不觉的纯真时代。
4. an die abwesende zarte Knospe denken: 想起不在面前的、娇嫩的花蕾。这里指安娜。
5. die älteren Glieder der Sippschaft: 家族中的长辈。
6. unter tausend Ausflüchten auszuweichen: 用种种借口推脱。

Aufgaben:

1. Wie ist Anna charakterisiert? Welche Welt symbolisiert die zarte, engelhafte Anna?
2. Welche Gefühle werden bei Heinrich erweckt, wenn er der lebensfrohen, verführerischen Judith begegnet?
3. Warum lässt der Autor Heinrich zwischen beiden Frauen schwanken?
4. Setzen Sie sich aus heutiger Sicht mit dieser Gegenüberstellung der Frauenfiguren auseinander.

10. NATURALISMUS, IMPRESSIONISMUS UND SYMBOLISMUS (1880—1925)
自然主义、印象主义和象征主义文学

10.1 Epochenüberblick

In den letzten Jahrzehnten des 19. Jahrhunderts löst sich die bislang recht einheitliche Epoche des Realismus in verschiedenen Stilrichtungen auf:

Die Dichter des Naturalismus (1880—1900) versuchen, die sinnlich erfahrbare Wirklichkeit und die Natur (daher der Begriff) noch genauer wiederzugeben. Diese Literatur wendet sich den politischen und gesellschaftlichen Missständen zu.

Der Begriff „Impressionismus" (lat. impressio: Eindruck) geht auf ein Gemälde Claude Monets (1840—1926) zurück. Im Impressionismus versucht die Malerei mit einer besonderen Technik, die Wirkung von Licht und Luft abzubilden. Später wird der Begriff auf die Literatur und die Musik übertragen. Es geht den Impressionisten darum, momentane Stimmungen und subjektive Eindrücke möglichst genau darzustellen.

Der Symbolismus entsteht in Frankreich. Als Vorbild gelten die Symbolisten Baudelaire Verlaine, Mallarmé und Rimbaud. Im Gegensatz zum Impressionismus schließt der Dichter persönliche Gefühle und Stimmungseindrücke aus. Er befasst sich vielmehr mit der realen Welt in Bildzeichen und Symbolen.

· **Die politische Situation:**

Die Außenpolitik des Deutschen Reiches befand sich gegen Ende des Jahrhunderts im Umbruch. Die vorsichtige diplomatische Bündnispolitik Bismarcks, die auf eine Akzeptanz der deutschen Reichsgründung bei den europäischen Mächten und damit auf eine friedliche Sicherheit bedacht war, wurde von einem aggressiven Großmachtstreben des Kaiser Wilhelm II. abgelöst. Militarismus, Nationalismus und Imperialismus prägten das wilhelminische Zeitalter. Innenpolitisch verschärften sich die sozialen Fragen, also die Auseinandersetzung um die Verbesserung der Lebensbedingungen der Arbeiterschaft und deren Integration in die Gesellschaft, zum Kernproblem. Die Zeit der Jahrhundertwende war der Übergang des bürgerlichen Zeitalters zur Moderne.

10. Naturalismus, Impressionismus und Symbolismus (1880—1925)

· Kulturelle Voraussetzungen:

Wesentliche Voraussetzungen der naturalistischen Weltsicht beruhen auf den Erkenntnissen der Naturwissenschaften, die dazu führen, dass auch in der Literatur der Mensch und sein Umfeld ins Blickfeld gerückt werden. Die Willensfreiheit des Menschen wird abgelehnt, während die Determination des Einzelnen betont wird.

Um die Jahrhundertwende werden Materialismus, Kapitalismus, Untertanenmentalität und Werteverfall als Zeichen eines allgemeinen Niedergangs angesehen. So nimmt der Pessimismus Arthur Schopenhauers großen Einfluss auf viele Kulturträger. Die Gedanken Friedrich Nietzsches verstärken diese kulturpessimistische Tendenz. Albert Einsteins Relativitätstheorie stellt die bislang als fest geglaubten Begriffe von Raum und Zeit in Frage. Sigmund Freud bietet mit seinen Forschungen ein ganz neues Erklärungsmodell über die menschliche Psyche. Von Frankreich kommen die Schlagworte „decadence" und „fin de siècle", die die kulturellen Verfallserscheinungen zum Ausdruck bringen.

· Themen und Formen:

Der Naturalismus, der aus dem Realismus hervorgeht, konzentriert sich auf das moralische und wirtschaftliche Elend der gesellschaftlichen Unterschicht. Die Naturalisten kritisieren Obrigkeitsstaat, deutschnationale Gesinnung, Militarismus und Kapitalismus. Die Menschen lassen sich in ihrer Abhängigkeit von Anlage, Trieb und Umwelt zum Scheitern verurteilen. Die Deckungsgleichheit zwischen Realität und Abbild muss in Ausschnitten genau eingehalten werden. Die Stärke des Naturalismus liegt im Drama, das mit den Werken Hauptmanns europäischen Rang erreicht. Auch im Bereich der Epik werden die sozialkritischen Themen mit dem Sekundenstil aufgegriffen (Holz, Schlaf: *Papa Hamlet*, 1889). Zur wirklichkeitsgetreuen Menschendarstellung werden auch die Jargons und Dialekte verwendet.

Die Impressionisten bestreben die Darstellung rasch wechselnder Wahrnehmungen, Eindrücke und Stimmungen. Im Gegensatz zur naturalistischen Betrachtungsweise werden individuelle und subjektiv erfahrene Erlebnisse, flüchtige Augenblicke und feine seelische Regungen zum Ausdruck gebracht. Die Themen der impressionistischen Literatur sind Liebe und Tod, Kunst und Leben, Krankheit und Verfall. Häufig werden die erlebte Rede und der innere Monolog gebraucht. Hauptvertreter des deutschen Impressionismus sind der frühe Hugo von Hofmannsthal (auch als Dramatiker), der junge Rainer Maria Rilke, der Erzähler und Dramatiker Arthur Schnitzler und teilweise die Romanautoren Heinrich und Thomas Mann.

Die Symbolisten gehen von den geheimnisvollen Zusammenhängen und Hintergründen allen Daseins aus. Nur mittels kunstvoll verdichteter Form, Musikalität und Sprachmagie ist das den Dingen zugrunde liegende Geheimnis zu erfassen. Die Realität wird in Bruchstücken aus ihren Raum- und Zeitbezügen herausgenommen und in traumhaften Bildern und rätselhaften Metaphern wieder zusammengesetzt. Zu den Vertretern des Symbolismus gehören u.a. Stephan George und Hugo von Hofmannsthal. Unter den epischen Formen sind Rilkes *Aufzeichnungen des Malte Laurids Brigge* und Schnitzlers psychologische Erzählungen (*Leutenant Gustl*) zu nennen.

· Autoren und Werke:

Gerhart Hauptmann (1862—1946):
Sein Werk betrifft vielfältige Themen und Motive. In der Novelle *Bahnwärter Thiel* (1888) zerbricht die Hauptfigur zwischen stumpfem Trieb und fast mystischer Sehnsucht. Das soziale Drama *Vor Sonnenaufgang* (1889) schildert eine dem Alkohol und niederen Trieben verfallene Familie. Hauptmanns bekanntestes Schauspiel *Die Weber* (1892) stellt den schlesischen Weberaufstand von 1844 dar. *Der Biberpelz* (1893) ist eine erfolgreiche Komödie.

Stefan George (1868—1933):
Stefan George gilt als der Wegbreiter des deutschen Symbolismus. Berühmtheit erlangt hat sein Gedicht *Nach der Lese*. Bedeutsam sind Georges Übersetzungen (Baudelaire, Verlaine, Swinburne, Shakespeare und Dante).

Hugo von Hofmannsthal (Österreich, 1874—1929):
Seine frühen Werken sind gekennzeichnet durch die Kluft zwischen Leben und Kunst. Im sog. *Chandos-Brief* (1902) steht die Spracheskepsis der Zeit und des Autors im Mittelpunkt. Im lyrischen Drama *Der Tor und der Tod* (1893) schwebt die Stimmung des fin de siècle vor. Mit *Jedermann* (1911) greift Hofmannstahl das mittelalterliche Mysterienspiel auf. Das Lustspiel *Der Schwierige* (1921) thematisiert Kommunikationsprobleme: Gespräche verlaufen in lässiger Konversation.

Rainer Maria Rilke (Österreich, 1875—1926) :
In *Das Stundenbuch* (1905) drückt Rilke seine Gottessuche in Form von Bekenntnis- und Gebetslyrik aus. Durch die Freundschaft mit dem französischen Bildhauer Auguste Rodin legt er mehr Wert auf die Wirklichkeit der Dinge (*Neue Gedichte,* 1907/1908; Tagebuchroman: *Die Aufzeichnungen des Malte Laurids Brigge*, 1910). In *Duineser Elegien* (1923) vereint sich alles mystisch.

Arthur Schnitzler (Österreich, 1862—1931):
Schnitzler zeigt eine Welt der Aristokraten, Künstler, Offiziere und „süßen Mädels" in der morbiden Wiener Gesellschaft um die Jahrhundertwende (*Anatol*, 1893; *Der Weg ins Freie*, 1908). In seinen Dramen und Erzählungen ist das Ich ständig mit sich selbst beschäftigt (vgl. den inneren Monolog in *Fräulein Else,* 1924).

Frank Wedekind (1864—1918) :
Wedekind ist Gesellschaftssatiriker. In seinem ersten Drama *Frühlings Erwachen* (1891) stellt er jugendliche Sinnlichkeit einer heuchlerischen Erwachsenenmoral gegenüber.

10.2 Ausgewählte Texte

· **Gerhart Hauptmann:** *Bahnwärter Thiel* **(1888)**

盖尔哈特·豪普特曼：《道口工蒂尔》

> **Lesehinweis:** Die „novellistische Studie" *Bahnwärter Thiel* zählt zu den bedeutendsten Werken des Naturalismus. Ein gewissenhafter Bahnwärter wird zum rächenden Mörder seiner Familie. Der Tod seiner ersten Frau Minna bedeutet einen tiefen Einbruch in das Leben Thiels. Seine zweite Frau Lene vernachlässigt Thiels ersten Sohn Tobias nach dem Geburt ihres gemeinsamen Kindes. Thiel, der eine geistig-seelische Verehrung an seine verstorbene Frau bindet, verfällt mehr und mehr seiner zweiten Frau sexuell. Wegen der Abhängigkeit von Lene unternimmt Thiel nichts gegen die Misshandlungen an Tobias. Als Tobias beim Spielen unter die Räder eines Zuges gerät und stirbt, bricht Thiel zusammnen. Er erschlägt die Frau und das Kind aus der zweiten Ehe und wird geistig verwirrt.

III

[...]

Der schlesische Schnellzug war gemeldet und Thiel musste auf seinen Posten. Kaum stand er dienstfertig an der Barriere, so hörte er ihn auch schon heranbrausen.

Der Zug wurde sichtbar – er kam näher – in unzählbaren, sich überhastenden Stößen fauchte der Dampf aus dem schwarzen Maschinenschlote. Da: ein – zwei – drei milchweiße Dampfstrahlen quollen kerzengrade empor, und gleich darauf brachte die Luft den Pfiff der Maschine getragen. Dreimal hintereinander, kurz, grell, beängstigend. Sie bremsen, dachte Thiel, warum nur? Und wieder gellten die Notpfiffe schreiend, den Widerhall weckend, diesmal in langer, ununterbrochener Reihe.

Thiel trat vor, um die Strecke überschauen zu können. Mechanisch zog er die rote Fahne aus dem Futteral[1] und hielt sie gerade vor sich hin über die Geleise. – Jesus Christus! war er blind gewesen? „Jesus Christus – o Jesus, Jesus, Jesus Christus! was war das? Dort! – dort zwischen den Schienen ... Ha–alt!" schrie der Wärter aus Leibeskräften. Zu spät. Eine dunkle Masse war unter den Zug geraten und wurde zwischen den Rädern wie ein Gummiball hin und her geworfen. Noch einige Augenblicke, und man hörte das Knarren und Quietschen der Bremsen. Der Zug stand.

Die einsame Strecke belebte sich. Zugführer und Schaffner rannten über den Kies[2] nach dem Ende des Zuges. Aus jedem Fenster blickten neugierige Gesichter und jetzt – die Menge knäulte sich und kam nach vorn.

Thiel keuchte; er musste sich festhalten, um nicht umzusinken wie ein gefällter Stier. Wahrhaftig, man winkt ihm – „nein!"

Ein Aufschrei zerreißt die Luft von der Unglücksstelle her, ein Geheul folgt, wie aus der Kehle eines Tieres kommend. Wer war das?! Lene?! Es war nicht ihre Stimme und doch ...
Ein Mann kommt in Eile die Strecke herauf.

„Wärter!!"

„Was gibt's?"

„Ein Unglück!"... Der Bote schrickt zurück, denn des Wärters Augen spielen seltsam. Die Mütze sitzt schief, die roten Haare scheinen sich aufzubäumen.

„Er lebt noch, vielleicht ist noch Hilfe."

Ein Röcheln[3] ist die einzige Antwort.

„Kommen Sie schnell, schnell!"

Thiel reißt sich auf mit gewaltiger Anstrengung. Seine schlaffen Muskeln spannen sich; er richtet sich hoch auf, sein Gesicht ist blöd und tot.

Er rennt mit dem Boten, er sieht nicht die todbleichen, erschreckten Gesichter der Reisenden in den Zugfenstern. Eine junge Frau schaut heraus, ein Handlungsreisender im Fes[4], ein junges Paar, anscheinend auf der Hochzeitsreise. Was geht's ihn an? Er hat sich nie um den Inhalt dieser Polterkasten gekümmert; – sein Ohr füllt das Geheul Lenens. Vor seinen Augen schwimmt es durcheinander, gelbe Punkte, Glühwürmchen gleich, unzählig. Er schrickt zurück – er steht. Aus dem Tanze der Glühwürmchen tritt es hervor, blass, schlaff, blutrünstig. Eine Stirn, braun und blau geschlagen, blaue Lippen, über die schwarzes Blut tröpfelt. Er ist es.

Thiel spricht nicht. Sein Gesicht nimmt eine schmutzige Blässe an. Er lächelt wie abwesend; endlich beugt er sich; er fühlt die schlaffen, toten Gliedmaßen schwer in seinen Armen; die rote Fahne wickelt sich darum.

Er geht.

Wohin?

„Zum Bahnarzt, zum Bahnarzt," tönt es durcheinander.

„Wir nehmen ihn gleich mit," ruft der Packmeister[5] und macht in seinem Wagen aus Dienströcken und Büchern ein Lager zurecht.

„Nun also?"

Thiel macht keine Anstalten, den Verunglückten loszulassen. Man drängt in ihn. Vergebens. Der Packmeister lässt eine Bahre aus dem Packwagen reichen und beordert einen Mann, dem Vater beizustehen.

Die Zeit ist kostbar. Die Pfeife des Zugführers trillert. Münzen regnen aus den Fenstern.

Lene gebärdet sich[6] wie wahnsinnig. „Das arme, arme Weib," heißt es in den Kupees[7], „die arme, arme Mutter."

Der Zugführer trillert abermals – ein Pfiff – die Maschine stößt weiße, zischende Dämpfe aus ihren Zylindern und streckt ihre eisernen Sehnen; einige Sekunden und der Kurierzug braust mit wehender Rauchfahne in doppelter Geschwindigkeit durch den Forst.

Der Wärter, anderen Sinnes geworden, legt den halbtoten Jungen auf die Bahre. Da liegt er da in seiner verkommenen Körpergestalt, und hin und wieder hebt ein langer, rasselnder Atemzug die knöcherne Brust, welche unter dem zerfetzten Hemd sichtbar wird. Die Ärmchen und Beinchen, nicht nur in den Gelenken gebrochen, nehmen die unnatürlichsten Stellungen ein. Die Ferse des kleinen Fußes ist nach vorn gedreht. Die Arme schlottern über den Rand der Bahre.

Lene wimmert in einem fort; jede Spur ihres einstigen Trotzes ist aus ihrem Wesen gewichen. Sie wiederholt fortwährend eine Geschichte, die sie von jeder Schuld an dem Vorfall reinwaschen soll.

Thiel scheint sie nicht zu beachten; mit entsetzlich bangem Ausdruck haften seine Augen an dem Kinde.

Es ist still ringsum geworden, totenstill; schwarz und heiß ruhen die Geleise auf dem blendenden Kies. Der Mittag hat die Winde erstickt, und regungslos wie aus Stein steht der Forst.

[...]

1. das Futteral: 罩子，盒子。
2. der Kies: 碎石。
3. röcheln: 发出呼噜声。
4. der Fes: 非斯帽。
5. Packmeister: 行李员。
6. sich gebärden: 做出举动。
7. das Kupee: 二等车。

Aufgaben:

1. Beschreiben Sie den Charakter von Thiel. Diskutieren Sie, ob Thiels Schicksal das Produkt von Milieu und Vererbung ist?
2. Wie sieht das Verhältnis zwischen Thiel und Tobias aus? Welche Rolle spielt das Kind für ihn?
3. Zentrales Dingsymbol in der Novelle ist die Eisenbahn. Wie kommt die Eisenbahn-Symbolik zur Darstellung?
4. Arbeiten Sie die naturalistischen Merkmale im Textauszug heraus.

· **Rainer Maria Rilke:** *Der Panther* (1908)

赖内·马利亚·里尔克：《豹》

> **Lesehinweis:** Das Gedicht *Der Panther* gilt als das berühmteste Dinggedicht Rilkes. Es beschreibt einen gefangenen Panther hinter Gitterstäben, den er im Jardin des Plantes, einem botanischen Garten in Paris, gesehen und mehr als zehn Stunden lang beobachtet hat. Das Gedicht besteht aus insgesamt drei Strophen mit jeweils vier Versen. Die erste Strophe handelt vom Zustand des Panthers, die zweite Strophe vermittelt das Erscheinungsbild des Tieres, und in der letzten Strophe erlangt man Kenntnis über das Innere des Panthers.

Im Jardin des Plantes, Paris

Sein Blick ist vom Vorübergehn der Stäbe[1]
so müd geworden, dass er nichts mehr hält.
Ihm ist, als ob es tausend Stäbe gäbe
und hinter tausend Stäben keine Welt.

Der weiche Gang geschmeidig[2] starker Schritte,
der sich im allerkleinsten Kreise dreht,
ist wie ein Tanz von Kraft[3] um eine Mitte,
in der betäubt[4] ein großer Wille steht.

Nur manchmal schiebt der Vorhang der Pupille[5]
sich lautlos auf[6] – Dann geht ein Bild hinein,
geht durch der Glieder angespannte[7] Stille –
und hört im Herzen auf zu sein.

1. der Stab: 铁栏。
2. geschmeidig: 灵活的。
3. ein Tanz von Kraft: 力之舞。
4. betäubt: 麻木的，失去知觉的。
5. die Pupille: 瞳孔。
6. sich aufschieben: 拉开。
7. angespannt: 绷紧的，紧张的。

Aufgaben:
1. Welche Rolle spielen „die Stäbe" in der ersten Strophe?
2. Welche sprachlichen Mittel werden in der zweiten Strophe verwendet?
3. Stellen Sie die Enjambements im Gedicht fest und analysieren Sie ihre Funktion.
4. Was ist mit „ein Tanz von Kraft um eine Mitte" gemeint?
5. Welche Metaphern werden benutzt und wozu dienen sie?
6. Woraus geht hervor, dass dieses Gedicht ein typisches Dinggedicht ist?

· **Rainer Maria Rilke:** *Die Aufzeichnung des Malte Laurids Brigge* (1910)

赖内·马利亚·里尔克：《马尔特·劳里茨·布里格手记》

> **Lesehinweis:** Der Tagebuchroman gilt als Vorläufer der Literatur Moderne in der deutschen Literaturgeschichte. Er unterscheidet sich radikal vom realistischen Stil dadurch, dass es keine einheitliche Handlung besteht. Jeder Teil verselbständigt sich und reiht sich an andere. Erzählung, Reflexionen und Schilderung bilden zusammen ein Ganzes. Ein sensibler junger Mann versucht, in der Großstadt Paris als Dichter zu leben. Der fremde sieht sich aber mit den hässlichen Seiten der Stadt konfrontiert. Die Erinnerungen an die warme und geborgene Kindheit in der Heimat begleiten seine Beobachtungen des Außen- und Innenlebens dieser Stadt. Angesichts der Daseinsangst lernt der junge Künstler sehen. Entnommen ist hier der Anfang des Romans.

11. September, Rue Toullier[1].

So, also hierher kommen die Leute, um zu leben, ich würde eher meinen, es stürbe sich hier. Ich bin ausgewesen. Ich habe gesehen: Hospitäler. Ich habe einen Menschen gesehen, welcher schwankte und umsank. Die Leute versammelten sich um ihn, das ersparte mir den Rest. Ich habe eine schwangere Frau gesehen. Sie schob sich schwer an einer hohen, warmen Mauer entlang, nach der sie manchmal tastete, wie um sich zu überzeugen, ob sie noch da sei. Ja, sie war noch da. Dahinter? Ich suchte auf meinem Plan: Maison d'Accouchement[2]. Gut. Man wird sie entbinden – man kann das. Weiter, Rue Saint-Jacques[3], ein großes Gebäude mit einer Kuppel. Der Plan gab an Val-ge-grâce[4], Hôpital militaire[5]. Das brauchte ich eigentlich nicht zu wissen, aber es schadet nicht. Die Gasse begann von allen Seiten zu riechen. Es roch, soviel sich unterscheiden ließ, nach Jodoform, nach dem Fett von Pommes frites, nach Angst. Alle Städte riechen im Sommer. Dann habe ich ein eigentümlich starblindes Haus gesehen, es war im Plan nicht zu finden, aber über der Tür stand noch ziemlich leserlich: Asyle de nuit[6]. Neben dem Eingang waren die Preise. Ich habe sie gelesen. Es war nicht teuer.

Und sonst? ein Kind in einem stehenden Kinderwagen: es war dick, grünlich und hatte einen deutlichen Ausschlag auf der Stirn. Er heilte offenbar ab und tat nicht weh. Das Kind schlief, der Mund war offen, atmete Jodoform, Pommes frites, Angst. Das war nun mal so. Die Hauptsache war, dass man lebte. Das war die Hauptsache.

Dass ich es nicht lassen kann, bei offenem Fenster zu schlafen. Elektrische Bahnen rasen läutend durch meine Stube. Automobile gehen über mich hin. Eine Tür fällt zu. Irgendwo klirrt eine Scheibe herunter, ich höre ihre großen Scherben lachen, die kleinen Splitter kichern. Dann plötzlich dumpfer, eingeschlossener Lärm von der anderen Seite, innen im Hause. Jemand steigt die Treppe. Kommt, kommt unaufhörlich. Ist da, ist lange da, geht vorbei. Und wieder die Straße. Ein Mädchen kreischt: Ah tais-toi, je ne veux plus[7]. Die Elektrische rennt ganz erregt heran, darüber fort, fort über alles. Jemand ruft. Leute laufen, überholen sich. Ein Hund bellt. Was für eine Erleichterung: ein Hund. Gegen Morgen kräht sogar ein Hahn, und das ist Wohltun ohne Grenzen. Dann schlafe ich plötzlich ein.

Das sind die Geräusche. Aber es gibt hier etwas, was furchtbarer ist: die Stille. Ich glaube, bei großen Bränden tritt manchmal so ein Augenblick äußerster Spannung ein, die Wasserstrahlen fallen ab, die Feuerwehrleute klettern nicht mehr, niemand rührt sich. Lautlos schiebt sich ein schwarzes Gesimse vor oben, und eine hohe Mauer, hinter welcher das Feuer auffährt, neigt sich, lautlos. Alles steht und wartet mit hochgeschobenen Schultern, die Gesichter über die Augen zusammengezogen, auf den schrecklichen Schlag. So ist hier die Stille.

Ich lerne sehen. Ich weiß nicht, woran es liegt, es geht alles tiefer in mich ein und bleibt nicht an der Stelle stehen, wo es sonst immer zu Ende war. Ich habe ein Inneres, von dem ich nicht wusste. Alles geht jetzt dorthin. Ich weiß nicht, was dort geschieht.

Ich habe heute einen Brief geschrieben, dabei ist es mir aufgefallen, dass ich erst drei Wochen hier bin. Drei Wochen anderswo, auf dem Lande zum Beispiel, das konnte sein wie ein Tag, hier sind es Jahre. Ich will auch keinen Brief mehr schreiben. Wozu soll ich jemandem sagen, dass ich mich verändere? Wenn ich mich verändere, bleibe ich ja doch nicht der, der ich war, und bin ich etwas anderes als bisher, so ist klar, dass ich keine Bekannten habe. Und an fremde Leute, an Leute, die mich nicht kennen, kann ich unmöglich schreiben.

Habe ich es schon gesagt? Ich lerne sehen. Ja, ich fange an. Es geht noch schlecht. Aber ich will meine Zeit ausnutzen.

Dass es mir zum Beispiel niemals zum Bewusstsein gekommen ist, wieviel Gesichter es gibt. Es gibt eine Menge Menschen, aber noch viel mehr Gesichter, denn jeder hat mehrere. Da sind Leute, die tragen ein Gesicht jahrelang, natürlich nutzt es sich ab, es wird schmutzig, es bricht in den Falten, es weitet sich aus wie Handschuhe, die man auf der Reise getragen hat. Das sind sparsame, einfache Leute; sie wechseln es nicht, sie lassen es nicht einmal reinigen. Es sei gut genug, behaupten sie, und wer kann ihnen das Gegenteil nachweisen? Nun fragt es sich freilich, da sie mehrere Gesichter haben, was tun sie mit den andern? Sie heben sie auf. Ihre Kinder sollen sie tragen. Aber es kommt auch vor, dass ihre Hunde damit ausgehen. Weshalb auch nicht? Gesicht ist Gesicht.

Andere Leute setzen unheimlich schnell ihre Gesichter auf, eins nach dem andern, und tragen sie ab. Es scheint ihnen zuerst, sie hätten für immer, aber sie sind kaum vierzig; da ist schon das letzte. Das hat natürlich seine Tragik. Sie sind nicht gewohnt, Gesichter zu schonen, ihr letztes ist in acht Tagen durch, hat Löcher, ist an vielen Stellen dünn wie Papier, und da kommt dann nach und nach die Unterlage heraus, das Nichtgesicht, und sie gehen damit herum.

Aber die Frau, die Frau: sie war ganz in sich hineingefallen, vornüber in ihre Hände. Es war an der Ecke rue Notre-Dame-des-Champs[8]. Ich fing an, leise zu gehen, sowie ich sie gesehen hatte. Wenn arme Leute nachdenken, soll man sie nicht stören. Vielleicht fällt es ihnen doch ein.

Die Straße war zu leer, ihre Leere langweilte sich und zog mir den Schritt unter den Füßen weg und klappte mit ihm herum, drüben und da, wie mit einem Holzschuh. Die Frau erschrak und hob sich aus sich ab, zu schnell, zu heftig, so dass das Gesicht in den zwei Händen blieb. Ich konnte es darin liegen sehen, seine hohle Form. Es kostete mich unbeschreibliche Anstrengung, bei diesen Händen zu bleiben und nicht zu schauen, was sich aus ihnen abgerissen hatte. Mir graute, ein Gesicht von innen zu sehen, aber ich fürchtete mich doch noch viel mehr vor dem bloßen wunden Kopf ohne Gesicht.

[...]

1. Rue Toullier: 图利耶街。
2. Maison d'Accouchement: 产科医院。
3. Rue Saint-Jacques: 圣雅克大街。
4. Val-ge-grâce: 光荣之谷，巴黎一城区。
5. Hôpital militaire: 军医院。
6. Asyle de nuit: 夜间收容所。
7. tais-toi, je ne veux plus: 讨厌，请安静一点吧。
8. rue Notre-Dame-des-Champs: 乡村圣母大街。

Aufgaben:

1. Malte Laurids Brigge gerät in Paris in eine tiefe seelische und geistige Krise. Begleiten Sie den Ich-Erzähler durch Paris, durch die „rue Toullier". Was sehen, was riechen Sie?
2. Mit welcher emotionalen Haltung nimmt der Ich-Erzähler die Stadt und die Menschen wahr?
3. Welche Wirklichkeit erkennt der Ich-Erzähler hinter der „gesehenen" Wirklichkeit?
4. Was verstehen Sie unter dem Satz „ich lerne sehen"?

· **Arthur Schnitzler:** *Fräulein Else* (1924)

阿图尔·施尼茨勒：《埃尔丝小姐》

> **Lesehinweis:** In der Novelle *Fräulein Else* versucht Arthur Schnitzler, die innerpsychischen Vorgänge des Menschen mit adäquater Sprache zum Ausdruck zu bringen. Fräulein Else ist die Tochter eines angesehenen Wiener Rechtsanwalts. Während des Aufenthalts mit ihrer Tante in einem Kurort, erhält sie einen Expressbrief von ihrer verzweifelten Mutter: Ihr Vater hat sich um enorme Geldsummen verspekuliert und braucht dringend ihre Hilfe. Else soll den Familienfreund Dorsday um ein Darlehen bitten, um so die Verhaftung ihres Vaters abzuwenden. Doch Dorsday erwartet für die Hilfe eine Gegenleistung: Er verlangt Else nackt betrachten zu dürfen und dies führt zu tödlichen Konsequenzen.

Kapitel 3

[...] Das ist ja die Tante. Was will sie denn da? – „*Noch immer ohnmächtig?*" – Auf den Zehenspitzen[1] schleicht sie heran. Sie soll zum Teufel gehen. Ich lass mich in keine Anstalt bringen. Ich bin nicht irrsinnig. – „*Kann man sie nicht zum Bewusstsein erwecken?*" – „*Sie wird bald wieder zu sich kommen, Mama. Jetzt braucht sie nichts als Ruhe. Übrigens du auch, Mama. Möchtest du nicht schlafen gehen? Es besteht absolut keine Gefahr. Ich werde zusammen mit Frau Cissy bei Else Nachtwache halten.*" – „*Jawohl, gnädige Frau, ich bin die Gardedame. Oder Else, wie man's nimmt.*" – Elendes Frauenzimmer. Ich liege hier ohnmächtig und sie macht Späße. „*Und ich kann mich darauf verlassen, Paul, dass du mich wecken läßt, sobald der Arzt kommt?*" – „*Aber Mama, der kommt nicht vor morgen früh.*" – „*Sie sieht aus, als wenn sie schliefe. Ihr Atem geht ganz ruhig.*" – „*Es ist ja auch eine Art von Schlaf, Mama.*" – „*Ich kann mich noch immer nicht fassen, Paul, ein solcher Skandal! – Du wirst sehen, es kommt in die Zeitung!*" – „*Mama!*" – „*Aber sie kann doch nichts hören, wenn sie ohnmächtig ist. Wir reden doch ganz leise.*" – „*In diesem Zustand sind die Sinne manchmal unheimlich geschärft.*" – „*Sie haben einen so gelehrten Sohn, gnädige Frau.*" – „*Bitte dich, Mama, geh' zu Bette.*" – „*Morgen reisen wir ab unter jeder Bedingung. Und in Bozen nehmen wir eine Wärterin für Else.*" – Was? Eine Wärterin? Da werdet Ihr Euch aber täuschen. – „*Über all' das reden wir morgen, Mama. Gute Nacht, Mama.*" – „*Ich will mir einen Tee aufs Zimmer bringen lassen und in einer Viertelstunde schau ich noch einmal her.*" – „*Das ist doch absolut nicht notwendig, Mama.*" – Nein, notwendig ist es nicht. Du sollst überhaupt zum Teufel gehen. Wo ist das Veronal[2]? Ich muss noch warten. Sie begleiten die Tante zur Türe. Jetzt sieht mich niemand. Auf dem Nachttisch muss es ja stehen, das Glas mit dem Veronal. Wenn ich es austrinke, ist alles vorbei. Gleich werde ich es trinken. Die Tante ist fort. Paul und Cissy stehen noch an der

Tür. Ha. Sie küsst ihn. Sie küsst ihn. Und ich liege nackt unter der Decke. Schämt Ihr Euch denn gar nicht? Sie küsst ihn wieder. Schämt ihr Euch nicht? – *„Siehst du, Paul, jetzt weiß ich, dass sie ohnmächtig ist. Sonst wäre sie mir unbedingt an die Kehle gesprungen."* – *„Möchtest du mir nicht den Gefallen tun und schweigen, Cissy?"* [...] *„Es hat geklopft, Cissy."* – *„Mir kam es auch so vor."* – *„Ich will leise aufmachen und sehen wer es ist. – Guten Abend Herr von Dorsday."* – *„Verzeihen Sie, ich wollte nur fragen, wie sich die Kranke"* – Dorsday! Dorsday! Wagt er es wirklich? Alle Bestien sind losgelassen. Wo ist er denn? Ich höre sie flüstern vor der Tür. Paul und Dorsday. Cissy stellt sich vor den Spiegel hin. Was machen Sie vor dem Spiegel dort? Mein Spiegel ist es. Ist nicht mein Bild noch drin? Was reden sie draußen vor der Tür, Paul und Dorsday? Ich fühle Cissys Blick. Vom Spiegel aus sieht sie zu mir her. Was will sie denn? Warum kommt sie denn näher? Hilfe! Hilfe! Ich schreie doch, und keiner hört mich. Was wollen Sie an meinem Bett, Cissy?! Warum beugen Sie sich herab? wollen Sie mich erwürgen? Ich kann mich nicht rühren. – *„Else!"* – Was will sie denn? – *„Else! Hören Sie mich, Else?"* – Ich höre, aber ich schweige. Ich bin ohnmächtig, ich muss schweigen. – *„Else, Sie haben uns in einen schönen Schreck versetzt."* – Sie spricht zu mir. Sie spricht zu mir, als wenn ich wach wäre. Was will sie denn? – *„Wissen Sie, was Sie getan haben, Else? Denken Sie, nur mit dem Mantel bekleidet sind Sie ins Musikzimmer getreten, sind plötzlich nackt dagestanden vor allen Leuten und dann sind Sie ohnmächtig hingefallen. Ein hysterischer Anfall wird behauptet. Ich glaube kein Wort davon. Ich glaube auch nicht, dass Sie bewusstlos sind. Ich wette, Sie hören jedes Wort, das ich rede."* – Ja, ich höre, ja, ja, ja. Aber sie hört mein Ja nicht. Warum denn nicht? Ich kann meine Lippen nicht bewegen. Darum hört sie mich nicht. Ich kann mich nicht rühren. Was ist denn mit mir? Bin ich tot? Bin ich scheintot? Träume ich? Wo ist das Veronal? Ich möchte mein Veronal trinken. Aber ich kann den Arm nicht ausstrecken. Gehen Sie fort, Cissy. Warum sind Sie über mich gebeugt? Fort, fort! Nie wird sie wissen, dass ich sie gehört habe. Niemand wird es je wissen. Nie wieder werde ich zu einem Menschen sprechen. Nie wache ich wieder auf. Sie geht zur Türe. Sie wendet sich noch einmal nach mir um. Sie öffnet die Türe. Dorsday! Dort steht er. Ich habe ihn gesehen mit geschlossenen Augen. Nein, ich sehe ihn wirklich. Ich habe ja die Augen offen. Die Türe ist angelehnt. Cissy ist auch draußen. Nun flüstern sie alle. Ich bin allein. Wenn ich mich jetzt rühren könnte.

Ha, ich kann ja, kann ja. Ich bewege die Hand, ich rege die Finger, ich strecke den Arm, ich sperre die Augen weit auf. Ich sehe, ich sehe. Da steht mein Glas. Geschwind, ehe sie wieder ins Zimmer kommen. Sind es nur Pulver genug?! Nie wieder darf ich erwachen. Was ich zu tun hatte auf der Welt, habe ich getan. Der Papa ist gerettet. Niemals könnte ich wieder unter Menschen gehen. Paul guckt durch die Türspalte herein. Er denkt, ich bin noch ohnmächtig. Er sieht nicht, dass ich den Arm beinahe schon ausgestreckt habe. Nun stehen sie wieder alle drei draußen vor der Tür, die Mörder! – Alle sind sie Mörder. Dorsday und Cissy und Paul, auch Fred ist ein Mörder und die Mama ist eine Mörderin. Alle haben sie mich gemordet und machen sich nichts wissen. Sie hat sich selber umgebracht, werden sie sagen. Ihr habt mich umgebracht, ihr Alle, ihr Alle! Hab' ich es endlich? Geschwind, geschwind! Ich muss. Keinen Tropfen verschütten. So. Geschwind. Es schmeckt gut. Weiter, weiter. Es ist gar kein Gift. Nie hat mir was so gut geschmeckt. Wenn Ihr wüsstet, wie gut der Tod schmeckt! Gute Nacht, mein Glas. Klirr, klirr! Was ist denn das? Auf dem Boden liegt das Glas. Unten liegt es. Gute Nacht. – [...]

1. auf den Zehenspitzen: 踮着脚尖。
2. das Veronal: 佛罗那，一种安眠药。

Aufgaben:
1. Schnitzler führt als erster die Darstellungsform des inneren Monologes in die deutsche Literatur ein. Untersuchen Sie diese Schreibweise im Textauszug.
2. Erläutern Sie, in welchem psychischen Zustand sich Else befindet und woran Else stirbt.
3. Im letzten Teil bezeichnet Else noch ihre Mitmenschen und die Familie als Mörder. Elses Tod wird zum Symbol für die vernichtende Kraft der bürgerlichen Gesellschaft. Äußern Sie Ihre Meinungen dazu.
4. Else verfügt über eine sehr instabile Persönlichkeit mit hoher Spontaneität. Wie skizziert Schnitzler ihren fließenden Übergang vom Leben zum Tod?

• Thomas Mann: *Der Tod in Venedig* (1913)

托马斯·曼：《死于威尼斯》

Lesehinweis: Die Problematik des Künstlers in der Auseinandersetzung mit dem „wirklichen" Leben prägt das Frühwerk Thomas Manns. In dieser Novelle prallen zwei wesentliche Gegensätze aufeinander. Der eigentlich eher rationale, nach Perfektion strebende Schriftsteller Aschenbach, der sich von gesellschaftlichen Konventionen, aber auch von hohem Leistungs- und Schaffensdruck quält, verfällt einer äußerst emotionalen Welt, die sich in der Schönheit des Knaben Tadzio zeigt. Tod und Liebe liegen dicht beieinander und schließlich findet der Schriftsteller in Venedig den Tod. Im dritten Kapitel wird erzählt, dass der alternde und einsame Aschenbach aus seinem arbeitsamen Leben ausbricht und nach Venedig reist.

3. Kapitel

Wer hätte nicht einen flüchtigen Schauder, eine geheime Scheu und Beklommenheit[1] zu bekämpfen gehabt, wenn es zum ersten Male oder nach langer Entwöhnung[2] galt, eine venezianische Gondel[3] zu besteigen? Das seltsame Fahrzeug, aus balladesken[4] Zeiten ganz unverändert überkommen und so eigentümlich schwarz, wie sonst unter allen Dingen nur

Särge es sind, – es erinnert an lautlose und verbrecherische Abenteuer in plätschernder[5] Nacht, es erinnert noch mehr an den Tod selbst, an Bahre[6] und düsteres Begängnis und letzte, schweigsame Fahrt. Und hat man bemerkt, dass der Sitz einer solchen Barke[7], dieser sargschwarz lackierte, mattschwarz gepolsterte Armstuhl, der weichste, üppigste, der erschlaffendste Sitz[8] von der Welt ist? Aschenbach ward es gewahr[9], als er zu Füßen des Gondoliers, seinem Gepäck gegenüber, das am Schnabel[10] reinlich beisammenlag, sich niedergelassen hatte. Die Ruderer zankten immer noch; rau, unverständlich, mit drohenden Gebärden. Aber die besondere Stille der Wasserstadt schien ihre Stimmen sanft aufzunehmen, zu entkörpern, über der Flut zu zerstreuen. Es war warm hier im Hafen. Lau angerührt vom Hauch des Scirocco[11], auf dem nachgiebigen Element in Kissen gelehnt, schloss der Reisende die Augen im Genusse einer so ungewohnten als süßen Lässigkeit. Die Fahrt wird kurz sein, dachte er, möchte sie immer währen! In leisem Schwanken fühlte er sich dem Gedränge, dem Stimmengewirr entgleiten.

Wie still und stiller es um ihn wurde! Nichts war zu vernehmen als das Plätschern des Ruders, das hohle Aufschlagen der Wellen gegen den Schnabel der Barke, der steil, schwarz und an der Spitze hellebardenartig[12] bewehrt über dem Wasser stand, und noch ein drittes, ein Reden, ein Raunen, – das Flüstern des Gondoliers, der zwischen den Zähnen, stossweise, in Lauten, die von der Arbeit seiner Arme gepresst waren, zu sich selber sprach. Aschenbach blickte auf, und mit leichter Befremdung gewahrte er, dass um ihn her die Lagune[13] sich weitete und seine Fahrt gegen das offene Meer gerichtet war. Es schien folglich, dass er nicht allzu sehr ruhen dürfe, sondern auf den Vollzug seines Willens ein wenig bedacht sein müsse.

„Zur Dampferstation[14] also", sagte er mit einer so halben Wendung rückwärts. Das Raunen verstummte. Er erhielt keine Antwort.

„Zur Dampferstation also!", wiederholte er, indem er sich vollends umwandte und in das Gesicht des Gondoliers emporblickte, der hinter ihm, auf erhöhtem Borde stehend, vor dem fahlen Himmel aufragte. Es war ein Mann von ungefälliger, ja brutaler Physiognomie[15], seemännisch blau gekleidet, mit einer gelben Schärpe gegürtet[16] und einen formlosen Strohhut, dessen Geflecht sich aufzulösen begann, verwegen so schief auf dem Kopfe. Seine Gesichtsbildung, sein blonder, lockiger Schnurrbart unter der kurz aufgeworfenen Nase ließen ihn durchaus nicht italienischen Schlages erscheinen. Obgleich eher schmächtig von Leibesbeschaffenheit[17], sodass man ihn für seinen Beruf nicht sonderlich geschickt geglaubt hätte, führte er das Ruder, bei jedem Schlage den ganzen Körper einsetzend, mit großer Energie. Ein paarmal zog er vor Anstrengung die Lippen zurück und entblößte seine weißen Zähne. Die rötlichen Brauen gerunzelt, blickte er über den Gast hinweg, indem er bestimmten, fast groben Tones erwiderte: „Sie fahren zum Lido." Aschenbach entgegnete: „Allerdings. Aber ich habe die Gondel nur genommen, um mich nach San Marco übersetzen zu lassen. Ich wünsche den Vaporetto zu benutzen."

„Sie können den Vaporetto nicht benutzen, mein Herr."

„Und warum nicht?"

„Weil der Vaporetto kein Gepäck befördert."

Das war richtig; Aschenbach erinnerte sich. Er schwieg. Aber die schroffe, überhebliche, einem Fremden gegenüber so wenig landesübliche Art des Menschen schien unleidlich. Er sagte: „Das ist meine Sache. Vielleicht will ich mein Gepäck in Verwahrung geben. Sie werden umkehren."

Es blieb still. Das Ruder plätscherte, das Wasser schlug dumpf an den Bug. Und das Reden und Raunen begann wieder: Der Gondolier sprach zwischen den Zähnen mit sich selbst. Was war zu tun? Allein auf der Flut mit dem sonderbar unbotmäßigen, unheimlich entschlossenen Menschen, sah der Reisende kein Mittel, seinen Willen durchzusetzen. Wie weich er übrigens ruhen durfte, wenn er sich nicht empörte! Hatte er nicht gewünscht, dass die Fahrt lange, dass sie immer dauern möge? Es war das Klügste, den Dingen ihren Lauf zu lassen, und es war hauptsächlich höchst angenehm. Ein Bann der Trägheit schien auszugehen von seinem Sitz, von diesem niedrigen, schwarz gepolsterten Armstuhl, so sanft gewiegt von den Ruderschlägen des eigenmächtigen Gondoliers in seinem Rücken. Die Vorstellung, einem Verbrecher in die Hände gefallen zu sein, streifte träumerisch Aschenbachs Sinne, – unvermögend, seine Gedanken zu tätiger Abwehr aufzurufen. Verdriesslicher schien die Möglichkeit, dass alles auf simple Geldschneiderei angelegt sei. Eine Art von Pflichtgefühl oder Stolz, die Erinnerung gleichsam, dass man dem Vorbeugen müsse, vermochte ihn, sich noch einmal aufzuraffen. Er fragte: „Was fordern Sie für die Fahrt?"

Und über ihn hinsehend, antwortete der Gondolier: „Sie werden bezahlen."

[...]

1. die Beklommenheit: 不安。
2. die Entwöhnung: 戒除。
3. die Gondel: （带有鸟头形船首和船尾的）威尼斯狭长的游船。
4. balladesk: 叙事歌谣的。
5. plätschernd: 发出水的劈啪声。
6. die Bahre: 棺木。
7. die Barke: 小船，这里指刚朵拉游船。
8. der weichste, üppigste, der erschlaffendste Sitz: 最柔软、最豪华、最舒适的座位。
9. Aschenbach ward es gewahr: 阿申巴赫意识到这一点。
10. der Schnabel: 鸟嘴形船头。
11. der Scirocco: 西罗科风，从非洲吹来的热带海风。
12. hellebardenartig: die Hellebarde, 戟，中世纪的刺戳武器。
13. die Lagune: 泻湖。
14. die Dampferstation: 汽船码头。
15. die Physiognomie: 面相。
16. mit einer gelben Schärpe gegürtet: 系着一条黄色佩带。
17. schmächtig von Leibesbeschaffenheit: 体格瘦削。

Aufgaben:

1. Untersuchen Sie den Novellenauszug unter besonderer Berücksichtigung der Symbolik.
2. Gehen Sie auf die Erzählperspektive, die Gesprächssituation, die Beschreibung der Gondel und die Wahrnehmung der Überfahrt nach Venedig ein.
3. Analysieren Sie vor folgendem Hintergrund die Bedeutung des Gondoliers im Text bei besonderer Beachtung des letzten Satzes:
   Fährmann: Gestalt aus der griechischen Mythologie, der die Toten für einen Obolus (Münze) über den Acheron bzw. Styx und Lethe (Flüsse der Unterwelt) ins Schattenreich geleitete.
4. Auf welche sprachlichen Merkmale verweist der Text?

11. EXPRESSIONISMUS (1910—1925)
表现主义文学

11.1 Epochenüberblick

Der Begriff „Expressionismus" (lat. expressio: Ausdruck) ist eine Gegenbezeichnung zur Eindruckskunst des Impressionismus und zur l'art-pour-l'art Sichtweise des Symbolismus. Wie so oft geht auch der Expressionismus von der Malerei aus. Der Expressionismus vollzieht sich in einer sozialen und politischen Krisenzeit. Die Literatur von Heinrich Mann, Alfred Döblin und Franz Kafka setzt gerade über die Epochengrenzen hinweg.

· **Die politische Situation:**

Erster Weltkrieg, das Ende des Kaiserreiches, der Zerfall des österreichischen Vielvölkerstaates, der Versailler Vertrag und die Krisenjahre der Weimarer Republik markierten den politischen Hintergrund der Epoche. Eine völlige Umorientierung im Bewusstsein der Zeitgenossen wurde sichtbar. Neben der autoritären, obrigkeitsgläubigen Prägung und der politischen Unsicherheit erschwerte die wirtschaftliche Ungewissheit den Einzelnen, eine demokratische Staatsform mitzugestalten und seine Individualität zugleich zu bewahren.

· **Kulturelle Voraussetzungen:**

Die Zeit um 1900 wird von der um 1880 geborenen Generation oft als verkrustet und unbeweglich begriffen. Verschiedene Ereignisse gelten als Vorboten einer nahenden Apokalypse, wie das Erscheinen des Halleyschen Kometen (1910), der Untergang der Titanic (1912) und der Ausbruch des Ersten Weltkriegs (1914). Die Menschen empfinden die Welt als schlecht und hinfällig. Der künstlerische Ausdruck der eigenen Innenwelt steht im Mittelpunkt des Interesses. Ein bedeutender Programmatiker der Zeit ist Friedrich Nietzsche. Er leitet den Ursrpung der Kunst aus der Grunderfahrung des Dionysischen und Apollinischen ab. Viel beachtet ist auch die Philosophie Sören Kierkegaards, die sich auf den Existenzialismus weiter auswirkt. Auch die Psychoanalyse von Sigmund Freud und die Theorie von Karl Marx und Friedrich Engels werden rezipiert.

• Themen und Formen:

Die Literatur in der Zeit des Expressionismus spiegelt die Veränderungen der Zeit wider. Ihre Vertreter machen Vorwürfe gegen Kapitalismus, Industrialisierung, verkrustete Autoritätsstrukturen und die Scheinheiligkeit des wilhelminischen Bürgertums. Alle Themen und Motive drehen sich um vier Aspekte: Auflösung des Ich (Ich-Verlust), neuer Mensch (Neubeginn), Krieg (die Motive des Verfalls, der Ausgeliefertheit, der Verzweiflung und des Todes) und Großstadt (Stadt als Symbol der Enge und Freiheitsberaubung).

In der Lyrik herrschen die pathetischen Gefühle des Expressionismus, seine Sehnsucht nach Brüderlichkeit und Einheit, aber auch sein Erschrecken vor dem Dämonischen vor (vgl. Gedichte von Gottfried Benn, Georg Trakl und Georg Heym). Merkmale expressionistischer Literatur sind insbesondere Wortneuschöpfungen, das Aufbrechen grammatischer Strukturen, der Reihungsstil und eine starke, einprägsame Bildlichkeit sowie eine drastische Farbsymbolik.

• Autoren und Werke:

Gottfried Benn (1886—1956):
Unter dem Einfluss von Nietzsche neigt Gottfried Benn zum Nihilismus. 1912 erschien die Gedichtsammlung *Morgue* mit schockierenden Themen aus dem medizinischen Bereich. Nach 1945 haben Benns Lyrik und Prosa starke Wirkung auf die zeitgenössische Literatur ausgeübt.

Karl Sternheim (1878—1942):
Karl Sternheim wurde durch sein bürgerliches Lustspiel *Die Hose* (1911) bekannt, das die sozialen Aufstiegsabsichten eines kleinen Beamten aufdeckt.

Georg Heym (1887—1912):
Als „Priester des Schreckens" bringt Heym in seiner Lyrik die Dämonie der Großstadt (*Der Gott der Stadt*, 1911) und die Schrecken des Krieges (*Der Krieg*, 1911) hevor.

Georg Kaiser (1878—1945):
Die bevorzugten Themen des Dramatikers sind der neue Mensch und dessen Opferbereitschaft. Das Drama *Die Bürger von Calais* (1914) hat seinen Ruhm begründet.

Franz Kafka (Österreich, 1883—1924):
Der Vater-Sohn-Konflikt, ein beliebtes Motiv der Expressionisten, kommt mehrmals in Kafkas Werken vor. Kontaktlosigkeit (*Die Verwandlung*, 1915), unbegreifbare Schuld (*Das Urteil*, 1913), geheimnisvolle Mächte (*Das Schloss*, 1922/1926) und Isolation (*Der Hungerkünstler*, 1924) sind wiederkehrende Themen.

Heinrich Mann (1871—1950):
Im Roman *Professor Unrat* (1905) bietet der Autor die Karikatur eines von Pflichteifer durchdrungenen Gymnasiallehrers, der von einer lebensfrohen Tänzerin bezaubert ist. Sein bekanntester Roman ist *Der Untertan* (1918), eine scharfe Satire der wilhelminischen Untertanenmentalität.

Georg Trakl (Österreich, 1887—1914):
Herbst, Nacht und Tod sind stets wiederholte Motive in Trakels Gedichten (*Der Herbst des Einsamen*, 1920).

11.2 Ausgewählte Texte

· **Georg Trakl:** *Verfall* (1913)

格奥尔格·特拉克尔：《没落》

> **Lesehinweis:** Dieses Sonett besteht aus zwei Quartetten und zwei Terzetten, welche inhaltlich in Opposition zueinander stehen. Das Reimschema der Quartette ist ein umarmender Reim und das der Terzette ein Kreuzreim. In den Quartetten schildert der Dichter die im Herbst nach Süden ziehenden Vögel und das durch Gärten spazierende lyrische Ich. Das lyrische Ich träumt sich mit den Vögeln hinwegzufliegen. In den Terzetten aber wird es zurück in die Realität geholt. Das Ich kann wie die Amsel dem Verfall nicht entfliehen.

Am Abend, wenn die Glocken Frieden läuten,
Folg ich der Vögel wundervollen Flügen,
Die lang geschart, gleich frommen Pilgerzügen[1],
Entschwinden in den herbstlich klaren Weiten.

Hinwandelnd durch den dämmervollen Garten
Träum ich nach ihren helleren Geschicken
Und fühl der Stunden Weiser[2] kaum mehr rücken.
So folg ich über Wolken ihren Fahrten.

Da macht ein Hauch mich von Verfall erzittern[3].
Die Amsel[4] klagt in den entlaubten[5] Zweigen.
Es schwankt[6] der rote Wein an rostigen Gittern,

Indes wie blasser Kinder Todesreigen[7]
Um dunkle Brunnenränder, die verwittern,
Im Wind sich fröstelnd[8] blaue Astern neigen.

1. der Pilgerzug: 朝圣者的队伍。
2. der Stunden Weiser: (钟表)指针。
3. erzittern: 战栗，发抖。
4. die Amsel: 乌鸦。
5. entlaubt: 掉了叶子的。
6. schwanken: 摇摆。
7. der Todesreigen: 死亡轮舞。
8. frösteln: （因冷而）颤抖。

Aufgaben:

1. Worauf weist der Satz „So folg ich über Wolken ihren Fahrten" hin?
2. Wie wird der Vergleich der blauen Astern mit dem Todesreigen der blassen Kinder verstanden?
3. Worauf deuten „die entlaubten Zweige", „der rot Wein", „rosige Gitter", „dunkle Brunnenränder" und „blaue Astern" hin?
4. Welche Stilmittel werden im Gedicht verwendet?
5. Analysieren Sie die sprachlichen und inhaltlichen Widersprüche zwischen den Quartetten und den Terzetten.
6. Welche Stimmungen werden in diesem Sonett veranschaulicht?

· **Heinrich Mann: *Der Untertan* (1918)**

海因里希·曼：《臣仆》

> **Lesehinweis:** Der Roman gilt als einer der bedeutendsten satirischen Gesellschaftsromane der Zeit. Am Beispiel des Fabrikanten Diederich Heßling wird das Psychogramm des für die wilhelminische Zeit repräsentativen „autoritären Charakters" aufgedeckt. Dieser sollte in der Weimarer Zeit weiter bestehen und der Akzeptanz der neuen Demokratie erheblichen Schaden zufügen. Diederich Heßling wird als Untertan nach oben zugleich Unterdrücker nach unten geschildert. Der folgende Romanauszug setzt nach der Hochzeit Diederichs mit Guste an. Da sich die Hochzeitsreise nach Italien mit einem Staatsbesuch Wilhelms II. überschneidet, setzt Diederich alles daran, das Besuchsprogramm des deutschen Kaisers auf jedem Schritt zu begleiten.

[...]

Da kam man an – aber ganz anders, als die Gatten es erträumt hatten. In größter Verwirrung wurden die Reisenden von Beamten aus dem Bahnhof gedrängt, bis an den Rand eines weiten Platzes und in die Straßen dahinter, die sofort wieder abgesperrt wurden. Aber

Diederich, in entfesselter[1] Begeisterung, durchbrach die Schranken. Guste, die entsetzt die Arme reckte, ließ er mit allem Handgepäck dastehen und stürzte drauflos. Schon war er inmitten des Platzes; zwei Soldaten mit Federhüten jagten ihm nach, dass ihre bunten Frackschöße[2] flogen. Da schritten die Bahnhofsrampe mehrere Herren herab und alsbald fuhr ein Wagen auf Diederich zu. Diederich schwenkte den Hut, er brüllte auf, dass die Herren im Wagen ihr Gespräch unterbrachen. Der rechts neigte sich vor – und sie sahen einander an, Diederich und sein Kaiser. Der Kaiser lächelte kalt prüfend mit den Augenfalten, und die Falten am Mund ließ er ein wenig herab. Diederich lief ein Stück mit, die Augen weit aufgerissen[3], immer schreiend und den Hut schwenkend, und einige Sekunden waren sie, indes ringsum dahinten eine fremde Menge ihnen Beifall klatschte, in der Mitte des leeren Platzes und unter einem knallblauen Himmel ganz miteinander allein, der Kaiser und sein Untertan. [...]

[Am nächsten Morgen mietete sich Diederich eine Droschke[4]. Er hetzt den Kutscher von einem Ort zum nächsten, um stets vor dem Kaiser dort einzutreffen und die Zuschauer zu animieren[5], mit ihm „Es lebe der Kaiser!" zu schreien.]

Die Sonne stieg hoch und höher; vor den brennenden Marmorquadern der Fassaden, hinter denen sein Kaiser weltumspannende Unterredungen pflog, litt Diederich, ohne zu wanken, Hitze und Durst. So stramm[6] er sich hielt, war es ihm doch, als sinke sein Bauch unter der Last des Mittags bis auf das Pflaster herab und als schmelze ihm auf der Brust sein Kronenorden vierter Klasse[7]... Der Kutscher, der immer häufiger die nächste Kneipe betrat, empfand endlich Bewunderung für das heldenhafte Pflichtgefühl des Deutschen und brachte ihm Wein mit. Neues Feuer in den Adern, machten sich beide an das nächste Rennen. Denn die kaiserlichen Renner liefen scharf; um ihnen vorauszukommen, musste man Gassen durchjagen, die aus sahen wie Kanäle und deren spärliche Passanten sich schreckensvoll gegen die Mauern drückten; oder es hieß aussteigen und Hals über Kopf eine Treppe nehmen. Dann aber stand Diederich pünktlich an der Spitze seines Häufleins, sah die siebente Uniform aussteigen so und schrie. Und dann wandte der Kaiser den Kopf und lächelte. Er erkannte ihn wieder, seinen Untertan!
[...]

1. entfesselt: 爆发的，释放的。
2. der Frackschoß:（燕尾服背后的）燕尾。
3. die Augen weit aufreißen: 瞪大眼睛。
4. die Droschke: 出租的马车。
5. animieren: 鼓动，激励。
6. stramm: 挺直的。
7. sein Kronenorden vierter Klasse: 他的四级王冠勋章。

Aufgaben:
1. Beschreiben und kommentieren Sie Heßlings Verhalten während des Staatsbesuchs.
2. Informieren Sie sich über den sozial psychologischen Begriff des „autoritären Charakters". Zeigen Sie auf, inwiefern Heßling diesem Charaktertyp entspricht.
3. Heinrich Mann erzählt mit ironischer Distanz die Lebensgeschichte seiner Hauptfigur. Wie konkretisiert sich diese Erzählweise im Textauszug?
4. Diskutieren Sie, warum der Roman zu Beginn der Weimarer Republik einen großen Erfolg hat.

· **Franz Kafka: „Vor dem Gesetz"** (*Der Prozess*, **1914**)

弗兰茨·卡夫卡：《在法的门前》

> **Lesehinweis:** Im neuten Kapitel in Kafkas Roman *Der Prozess* führen der Protagonist Josef K. und der Gefängnisgeistliche ein Deutungsgespräch über die Parabel „Vor dem Gesetz". Das Gespräch endet mit der Bemerkung: „Richtiges Auffassen einer Sache und Missverstehen der gleichen Sache schließen einander nicht vollständig aus." Ein Mann vom Lande versucht, in das „Gesetz" zu gelangen. Er erfährt von einem Türhüter, dass es möglich sei, aber nicht zum gegenwärtigen Zeitpunkt. Er wartet sein ganzes Leben lang darauf, dass er ins „Gesetz" eintreten darf. Aber alle seiner Versuche sind vergeblich. Kurz vor seinem Tod wird ihm vom Türhüter mitgeteilt, dieser Eingang sei nur für ihn bestimmt gewesen.

Vor dem Gesetz steht ein Türhüter. Zu diesem Türhüter kommt ein Mann vom Lande und bittet um Eintritt in das Gesetz. Aber der Türhüter sagt, dass er ihm jetzt den Eintritt nicht gewähren könne. Der Mann überlegt und fragt dann, ob er also später werde eintreten dürfen. „Es ist möglich", sagt der Türhüter, „jetzt aber nicht." Da das Tor zum Gesetz offensteht wie immer und der Türhüter beiseite tritt, bückt sich der Mann, um durch das Tor in das Innere zu sehn. Als der Türhüter das merkt, lacht er und sagt: „Wenn es dich so lockt, versuche es doch, trotz meines Verbotes hineinzugehn. Merke aber: Ich bin mächtig. Und ich bin nur der unterste Türhüter. Von Saal zu Saal stehn aber Türhüter, einer mächtiger als der andere. Schon den Anblick des dritten kann nicht einmal ich mehr ertragen." Solche Schwierigkeiten hat der Mann vom Lande nicht erwartet; das Gesetz soll doch jedem und immer zugänglich sein, denkt er, aber als er jetzt den Türhüter in seinem Pelzmantel genauer ansieht, seine große Spitznase, den langen, dünnen, schwarzen tatarischen[1] Bart, entschließt er sich, doch lieber zu warten, bis er die Erlaubnis zum Eintritt bekommt. Der Türhüter gibt ihm einen Schemel[2] und lässt ihn seitwärts von der Tür sich niedersetzen. Dort sitzt er Tage und Jahre. Er macht viele Versuche, eingelassen zu werden, und ermüdet den Türhüter durch seine Bitten. Der Türhüter stellt öfters kleine Verhöre mit ihm an, fragt ihn über seine Heimat aus und nach vielem andern, es sind aber teilnahmslose Fragen, wie sie große Herren stellen, und zum Schlusse sagt er ihm immer wieder, dass er ihn noch nicht einlassen könne. Der Mann, der sich für seine Reise mit vielem ausgerüstet hat, verwendet alles, und sei es noch so wertvoll, um den Türhüter zu bestechen. Dieser nimmt zwar alles an, aber sagt dabei: „Ich nehme es nur an, damit du nicht glaubst, etwas versäumt zu haben." Während der vielen Jahre beobachtet der Mann den Türhüter fast ununterbrochen. Er vergisst die andern Türhüter, und dieser erste scheint ihm das einzige Hindernis für den Eintritt in das Gesetz. Er verflucht den unglücklichen Zufall, in den ersten Jahren rücksichtslos und laut, später, als er alt wird, brummt er nur noch vor sich hin[3]. Er wird kindisch, und, da er in dem jahrelangen Studium des Türhüters auch die Flöhe in seinem Pelzkragen erkannt hat, bittet er auch die Flöhe, ihm zu helfen und den Türhüter umzustimmen[4]. Schließlich wird sein Augenlicht schwach, und er weiß nicht, ob es um ihn wirklich dunkler wird, oder ob ihn nur seine Augen täuschen. Wohl aber erkennt er jetzt im Dunkel einen Glanz, der unverlöschlich aus der Türe des Gesetzes bricht. Nun lebt er nicht mehr lange. Vor seinem Tode sammeln sich in seinem Kopfe alle Erfahrungen der ganzen Zeit zu einer Frage, die er bisher an den Türhüter noch nicht gestellt hat. Er winkt ihm zu, da er seinen erstarrenden Körper nicht mehr aufrichten kann. Der Türhüter muss sich tief zu ihm hinunterneigen, denn der Größenunterschied hat sich sehr zuungunsten des Mannes verändert. „Was willst du denn jetzt noch wissen?" fragt der Türhüter, „du bist unersättlich." „Alle streben doch nach dem Gesetz", sagt der Mann, „wieso kommt es, dass in den vielen Jahren niemand außer mir Einlass verlangt hat?" Der Türhüter erkennt, dass der Mann schon an seinem Ende ist, und, um sein vergehendes Gehör[5] noch zu erreichen, brüllt er ihn an: „Hier konnte niemand sonst Einlass erhalten, denn dieser Eingang war nur für dich bestimmt. Ich gehe jetzt und schließe ihn."

1. tatarisch: 鞑靼人的。
2. der Schemel: 小板凳。
3. brummt er nur noch vor sich hin: 他只能自己咕哝几句。
4. den Türhüter umzustimmen: 说服守门人改变主意。
5. sein vergehendes Gehör: 他的渐渐衰弱的听觉。

Aufgaben:

1. Beschreiben Sie das Thema des Textes vor dem Hintergrund des Titels „Vor dem Gesetz".
2. Wie ist das Verhalten des Mannes vom Lande zu beurteilen?
3. Wie ist das Verhalten des Türhüters zu bewerten?
4. Die Geschichte ist eine Parabel, in der Bildteil (Gesagtes) und Sachteil (Gemeintes) aufeinander bezogen ist. Erläutern Sie die Parabelstruktur und die Funktion des Sachteils.

· **Franz Kafka: *Das Urteil* (1913)**

弗兰茨·卡夫卡：《判决》

> **Lesehinweis:** *Das Urteil* ist wohl das am häufigsten interpretierte Werk Kafkas. Ein erfolgreicher Kaufmannssohn Georg Bendemann, schreibt einen Brief an seinen – aus seiner Sicht – glücklosen Freund in Russland. Damit das Verhältnis nicht von Neid und Missgunst belastet wird, verschweigt Georg in seinen Briefen viel von seinem eigenen erfolgreichen Leben. Doch auf Drängen seiner Verlobten entschließt er sich, den Freund über beruflichen Erfolg und das private Glück umfassend zu informieren. Ferner in die Handlung eingebunden ist Georgs kränkelnder Vater, der angeblich schon lange mit dem Petersburger Freund in Kontakt steht. Zwischen Vater und Sohn entbrennt schließlich ein Streit. Georg wird vom Vater vorgeworfen, die Leitung des Geschäftes an sich gerissen und eine nicht ehrenhafte Verlobte gewählt zu haben. Am Ende verurteilt der Vater seinen eigenen Sohn zum Tod durch Ertrinken.

Eine Geschichte von Franz Kafka
für Fräulein Felice B.

Es war an einem Sonntagvormittag im schönsten Frühjahr. Georg Bendemann, ein junger Kaufmann, saß in seinem Privatzimmer im ersten Stock eines der niedrigen, leichtgebauten Häuser, die entlang des Flusses in einer langen Reihe, fast nur in der Höhe und Färbung unterschieden, sich hinzogen. Er hatte gerade einen Brief an einen sich im Ausland befindenden Jugendfreund beendet, verschloß ihn in spielerischer Langsamkeit und sah dann, den Ellbogen auf den Schreibtisch gestützt, aus dem Fenster auf den Fluss, die Brücke und die Anhöhen am anderen Ufer mit ihrem schwachen Grün.

Er dachte darüber nach, wie dieser Freund, mit seinem Fortkommen zu Hause unzufrieden, vor Jahren schon nach Russland sich förmlich geflüchtet hatte. Nun betrieb er ein Geschäft in Petersburg, das anfangs sich sehr gut angelassen hatte, seit langem aber schon zu stocken schien, wie der Freund bei seinen immer seltener werdenden Besuchen klagte. So arbeitete er sich in der Fremde nutzlos ab, der fremdartige Vollbart verdeckte nur schlecht das seit den Kinderjahren wohlbekannte Gesicht, dessen gelbe Hautfarbe auf eine sich entwickelnde Krankheit hinzudeuten schien. Wie er erzählte, hatte er keine rechte Verbindung mit der dortigen Kolonie seiner Landsleute, aber auch fast keinen gesellschaftlichen Verkehr mit einheimischen Familien und richtete sich so für ein endgültiges Junggesellentum ein.

Was sollte man einem solchen Manne schreiben, der sich offenbar verrannt[1] hatte, den man bedauern, dem man aber nicht helfen konnte. Sollte man ihm vielleicht raten, wieder nach Hause zu kommen, seine Existenz hierher zu verlegen, alle die alten freundschaftlichen

Beziehungen wieder aufzunehmen – wofür ja kein Hindernis bestand – und im übrigen auf die Hilfe der Freunde zu vertrauen? Das bedeutete aber nichts anderes, als dass man ihm gleichzeitig, je schonender, desto kränkender[2], sagte, dass seine bisherigen Versuche misslungen seien, dass er endlich von ihnen ablassen solle, dass er zurückkehren und sich als ein für immer Zurückgekehrter von allen mit großen Augen anstaunen lassen müsse, dass nur seine Freunde etwas verstünden und dass er ein altes Kind sei, das den erfolgreichen, zu Hause gebliebenen Freunden einfach zu folgen habe. Und war es dann noch sicher, dass alle die Plage[3], die man ihm antun müsste, einen Zweck hätte? Vielleicht gelang es nicht einmal, ihn überhaupt nach Hause zu bringen – er sagte ja selbst, dass er die Verhältnisse in der Heimat nicht mehr verstünde – und so bliebe er dann trotz allem in seiner Fremde, verbittert durch die Ratschläge und den Freunden noch ein Stück mehr entfremdet. Folgte er aber wirklich dem Rat und würde hier – natürlich nicht mit Absicht, aber durch die Tatsachen – niedergedrückt, fände sich nicht in seinen Freunden und nicht ohne sie zurecht, litte an Beschämung[4], hätte jetzt wirklich keine Heimat und keine Freunde mehr, war es da nicht viel besser für ihn, er blieb in der Fremde, so wie er war? Konnte man denn bei solchen Umständen daran denken, dass er es hier tatsächlich vorwärts bringen würde?

Aus diesen Gründen konnte man ihm, wenn man noch überhaupt die briefliche Verbindung aufrecht erhalten wollte, keine eigentlichen Mitteilungen machen, wie man sie ohne Scheu auch den entferntesten Bekannten machen würde. Der Freund war nun schon über drei Jahre nicht in der Heimat gewesen und erklärte dies sehr notdürftig mit der Unsicherheit der politischen Verhältnisse in Russland, die demnach also auch die kürzeste Abwesenheit eines kleinen Geschäftsmannes nicht zuließen, während hunderttausende Russen ruhig in der Welt herumfuhren. Im Laufe dieser drei Jahre hatte sich aber gerade für Georg vieles verändert. Von dem Todesfall von Georgs Mutter, der vor etwa zwei Jahren erfolgt war und seit welchem Georg mit seinem alten Vater in gemeinsamer Wirtschaft lebte, hatte der Freund wohl noch erfahren und sein Beileid in einem Brief mit einer Trockenheit ausgedrückt, die ihren Grund nur darin haben konnte, dass die Trauer über ein solches Ereignis in der Fremde ganz unvorstellbar wird. Nun hatte aber Georg seit jener Zeit, so wie alles andere, auch sein Geschäft mit größerer Entschlossenheit angepackt.[5] Vielleicht hatte ihn der Vater bei Lebzeiten der Mutter dadurch, dass er im Geschäft nur seine Ansicht gelten lassen wollte, an einer wirklichen eigenen Tätigkeit gehindert, vielleicht war der Vater seit dem Tode der Mutter, trotzdem er noch immer im Geschäfte arbeitete, zurückhaltender geworden, vielleicht spielten – was sogar sehr wahrscheinlich war – glückliche Zufälle eine weit wichtigere Rolle, jedenfalls aber hatte sich das Geschäft in diesen zwei Jahren ganz unerwartet entwickelt, das Personal hatte man verdoppeln müssen, der Umsatz hatte sich verfünffacht, ein weiterer Fortschritt stand zweifellos bevor.

Der Freund aber hatte keine Ahnung von dieser Veränderung. Früher, zum letztenmal vielleicht in jenem Beileidsbrief, hatte er Georg zur Auswanderung nach Russland überreden wollen und sich über die Aussichten verbreitet, die gerade für Georgs Geschäftszweig in

Petersburg bestanden. Die Ziffern waren verschwindend gegenüber dem Umfang, den Georgs Geschäft jetzt angenommen hatte.[6] Georg aber hatte keine Lust gehabt, dem Freund von seinen geschäftlichen Erfolgen zu schreiben, und hätte er es jetzt nachträglich getan, es hätte wirklich einen merkwürdigen Anschein gehabt.

So beschränkte sich Georg darauf, dem Freund immer nur über bedeutungslose Vorfälle zu schreiben, wie sie sich, wenn man an einem ruhigen Sonntag nachdenkt, in der Erinnerung ungeordnet aufhäufen. Er wollte nichts anderes, als die Vorstellung ungestört lassen, die sich der Freund von der Heimatstadt in der langen Zwischenzeit wohl gemacht und mit welcher er sich abgefunden hatte. So geschah es Georg, dass er dem Freund die Verlobung eines gleichgültigen Menschen mit einem ebenso gleichgültigen Mädchen dreimal in ziemlich weit auseinanderliegenden Briefen anzeigte, bis sich dann allerdings der Freund, ganz gegen Georgs Absicht, für diese Merkwürdigkeit zu interessieren begann.

[...]

1. sich verrennen: 误入歧途。
2. je schonender, desto kränkender:（话说得）越委婉，越容易伤害（他）。
3. die Plage: 痛苦。
4. die Beschämung: 丢脸，蒙羞。
5. auch sein Geschäft ... angepackt: 更果断地处理生意往来。
6. Die Ziffern... hatte: 与格奥尔格商行的现行规模相比，这个数目简直微不足道。

Aufgaben:

1. In welchem Verhältnis steht Georg zu seimem Freund in Petersburg?
2. Der Freund ist schemenhaft und tritt nur indirekt und namenlos auf. Wie ist diese Figur aufgebaut?
3. Auf welche Erzählweise schafft es der Autor, die wesentlichen Gedankenvorgänge Georgs zum Ausdruck zu bringen?
4. Auf den Leser wirkt die Erzählung zunächst oftmals verwirrend oder irritierend. Informieren Sie sich darüber, ob Kafka eigene Erlebnisse und persönliche Erfahrungen darin verarbeitet hat.

12. NEUE SACHLICHKEIT UND EXILLITERATUR (1919—1945)
新实际主义和流亡文学

12.1 Epochenüberblick

Der Terminus „Neue Sachlichkeit" wurde zuerst als unsentimentale Darstellungsweise in der modernen Malerei verwendet. In der Zeit der Weimarer Republik kam die Tendenz einer allgemeinen „Versachlichung" auch beim literarischen Schaffen. Soziale Missstände sollten aufgedeckt und kritisiert werden, indem die Realität sachlich und nüchtern dargestellt wird, wie sie ist.

Die Politisierung der Literatur kam durch die Machtübernahme der Nationalsozialisten zu Ende. Viele Schriftsteller wurden so in die Emigration getrieben. Rund 1500 Autoren gingen ins Exil. Die meisten von ihnen schrieben im Ausland weiter und widmeten sich der Widerstandliteratur. Ihre Werke entstanden fortan im Exil (Ort der Verbannung) und werden daher als Exilliteratur bezeichnet.

· **Die politische Situation:**

Mit dem Versuch, Deutschland als demokratischen Staat zu organisieren, hatte die Weimarer Republik mit großen politischen, gesellschaftlichen und wirtschaftlichen Belastungen zu kämpfen. Die ökonomischen und psychosozialen Folgen der Niederlage im Ersten Weltkrieg hinderten eine Entwicklung und Konsolidierung des Staates. Die wirtschaftlichen Katastrophen von Inflation (1924) und Weltwirtschaftskrise (1929) verschärften die innenpolitische Situation. Die „Machtergreifung" Hitlers war in Wirklichkeit eine Machtübertragung: Am 30. Januar 1933 ernannte Reichspräsident Hindenburg Hitler zum Reichskanzler. Mit der Bücherverbrennung wurde alles, was nicht in das Weltbild der Nazis passte, vernichtet. Anfangs waren es Bücher, später die Menschen. Der Widerstand dagegen in der Bevölkerung war insgesamt recht gering. Andersdenkende und Gegner der NSDAP wurden verfolgt. Die Nürberggesetze (1935) bildeten die Grundlage für die systematische Judenverfolgung.

· Kulturelle Voraussetzungen:

In der Weimarer Republik wirkt der Expressionismus noch weiter. Einheitliche geistesgeschichtliche oder kulturelle Strömungen existieren nicht mehr. Der Pluralismus der Stile, der schon für die Literatur der Jahrhundertwende kennzeichnend war, hat sich fortgesetzt. Eine Tendenz hin zu einer „Neuen Sachlichkeit" ist deutlich zu erkennen.
Seit Hitlers Machtübernahme 1933 ist die Kontinuität der deutschen Kultur nachhaltig zerstört worden. So führte Nazis eine in Politik und Gesellschaft praktizierte Gleichschaltung auch im Kulturbereich durch. Autoren, die sich nicht fügten, erhielten Schreibverbot, wurden verfolgt, inhaftiert und ermordet. Philosophische Einflüsse gehen aus von der Existenzphilosophie Martin Heideggers (1889—1976), von Karl Jaspers (1883—1969) und von Sören Kierkegaard (1813—1855).

· Themen und Formen:

Die Vertreter der Neuen Sachlichkeit beachten vor allem den Gebrauchswert der Literatur. Sie soll klar verständlich und von gesellschaftlichem Nutzen sein. Es geht ihnen darum, die Strukturen und Mechanismen der hochkapitalisierten und urbanisierten Industriegesellschaft der Weimarer Republik zu hinterfragen. Die Künstler arbeiten gerne mit Montagetechniken und wenden den Reportagestil an. Es ist die Zeit der großen Gesellschaftsromane in aufklärerischer Absicht. Das Theater politisiert sich und will zur Veränderung aufrufen wie Bertolt Brechts „episches Theater". Die „Gebrauchslyrik" distanziert sich von der klassisch-romantischen Tradition der Lyrik.
Das gemeinsame Grundthema in der vielschichtigen Exilliteratur ist „Humanität". Die Autoren bezeichnen sich als Repräsentanten deutscher Kulturtradition und decken Diktatur und Krieg in ihren Werken auf. Im Romanbereich sind besonders Anna Seghers' *Das siebte Kreuz* und Lion Feuchtwangers *Exil* zu nennen. In der Lyrik nehmen Brecht und Becher u.a. Stellung. Viele Stücke Brechts wie *Mutter Courage* spiegeln die Zeitthematik wider. Es gibt auch andere bedeutende Werke, die nicht unmittelbar die politische Situation thematisieren, aber trotzdem als hervorragende Literatur gelten, so z.B. Thomas Manns Roman-Zyklus *Joseph und seine Brüder*.

· Autoren und Werke:

Alfred Döblin (1887—1957):
Sein bekanntestes Werk ist der Großstadtroman *Berlin Alexanderplatz* (1929). In neun Büchern und mit moderner Erzählweise beschreibt der Autor chronologisch das Leben des entlassenen Sträflings Franz Biberkopf.
Bertolt Brecht (1898—1956):
Berechts erste Stücke wie *Baal* (1919) sind noch im Zeichen des Expressionimus. Gesellschaftskritik, Anklage, Parodie und Satire finden sich in *Trommeln in der Nacht* (1922),

Die Dreigroschenoper (1928), *Aufstieg und Fall der Stadt Mahagonny* (1930) und *Die heilige Johanna der Schlachthöfe* (1930). In der Abisicht, die Gesellschaft zu verändern, entwickelt Brecht „das epische Theater", um die Zuschauer zu desillusionieren und zum rationalen Denken anzuregen. Brecht setzt seine Theorie durch in *Mutter Courage und ihre Kinder* (1941), im Parabelstück *Der gute Mensch von Sezuan* (1943) und im *Leben des Galilei* (1943).

Hermann Broch (Österreich, 1886—1951):
Durch die Trilogie *Die Schlafwandler* (1931/1932) und vor allem *Der Tod des Vergil* (1945) ist Broch bekannt geworden. Klage über den Verfall der Werte und Hoffnung auf eine neue mystisch geprägte Zeit setzen sich zu Grundthemen zusammen.

Hermann Hesse (1877—1962):
Die Novelle *Unterm Rad* (1906) trägt die autobiografischen Einzelheiten des Schultraumas. *Siddhartha* (1922) zeigt das Verlangen nach stillem Glück und der Harmonie mit der Natur. In *Der Steppenwolf* (1927) ist Harry Haller ein innen gespaltener Außenseiter in der bürgerlichen Gesellschaft. Den Gegensatz von sinnlichem und geistigem Leben gestaltet Hesse in *Narziß und Goldmund* (1930). Hesses Hauptwerk ist der Erziehungsroman *Das Glasperlenspiel* (1943).

Thomas Mann (1875—1955):
Sein Erstlingsroman *Buddenbrooks* (1901) schildert den Untergang des alten Bürgertums, dessen Welt von der aufsteigenden Bourgeoisie abgelöst wird. Damit verschärft sich der Widerspruch von Bürgertum und Künstlertum, der immer wieder in seinen späteren Werken vorkommt. Die Novelle *Der Tod in Venedig* (1913) greift das Thcma über die Stellung des Künstlers in der Spannung zwischen Form und Chaos auf. In seinem Roman *Der Zauberberg* (1924) entfaltet Thomas Mann ein Panorama des morbiden europäischen Großbürgertums am Vorabend des Ersten Weltkriegs. Die Tetralogie *Joseph und seine Brüder* (1933—1943) vereinbart Mythos und Humanität und verweist auf den Weg des Menschen in die humane Zukunft. Der Roman *Lotte in Weimar* (1939) erbringt ein neues Goethebild seiner Zeit. Eine Abrechnung mit dem Nationalsozialismus wird *Doktor Faustus. Das Leben des deutschen Tonsetzers Adrian Leverkühn, erzählt von einem Freunde* (1947).

Robert Musil (Österreich, 1880—1942):
1906 erschien sein autobiografisch gefärbter Schulroman *Die Verwirrungen des Zöglings Törleß*. Der fragmentarische Roman *Der Mann ohne Eigenschaften* (1930—1943) ist ein Schlüsselwerk der Zeit.

12.2 Ausgewählte Texte

· **Alfred Döblin:** *Berlin Alexanderplatz* (1929)

阿尔弗雷德·德布林：《柏林亚历山大广场》

> **Lesehinweis:** Der Roman gilt als einer der wichtigsten Romane der literarischen Moderne. Der übermächtige, bedrohliche und chaotische Charakter der Großstadt lässt sich deutlich dokumentieren, indem poetische Verfahrensweisen zum neuen Verständnis von Literatur und Erzähltechnik verwendet werden. Döblin erzählt die Geschichte des Lohnarbeiters Franz Biberkopf, der nach einer Gefängnisstrafe ein „anständiger Mensch" werden will. Das Scheitern von Franz Biberkopf im verwirrenden Bild der Großstadt ist ein exemplarisches Beispiel für die Großstadterfahrung der modernen Menschen. Durch Montagetechnik, inneren Monolog, Bewusstseinsstrom und erlebte Rede ist die Geschichte des Antihelden Biberkopf vergegenwärtigt und wirkt noch überzeugender.

Mit der 41 in die Stadt[1]

Er stand vor dem Tor des Tegeler Gefängnisses und war frei. Gestern hatte er noch hinten auf den Äckern Kartoffeln geharkt mit den andern, in Sträflingskleidung, jetzt ging er im gelben Sommermantel, sie harkten hinten, er war frei. Er ließ Elektrische auf Elektrische vorbeifahren, drückte den Rücken an die rote Mauer und ging nicht. Der Aufseher am Tor spazierte einige Male an ihm vorbei, zeigte ihm seine Bahn, er ging nicht. Der schreckliche Augenblick war gekommen [schrecklich, Franze, warum schrecklich?], die vier Jahre waren um. Die schwarzen eisernen Torflügel, die er seit einem Jahre mit wachsendem Widerwillen betrachtet hatte [Widerwillen, warum Widerwillen], waren hinter ihm geschlossen. Man setzte ihn wieder aus. Drin saßen die andern, tischlerten, lackierten, sortierten, klebten, hatten noch zwei Jahre, fünf Jahre. Er stand an der Haltestelle.
Die Strafe beginnt.
Er schüttelte sich, schluckte. Er trat sich auf den Fuß. Dann nahm er einen Anlauf und saß in der Elektrischen. Mitten unter den Leuten. Los. Das war zuerst, als wenn man beim Zahnarzt sitzt, der eine Wurzel mit der Zange gepackt hat[2] und zieht, der Schmerz wächst, der Kopf will platzen. Er drehte den Kopf zurück nach der roten Mauer, aber die Elektrische sauste mit ihm auf den Schienen weg, dann stand nur noch sein Kopf in der Richtung des Gefängnisses. Der Wagen machte eine Biegung, Bäume, Häuser traten dazwischen. Lebhafte Straßen tauchten auf, die Seestraße, Leute stiegen ein und aus. In ihm schrie es entsetzt: Achtung, Achtung, es geht los. Seine Nasenspitze vereiste, über seine Backe schwirrte es. „Zwölf Uhr Mittagszeitung", „B. Z."[3], „Die neuste Illustrierte", „Die Funkstunde neu", „Noch jemand zugestiegen?" Die Schupos[4] haben jetzt blaue Uniformen. Er stieg unbeachtet wieder aus dem Wagen, war

unter Menschen. Was war denn? Nichts. Haltung, ausgehungertes Schwein, reiß dich zusammen, kriegst meine Faust zu riechen. Gewimmel[5], welch Gewimmel. Wie sich das bewegte. Mein Brägen hat wohl kein Schmalz mehr, der ist wohl ganz ausgetrocknet. Was war das alles. Schuhgeschäfte, Hutgeschäfte, Glühlampen, Destillen[6]. Die Menschen müssen doch Schuhe haben, wenn sie so viel rumlaufen, wir hatten ja auch eine Schusterei, wollen das mal festhalten. Hundert blanke Scheiben, lass die doch blitzern, die werden dir doch nicht bange[7] machen, kannst sie ja kaputt schlagen, was ist denn mit die, sind eben blankgeputzt. Man riss das Pflaster am Rosenthaler Platz auf, er ging zwischen den andern auf Holzbohlen. Man mischt sich unter die andern, da vergeht alles, dann merkst du nichts, Kerl. Figuren standen in den Schaufenstern in Anzügen, Mänteln, mit Röcken, mit Strümpfen und Schuhen. Draußen bewegte sich alles, aber – dahinter – war nichts! Es – lebte – nicht! Es hatte fröhliche Gesichter, es lachte, wartete auf der Schutzinsel gegenüber Aschinger zu zweit oder zu dritt, rauchte Zigaretten, blätterte in Zeitungen. So stand das da wie die Laternen – und – wurde immer starrer. Sie gehörten zusammen mit den Häusern, alles weiß, alles Holz. Schreck fuhr in ihn, als er die Rosenthaler Straße herunterging und in einer kleinen Kneipe ein Mann und eine Frau dicht am Fenster saßen: die gossen sich Bier aus Seideln in den Hals, ja was war dabei, sie tranken eben, sie hatten Gabeln und stachen sich damit Fleischstücke in den Mund, dann zogen sie die Gabeln wieder heraus und bluteten nicht. Oh, krampfte sich sein Leib zusammen[8], ich kriege es nicht weg, wo soll ich hin? Es antwortete: Die Strafe.

Er konnte nicht zurück, er war mit der Elektrischen so weit hierher gefahren, er war aus dem Gefängnis entlassen und musste hier hinein, noch tiefer hinein.

Das weiß ich, seufzte er in sich, dass ich hier rin muss und dass ich aus dem Gefängnis entlassen bin. Sie mussten mich ja entlassen, die Strafe war um, hat seine Ordnung, der Bürokrat tut seine Pflicht. Ich geh auch rin, aber ich möchte nicht, mein Gott, ich kann nicht. Er wanderte die Rosenthaler Straße am Warenhaus Wertheim vorbei, nach rechts bog er ein in die schmale Sophienstraße. Er dachte, diese Straße ist dunkler, wo es dunkel ist, wird es besser sein. Die Gefangenen werden in Einzelhaft, Zellenhaft und Gemeinschaftshaft untergebracht. Bei Einzelhaft wird der Gefangene bei Tag und Nacht unausgesetzt[9] von andern Gefangenen gesondert gehalten. Bei Zellenhaft wird der Gefangene in einer Zelle untergebracht, jedoch bei Bewegung im Freien, beim Unterricht, Gottesdienst mit andern zusammengebracht. Die Wagen tobten und klingelten weiter, es rann Häuserfront neben Häuserfront ohne Aufhören hin. Und Dächer waren auf den Häusern, die schwebten auf den Häusern, seine Augen irrten nach oben: wenn die Dächer nur nicht abrutschten, aber die Häuser standen grade. Wo soll ich armer Deibel[10] hin, er latschte an der Häuserwand lang, es nahm kein Ende damit. Ich bin ein ganz großer Dussel, man wird sich hier doch noch durchschlängeln können, fünf Minuten, zehn Minuten, dann trinkt man einen Kognak und setzt sich. Auf entsprechendes Glockenzeichen ist sofort mit der Arbeit zu beginnen. Sie darf nur unterbrochen werden in der zum Essen, Spaziergang, Unterricht bestimmten Zeit. Beim Spaziergang haben die Gefangenen die Arme ausgestreckt zu halten und sie vor- und rückwärts zu bewegen.

[...]

1. mit der 41 in die Stadt: 乘41路车进城。
2. eine Wurzel mit der Zange packen: 用钳子拔牙根。
3. B. Z.: Berliner Zeitung的缩写。
4. die Schupo: Schutzpolizei，保安警察。
5. das Gewimmel: 拥挤。
6. die Destille: 小酒店。
7. bange: 害怕的。
8. sich sein Leib zusammen krampfen: 身体抽搐起来。
9. unausgesetzt: 不间断地。
10. der Deibel: 魔鬼。

Aufgaben:

1. Geben Sie mit eigenen Worten wieder, worum es in dem Erzählausschnitt geht.
2. Gehen Sie auf die dargestellte Situation, die Schauplätze und ihre Atmosphäre, die Figur und das vermittelte Lebensgefühl ein.
3. Was verstehen Sie unter dem Satz „Die Strafe beginnt" ?
4. Beschreiben Sie die erzähltechnischen und sprachlichen Besonderheiten des Textausschnitts.

· **Thomas Mann:** *Der Zauberberg* **(1924)**

托马斯·曼：《魔山》

Lesehinweis: *Der Zauberberg* ist ein Zeitroman und zugleich ein Bildungsroman. Hans Castorp, ein junger Hamburger Patriziersohn, besucht seinen Vetter Joachim in einem Lungensanatorium in Davos. Schließlich verbringt er, der selbst zum Patienten wird, sieben Jahre auf dem „Zauberberg". Er ist erst durch den Ausbruch des Ersten Weltkiegs gezwungen, ins Feld (und man darf annehmen in den Tod) zu ziehen. Ein geistiges Panorama der europäischen Vorkriegszeit in zahlreichen Gesprächen zwischen den Protagonisten des Romans und Reflexionen des Erzählers wird skizziert. Verschiedene Personen versuchen mit ihren Denk- und Lebensformen auf Hans Castorp Einfluss zu gewinnen. All diese Figuren dienen Thomas Mann als Sprachrohr der Vielschichtigkeit des Zeitgeistes. Die einzige Bedrohung dieser makaberen Idylle stellt der Tod dar. Folgender Textauszug, der Romananfang, führt die Hauptperson Hans Castorp ein und schildert seine Ankunft in Davos.

Ein einfacher junger Mensch reiste im Hochsommer von Hamburg seiner Vaterstadt nach Davos-Platz im Graubündischen[1]. Er fuhr auf Besuch für drei Wochen. Von Hamburg bis dort hinauf, das ist aber eine weite Reise; zu weit eigentlich im Verhältnis zu einem so kurzen Aufenthalt. Es geht durch mehrerer Herren Länder[2], bergauf und bergab, von der süddeutschen Hochebene hinunter zum Gestade des Schwäbischen Meeres[3] und zu Schiff über seine springenden Wellen hin, dahin über Schlünde, die früher für unergründlich galten.

Von da an verzettelt sich[4] die Reise, die solange großzügig, in direkten Linien vonstatten ging. Es gibt Aufenthalte und Umständlichkeiten. Beim Orte Rorschach, auf schweizerischem Gebiet, vertraut man sich wieder der Eisenbahn, gelangt aber vorderhand nur bis Landquart, einer kleinen Alpenstation, wo man den Zug zu wechseln gezwungen ist. Es ist eine Schmalspurbahn, die man nach längerem Herumstehen in windiger und wenig reizvoller Gegend besteigt, und in dem Augenblick, wo die kleine, aber offenbar ungewöhnlich zugkräftige Maschine sich in Bewegung setzt, beginnt der eigentlich abenteuerliche Teil der Fahrt, ein jäher und zäher Aufstieg, der nicht enden zu wollen scheint. Denn Station Landquart liegt vergleichsweise noch in mäßiger Höhe; jetzt aber geht es auf wilder, drangvoller Felsenstraße allen Ernstes ins Hochgebirge.

Hans Castorp – dies der Name des jungen Mannes – befand sich allein mit seiner krokodilslederen Handtasche, einem Geschenk seines Onkels und Pflegevaters, Konsul[5] Tienappel, um auch diesen Namen hier gleich zu nennen –, seinem Wintermantel, der an einem Haken schaukelte, und seiner Plaidrolle[6] in einem kleinen grau gepolsterten Abteil; er saß bei niedergelassenem Fenster, und da der Nachmittag sich mehr und mehr verkühlte, so hatte er, Familiensöhnchen und Zärtling, den Kragen seines modisch weiten, auf Seide gearbeiteten Sommerüberziehers aufgeschlagen[7]. Neben ihm auf der Bank lag ein broschiertes Buch namens „Ocean steamships", worin er zu Anfang der Reise bisweilen studiert hatte; jetzt aber lag es vernachlässigt da, indes der hereinstreichende Atem der schwer keuchenden Lokomotive seinen Umschlag mit Kohlenpartikeln verunreinigte.

Zwei Reisetage entfernen den Menschen – und gar den jungen, im Leben noch wenig fest wurzelnden Menschen – seiner Alltagswelt, all dem, was er seine Pflichten, Interessen, Sorgen, Aussichten nannte, viel mehr, als er sich auf der Droschkenfahrt zum Bahnhof wohl träumen ließ. Der Raum, der sich drehend und fliehend zwischen ihn und seine Pflanzstätte wälzt, bewährt Kräfte, die man gewöhnlich der Zeit vorbehalten glaubt; von Stunde zu Stunde stellt er innere Veränderungen her, die den von ihr bewirkten sehr ähnlich sind, aber sie in gewisser Weise übertreffen. Gleich ihr erzeugt er Vergessen, er tut es aber, indem er die Person des Menschen aus ihren Beziehungen löst und ihn in einen freien und ursprünglichen Zustand versetzt, –, ja, selbst aus dem Pedanten und Pfahlbürger macht er im Handumdrehen etwas wie einen Vagabunden. Zeit, sagt man, ist Lethe[8]; aber auch Fernluft ist so ein Trank, und sollte sie weniger gründlich wirken, so tut sie es dafür desto rascher. [...]

Es war gegen acht Uhr, noch hielt sich der Tag. Ein See erschien in landschaftlicher Ferne, seine Flut war grau, und schwarz stiegen Fichtenwälder neben seinen Ufern an den um-

gebenden Höhen hinan, wurden dünn weiter oben, verloren sich und ließen nebelig-kahles Gestein zurück. Man hielt an einer kleinen Station, es war Davos-Dorf, wie Hans Castorp draußen ausrufen hörte, er würde nun binnen kurzem am Ziele sein. Und plötzlich vernahm er neben sich Joachim Ziemßens Stimme, seines Vetters gemächliche[9] Hamburger Stimme, die sagte: „Tag, du, nun steige nur aus"; und wie er hinaussah, stand unter seinem Fenster Joachim selbst auf dem Perron, in braunem Ulster, ganz ohne Kopfbedeckung und so gesund aussehend wie in seinem Leben noch nicht. Er lachte und sagte wieder:
„Komm nur heraus, du geniere dich nicht!"
„Ich bin aber noch nicht da", sagte Hans Castorp verdutzt und noch immer sitzend.
„Doch, du bist da. Dies ist das Dorf. Zum Sanatorium ist es näher von hier. Ich habe' nen Wagen mit. Gib mal deine Sachen her."
Und lachend, verwirrt, in der Aufregung der Ankunft und des Wiedersehens reichte Hans Castorp ihm Handtasche und Wintermantel, die Plaidrolle mit Stock und Schirm und schließlich auch „Ocean steamships" hinaus.
[...]

1. Davos-Platz im Graubündischen: 格劳宾迪申的达沃斯高地，位于瑞士的疗养胜地。
2. durch mehrerer Herren Länder: 途径几个国家的土地。
3. zum Gestade des Schwäbischen Meeres: 到达施瓦本海滨，这里指瑞士和德国之间的波顿湖。
4. sich verzetteln: 费周折。
5. der Konsul: 领事。
6. die Plaidrolle: 一卷旅行毯。
7. aufschlagen: 竖起，翻上。
8. die Lethe: 忘川，希腊神话中的阴间河名，如果喝了一口忘川的水，就会忘记往事。
9. gemächlich: 安逸从容的。

Aufgaben:

1. Wie wird das Aussehen von Hans Castorp zu Beginn des Romans dargestellt?
2. Hat Hans Castorp eine Vorstellung über die bevorstehende Reise?
3. Erklären Sie die Bedeutung dieses Abschnittes: „Zwei Reise Tage entfernen den Menschen [...] "
4. Analysieren Sie die Erzählweise und sprachliche Gestaltung des Textauszugs.
5. Formulieren Sie Ihren Leseeindruck. Wie wirkt der Textauszug auf Sie?

· Hermann Hesse: *Der Steppenwolf* (1927)

赫尔曼·黑塞：《荒原狼》

> **Lesehinweis:** Hesses Roman *Der Steppenwolf* stellt einen Menschen dar, der im Kontakt zwischen Künstlertum und bürgerlicher Welt eine gespaltene Existenz führt. Harry Haller empfindet sich als Tier und zugleich als Geisteswesen. Er leidet unter der Zerrissenheit einer geistlosen Zeit, die von Krieg, Umbruch und Orientierungslosigkeit geprägt ist. Seine menschliche, bürgerlich-angepasste Seite prallt gegen seine steppenwölfische, einsame, sozial- und kulturkritische Seite. Er sucht nach dem Weg der Erlösung. Schließlich erkennt er, dass der Mensch aus vielen Seelenteilen besteht und er das Leben mit Humor (oder sogar Galgenhumor) betrachten muss. Das Werk gliedert sich in drei Hauptteile: ein Vorwort des fiktiven Herausgebers und Harry Hallers Aufzeichnungen, sowie das „Traktat vom Steppenwolf", das Hallers Aufzeichnungen unterbricht. Der Auszug ist dem Teil des Romans „Harry Hallers Aufzeichnungen" entnommen.

Nur für Verrückte

[...]

Als ich zu Ende gelesen hatte, fiel mir ein, dass ich vor einigen Wochen einmal in der Nacht ein etwas sonderbares Gedicht aufgeschrieben hatte, das ebenfalls vom Steppenwolf handelte. Ich suchte danach im Papiergestöber meines vollgestopften Schreibtisches, fand es und las:

Ich Steppenwolf trabe und trabe,
Die Welt liegt voll Schnee,
Vom Birkenbaum flügelt der Rabe,
Aber nirgends ein Hase, nirgends ein Reh!
In die Rehe bin ich so verliebt,
Wenn ich doch eins fände!
Ich nähm's in die Zähne, in die Hände,
Das ist das Schönste, was es gibt.
Ich wäre der Holden[1] so von Herzen gut,
Fräße mich tief in ihre zärtlichen Keulen,
Tränke mich satt an ihrem hellroten Blut,
Um nachher die ganze Nacht einsam zu heulen.
Sogar mit einem Hasen wär ich zufrieden,
Süß schmeckt sein warmes Fleisch in der Nacht –
Ach, ist denn alles von mir geschieden,

Was das Leben ein bisschen fröhlicher macht?
An meinem Schwanz ist das Haar schon grau,
Auch kann ich nicht mehr ganz deutlich sehen,
Schon vor Jahren starb meine liebe Frau.
Und nun trab ich und träume von Rehen,
Trabe und träume von Hasen,
Höre den Wind in der Winternacht blasen,
Tränke mit Schnee meine brennende Kehle,
Trage dem Teufel zu meine arme Seele.

Da hatte ich nun zwei Bildnisse von mir in Händen, das eine ein Selbstbildnis in Knittelversen, traurig und angstvoll wie ich selbst, das andre kühl und mit dem Anschein hoher Objektivität gezeichnet, von einem Außenstehenden, von außen und von oben gesehen, geschrieben von einem, der mehr und doch auch weniger wusste als ich selbst. Und diese beiden Bildnisse zusammen, mein schwermütig stammelndes Gedicht und die kluge Studie von unbekannter Hand, taten mir beide weh, hatten beide recht, zeichneten beide ungeschminkt meine trostlose Existenz, zeigten beide deutlich die Unerträglichkeit und Unhaltbarkeit meines Zustandes. Dieser Steppenwolf musste sterben, er musste mit eigener Hand seinem verhassten Dasein ein Ende machen – oder er musste, geschmolzen im Todesfeuer einer erneuten Selbstschau[2], sich wandeln, seine Maske abreißen und eine neue Ichwerdung begehen. Ach, dieser Vorgang war mir nicht neu und unbekannt, ich kannte ihn, ich hatte ihn mehrmals schon erlebt, jedesmal in Zeiten der äußersten Verzweiflung. Jedesmal war bei diesem schwer aufwühlenden[3] Erlebnis mein jeweiliges Ich in Scherben zerbrochen, jedesmal hatten Mächte der Tiefe es aufgerüttelt und zerstört, jedesmal war dabei ein gehegtes und besonders geliebtes Stück meines Lebens mir untreu geworden und verlorengegangen. Das eine Mal hatte ich meinen bürgerlichen Ruf samt meinem Vermögen verloren und hatte lernen müssen, auf die Achtung derer zu verzichten, die bisher vor mir den Hut gezogen hatten. Das andre Mal war über Nacht mein Familienleben zusammengebrochen; meine geisteskrank gewordene Frau hatte mich aus Haus und Behagen vertrieben, Liebe und Vertrauen hatte sich plötzlich in Hass und tödlichen Kampf verwandelt, mitleidig und verächtlich blickten die Nachbarn mir nach. Damals hatte meine Vereinsamung ihren Anfang genommen. Und wieder um Jahre, um schwere bittere Jahre später, nachdem ich mir in strenger Einsamkeit und mühsamer Selbstzucht ein neues, asketisch-geistiges[4] Leben und Ideal gebaut und wieder eine gewisse Stille und Höhe des Lebens erreicht hatte, hingegeben an abstrakte Denkübung und an streng geregelte Meditation[5], da war auch diese Lebensgestaltung wieder zusammengebrochen und hatte ihren edlen hohen Sinn mit einemmal verloren; auf wilden anstrengenden Reisen riss es mich aufs neue durch die Welt, neue Leiden türmten sich und neue Schuld. Und jedesmal war dem Abreißen einer Maske, dem Zusammenbruch eines Ideals diese grausige Leere und Stille vorangegangen, diese tödliche Einschnürung, Vereinsamung und Beziehungslosigkeit, diese leere öde Hölle der Lieblosigkeit und Verzweiflung, wie ich sie auch jetzt wieder zu durchwandern hatte.

Bei jeder solchen Erschütterung meines Lebens hatte ich am Ende irgend etwas gewonnen, das war nicht zu leugnen, etwas an Freiheit, an Geist, an Tiefe, aber auch an Einsamkeit, an Unverstandensein, an Erkältung. Von der bürgerlichen Seite her gesehen war mein Leben, von jeder solchen Erschütterung zur andern, ein beständiger Abstieg, eine immer größere Entfernung vom Normalen, Erlaubten, Gesunden gewesen. Ich war im Lauf der Jahre berufslos, familienlos, heimatlos geworden, stand außerhalb aller sozialen Gruppen, allein, von niemand geliebt, von vielen beargwöhnt, in ständigem, bitterm Konflikt mit der öffentlichen Meinung und Moral, und wenn ich auch noch im bürgerlichen Rahmen lebte, war ich doch inmitten dieser Welt mit meinem ganzen Fühlen und Denken ein Fremder. Religion, Vaterland, Familie, Staat waren mir entwertet[6] und gingen mich nichts mehr an, die Wichtigtuerei[7] der Wissenschaft, der Zünfte, der Künste ekelte mich an; meine Anschauungen, mein Geschmack, mein ganzes Denken, mit dem ich einst als ein begabter und beliebter Mann geglänzt hatte, war jetzt verwahrlost und verwildert und den Leuten verdächtig. Mochte ich bei all meinen so schmerzlichen Wandlungen irgendetwas Unsichtbares und Unwägbares gewonnen haben – ich hatte es teuer bezahlen müssen, und von Mal zu Mal war mein Leben härter, schwieriger, einsamer, gefährdeter geworden. Wahrlich, ich hatte keinen Grund, eine Fortsetzung dieses Weges zu wünschen, der mich in immer dünnere Lüfte führte, jenem Rauche in Nietzsches Herbstlied gleich.

[...]

1. die Holde: 爱人，这里指鹿，兔。
2. die Selbstschau: 自我观察。
3. aufwühlend: 搅动的。
4. asketisch-geistig: 禁欲的，精神的。
5. die Meditation: 沉思，冥想。
6. entwertet: 贬值无用的。
7. die Wichtigtuerei: 装腔作势，故弄玄虚。

Aufgaben:

1. Deuten Sie die Metapher „der Steppenwolf" im Textzusammenhang.
2. Kommentieren Sie den inneren Zwiespalt des Protagonisten Harry Haller.
3. Wie lässt sich das eingestreute Gedicht interpretieren?
4. Wodurch sind der Stil und die Sprache gekennzeichnet?
5. Hallers Neurose wird als Neurose der Zeit bezeichnet. Beschreiben Sie diesen von Haller vertretenen Menschentyp.

· Bertolt Brecht: *Der gute Mensch von Sezuan* (1943)

贝托尔特·布莱希特：《四川好人》

> **Lesehinweis:** Dieses Parabelstück zeigt deutliche Züge des epischen Theaters: Die Handlung entwickelt sich sprunghaft in der Form des Stationentheaters. Im Epilog wird der Zuschauer direkt angesprochen. Die Schauspieler führen sich selbst als Rollenträger in die Handlung ein und schaffen damit eine Distanz zwischen Dramenhandlung und Rezeptionserwartung des Publikums. Um die desillusionierende Wirkung zu verstärken, fügt Brecht mehrere Lieder ein. Drei Götter wollen auf der Welt den guten Menschen finden. Die Prostituierte Shen Te ist dieser einzige gute Mensch. Sie kann nur gütig bleiben gegenüber ihrer Umwelt und anderen helfen, indem sie sich in den grausamen Vetter Shui Ta verwandelt. Es wird verdeutlicht, dass guter oder böser Charakter des Menschen nicht von der Natur gegeben ist, sondern vom sozialen Umfeld abhängt.

Vorspiel

Eine Straße in der Hauptstadt von Sezuan

Es ist Abend. Wang, der Wasserverkäufer, stellt sich dem Publikum vor.

WANG: Ich bin Wasserverkäufer hier in der Hauptstadt von Sezuan. Mein Geschäft ist mühselig. Wenn es wenig Wasser gibt, muss ich weit danach laufen. Und gibt es viel, bin ich ohne Verdienst. Aber in unserer Provinz herrscht überhaupt große Armut. Es heißt allgemein, dass uns nur noch die Götter helfen können. Zu meiner unaussprechlichen Freude erfahre ich von einem Viehverkäufer, der viel herumkommt, dass einige der höchsten Götter schon unterwegs sind und auch hier in Sezuan erwartet werden dürfen. Der Himmel soll sehr beunruhigt sein wegen der vielen Klagen, die zu ihm aufsteigen. Seit drei Tagen warte ich hier am Eingang der Stadt, besonders gegen Abend, damit ich sie als erster begrüßen kann. Später hätte ich ja dazu wohl kaum mehr Gelegenheit, sie werden von Hochgestellten umgeben sein und überhaupt stark überlaufen werden. Wenn ich sie nur erkenne! Sie müssen ja nicht zusammen kommen. Vielleicht kommen sie einzeln, damit sie nicht so auffallen. Die dort können es nicht sein, die kommen von der Arbeit. *Er betrachtet vorübergehende Arbeiter.*
Ihre Schultern sind ganz eingedrückt vom Lastentragen. Der dort ist auch ganz unmöglich ein Gott, er hat Tinte an den Fingern. Das ist höchstens ein Büroangestellter in einer Zementfabrik. Nicht einmal diese Herren dort – *zwei Herren gehen vorüber* – kommen mir wie Götter vor, sie haben einen brutalen Ausdruck wie Leute, die viel prügeln, und das haben die Götter nicht nötig. Aber dort, diese drei! Mit denen sieht es schon ganz anders aus. Sie sind wohlgenährt, weisen kein Zeichen irgendeiner Beschäftigung auf und haben Staub auf den Schuhen, kommen also von weit her. Das sind sie! Verfügt über mich, Erleuchtete!

Er wirft sich zu Boden.

DER ERSTE GOTT: *erfreut:* Werden wir hier erwartet?

WANG: *gibt ihnen zu trinken:* Seit langem. Aber nur ich wusste, dass ihr kommt.

DER ERSTE GOTT: Da benötigen wir also für heute Nacht ein Quartier[1]. Weißt du eines?

WANG: Eines? Unzählige! Die Stadt steht zu euren Diensten, o Erleuchtete! Wo wünscht ihr zu wohnen?

Die Götter sehen einander vielsagend an.

DER ERSTE GOTT: Nimm das nächste Haus, mein Sohn! Versuch es zunächst mit dem allernächsten!

WANG: Ich habe nur etwas Sorge, dass ich mir die Feindschaft der Mächtigen zuziehe, wenn ich einen von ihnen besonders bevorzuge.

DER ERSTE GOTT: Da befehlen wir dir eben: nimm den nächsten!

WANG: Das ist der Herr Fo dort drüben! Geduldet euch einen Augenblick! *Er läuft zu einem Haus und schlägt an die Tür. Sie wird geöffnet, aber man sieht, er wird abgewiesen. Er kommt zögernd zurück.*

WANG: Das ist dumm. Der Herr Fo ist gerade nicht zu Hause, und seine Dienerschaft wagt nichts ohne seinen Befehl zu tun, da er sehr streng ist. Er wird nicht wenig toben, wenn er erfährt, wen man ihm da abgewiesen[2] hat, wie?

DIE GÖTTER: *lächelnd:* Sicher.

WANG: Also noch einen Augenblick! Das Haus nebenan gehört der Witwe Su. Sie wird außer sich sein vor Freude. *Er läuft hin, wird aber anscheinend auch dort abgewiesen.*

WANG: Ich muss dort drüben nachfragen. Sie sagt, sie hat nur ein kleines Zimmerchen, das nicht instand gesetzt ist. Ich wende mich sofort an Herrn Tscheng.

DER ZWEITE GOTT: Aber ein kleines Zimmer genügt uns. Sag, wir kommen.

WANG: Auch wenn es nicht aufgeräumt ist? Vielleicht wimmelt es von Spinnen.

DER ZWEITE GOTT: Das macht nichts. Wo Spinnen sind, gibt's wenig Fliegen.

DER DRITTE GOTT: *freundlich zu Wang:* Geh zu Herrn Tscheng oder sonstwohin, mein Sohn, ich ekle mich vor Spinnen doch ein wenig.

Wang klopft wieder wo an und wird eingelassen.

STIMME AUS DEM HAUS: Verschone uns mit deinen Göttern[3]! Wir haben andere Sorgen! [...]

WANG: *schimpft ihm nach:* Du schieläugiger Schieber[4]! Hast du keine Gottesfurcht? Ihr werdet in siedendem Pech[5] braten für eure Gleichgültigkeit! Die Götter scheißen auf euch! Aber ihr werdet es noch bereuen! Bis ins vierte Glied werdet ihr daran abzuzahlen haben! Ihr habt ganz Sezuan mit Schmach[6] bedeckt! *Pause.* Jetzt bleibt nur noch die Prostituierte Shen Te, die kann nicht nein sagen. *Er ruft „ShenTe". Oben im Fenster schaut Shen Te heraus.*

WANG: Sie sind da, ich kann kein Obdach für sie finden. Kannst du sie nicht aufnehmen für eine Nacht?

SHEN TE: Ich glaube nicht, Wang. Ich erwarte einen Freier. Aber wie kann denn das sein, dass du für sie kein Obdach findest?!
WANG: Das kann ich jetzt nicht sagen. Ganz Sezuan ist ein einziger Dreckhaufen.
SHEN TE: Ich müsste, wenn er kommt, mich versteckt halten. Dann ginge er vielleicht wieder weg. Er will mich noch ausführen.
WANG: Können wir nicht inzwischen schon hinauf?
SHEN TE: Aber ihr dürft nicht laut reden. Kann man mit ihnen offen sprechen?
WANG: Nein! Sie dürfen von deinem Gewerbe nichts erfahren! Wir warten lieber unten. Aber du gehst nicht weg mit ihm?
SHEN TE: Es geht mir nicht gut, und wenn ich bis morgen früh meine Miete nicht zusammen habe, werde ich hinausgeworfen.
WANG: In solch einem Augenblick darf man nicht rechnen.
SHEN TE: Ich weiß nicht, der Magen knurrt leider auch, wenn der Kaiser Geburtstag hat. Aber gut, ich will sie aufnehmen. *Man sieht sie das Licht löschen.*
[...]

1. das Quartier: 住处。
2. abweisen: 拒绝。
3. Verschone uns mit deinen Göttern: 求你的那些神明宽恕我们吧。
4. Du schieläugiger Schieber: 斜眼的奸商。
5. in siedendem Pech: 在滚烫的沥青中。
6. die Schmach: 耻辱。

Aufgaben:
1. Das Drama spielt in der chinesischen Provinz Sezuan (Sichuan), ist jedoch nach einer ausdrücklichen Vorbemerkung Brechts als Parabel zu bezeichnen. Was wird hier damit gemeint?
2. Fassen Sie den Inhalt der Anfangsszene zusammen und beachten Sie die Gesprächssituation.
3. Suchen Sie Beispiele der Verfremdungstechniken und erläutern Sie deren Funktion im Zusammenhang der Szene bzw. des Stücks.
4. Informieren Sie sich über die ganze Geschichte und kommentieren Sie den Schluss des Dramas.

· **Stefan Zweig:** *Schachnovelle* (1942)

斯蒂芬·茨威格：《象棋的故事》

> **Lesehinweis:** Die besondere Faszination dieser Novelle liegt gerade darin: Zum einen ist die Handlung auf ein Minimum verdichtet, zum anderen spürt jeder Leser die politische Brisanz – die brutale Geistlosigkeit des Weltmeisters Czentovic steht symbolisch für den Faschismus und gegen den bürgerlichen Humanismus des Dr. B.. Der Ich-Erzähler schildert die Konfrontation der beiden genialen Schachspieler an Bord eines Passagierschiffes, das sich auf dem Weg von New York nach Buenos Aires befindet. In der Handlung spielt die „Schachvergiftung", die Dr. B. als Gefangener der Gestapo erlebt hat, eine wichtige Rolle. In der ersten Partie der beiden siegt Dr. B. souverän. Am Höhepunkt dieses zweiten Spiels verfällt Dr. B. wieder in jenes Nervenfieber und bricht das Spiel ab. Er verlässt den Spieltisch und will sich nie wieder im Schachspiel zu versuchen. Folgender Teil ist entnommen aus dem langen Gespräch zwischen dem Erzähler und Dr. B..

„[...]
Dann geriet ich unvermuteterweise[1] an einen toten Punkt. Plötzlich stand ich neuerdings vor dem Nichts. Denn sobald ich jede einzelne Partie zwanzig- oder dreißigmal durchgespielt hatte, verlor sie den Reiz der Neuheit, der Überraschung, ihre vordem so aufregende, so anregende Kraft war erschöpft. Welchen Sinn hatte es, nochmals und nochmals Partien zu wiederholen, die ich Zug um Zug längst auswendig kannte? Kaum ich die erste Eröffnung getan, klöppelte sich ihr Ablauf gleichsam automatisch in mir ab, es gab keine Überraschung mehr, keine Spannungen, keine Probleme. Um mich zu beschäftigen, um mir die schon unentbehrlich gewordene Anstrengung und Ablenkung zu schaffen, hätte ich eigentlich ein anderes Buch mit anderen Partien gebraucht. Da dies aber vollkommen unmöglich war, gab es nur einen Weg auf dieser sonderbaren Irrbahn: ich musste mir statt der alten Partien neue erfinden. Ich musste versuchen, mit mir selbst oder vielmehr gegen mich selbst zu spielen.

Ich weiß nun nicht, bis zu welchem Grade Sie über die geistige Situation bei diesem Spiel der Spiele[2] nachgedacht haben. Aber schon die flüchtigste Überlegung dürfte ausreichen, um klarzumachen, dass beim Schach als einem reinen, vom Zufall abgelösten Denkspiel es logischerweise eine Absurdität bedeutet, gegen sich selbst spielen zu wollen. Das Attraktive des Schachs beruht doch im Grunde einzig darin, dass sich seine Strategie in zwei verschiedenen Gehirnen verschieden entwickelt, dass in diesem geistigen Krieg Schwarz die jeweiligen Manöver von Weiß[3] nicht kennt und ständig zu erraten und zu durchkreuzen sucht, während seinerseits wiederum Weiß die geheimen Absichten von Schwarz zu überholen und parieren strebt. Bildeten nun Schwarz und Weiß ein und dieselbe Person, so ergäbe sich der widersinnige Zustand, dass ein und dasselbe Gehirn gleichzeitig etwas wissen und doch nicht wissen sollte, dass es als Partner Weiß funktionierend, auf Kommando völlig vergessen könnte, was es eine Minute vorher als Partner Schwarz gewollt und beabsichtigt. Ein solches Doppeldenken setzt eigentlich eine vollkommene Spaltung des Bewusstseins voraus, ein beliebiges Auf- und Abblendenkönnen[4] der Gehirnfunktion wie bei einem mechanischen Apparat; gegen sich selbst spielen zu wollen, bedeutet also im Schach eine solche Paradoxie, wie über seinen eigenen Schatten zu springen.

Nun, um mich kurz zu fassen, diese Unmöglichkeit, diese Absurdität habe ich in meiner Verzweiflung monatelang versucht. Aber ich hatte keine Wahl als diesen Widersinn, um nicht dem puren Irrsinn oder einem völligen geistigen Marasmus[5] zu verfallen. Ich war durch meine fürchterliche Situation gezwungen, diese Spaltung in ein Ich Schwarz und ein Ich Weiß zumindest zu versuchen, um nicht erdrückt zu werden von dem grauenhaften Nichts um mich."

Dr. B. lehnte sich zurück in den Liegestuhl und schloß für eine Minute die Augen. Es war, als ob er eine verstörende Erinnerung gewaltsam unterdrücken wollte. Wieder lief das merkwürdige Zucken, das er nicht zu beherrschen wusste, um den linken Mundwinkel. Dann richtete er sich in seinem Lehnstuhl etwas höher auf.

„So – bis zu diesem Punkte hoffe ich, Ihnen alles ziemlich verständlich erklärt zu haben. Aber ich bin leider keineswegs gewiss, ob ich das Weitere Ihnen noch ähnlich deutlich veranschaulichen kann. Denn diese neue Beschäftigung erforderte eine so unbedingte Anspannung des Gehirns, dass sie jede gleichzeitige Selbstkontrolle unmöglich machte. Ich deutete Ihnen schon an, dass meiner Meinung nach es an sich schon Nonsens bedeutet, Schach gegen sich selber spielen zu wollen; aber selbst diese Absurdität hätte immerhin noch eine minimale Chance mit einem realen Schachbrett vor sich, weil das Schachbrett durch seine Realität immerhin noch eine gewisse Distanz, eine materielle Exterritorialisierung[6] erlaubt. Vor einem wirklichen Schachbrett mit wirklichen Figuren kann man Überlegungspausen einschalten, man kann sich rein körperlich bald auf die eine Seite, bald auf die andere Seite des Tisches stellen und damit die Situation bald vom Standpunkt Schwarz, bald vom Standpunkt Weiß ins Auge fassen. Aber genötigt, wie ich es war, diese Kämpfe gegen mich selbst oder, wenn Sie wollen, mit mir selbst in einen imaginären Raum zu projizieren, war ich gezwungen, in meinem Bewusstsein die jeweilige Stellung auf den vierundsechzig Feldern deutlich festzuhalten und außerdem nicht nur die momentane Figuration, sondern auch schon die möglichen weiteren Züge von beiden Partnern mir auszukalkulieren, und zwar – ich weiß, wie absurd dies alles klingt – mir doppelt und dreifach zu imaginieren, nein, sechsfach, achtfach, zwölffach, für jedes meiner Ich, für Schwarz und Weiß immer schon vier und fünf Züge voraus. Ich musste – verzeihen Sie, dass ich Ihnen zumute, diesen Irrsinn durchzudenken – bei diesem Spiel im abstrakten Raum der Phantasie als Spieler Weiß vier oder fünf Züge vorausberechnen und ebenso als Spieler Schwarz, also alle sich in der Entwicklung ergebenden Situationen gewissermaßen mit zwei Gehirnen vorauskombinieren, mit dem Gehirn Weiß und dem Gehirn Schwarz. Aber selbst diese Selbstzerteilung war noch nicht das Gefährlichste an meinem abstrusen Experiment, sondern dass ich durch das selbständige Ersinnen von Partien mit einemmal den Boden unter den Füßen verlor und ins Bodenlose geriet. Das bloße Nachspielen der Meisterpartien, wie ich es in den vorhergehenden Wochen geübt, war schließlich nichts als eine reproduktive Leistung gewesen, ein reines Rekapitulieren einer gegebenen Materie und als solches nicht anstrengender, als wenn ich Gedichte auswendig gelernt hätte oder Gesetzesparagraphen memoriert, es war eine begrenzte, eine disziplinierte Tätigkeit und darum ein ausgezeichnetes Exercitium mentale[7]. Meine zwei Partien, die ich morgens, die zwei, die ich nachmittags probe, stellten ein bestimmtes Pensum[8] dar, das ich ohne jeden Einsatz von Erregung erledigte; sie ersetzten mir eine normale Beschäftigung, und überdies hatte ich, wenn ich mich im Ablauf einer Partie irrte oder nicht weiter wusste, an dem Buche noch immer einen Halt. Nur darum war diese Tätigkeit für meine erschütterten Nerven eine so heilsame und eher beruhigende gewesen, weil ein Nachspielen fremder Partien nicht mich selber ins Spiel brachte; ob Schwarz oder Weiß siegte, blieb mir gleichgültig, es waren doch Aljechin oder Bogoljubow, die um die Palme des Champions[9] kämpften, und meine eigene Person, mein Verstand, meine Seele genossen einzig als Zuschauer, als Kenner die Peripetien und Schönheiten jener Partien. Von dem Augenblick an, da ich aber gegen mich zu spielen versuchte, begann ich mich unbewusst herauszufordern. Jedes meiner beiden Ich, mein Ich Schwarz und mein Ich Weiß, hatten zu wetteifern gegeneinander und gerieten jedes für sein Tell in einen Ehrgeiz, in eine Ungeduld, zu siegen, zu gewinnen; ich fieberte als Ich Schwarz nach jedem Zuge, was das Ich Weiß nun tun würde. Jedes meiner beiden Ich triumphierte, wenn das andere einen Fehler machte, und erbitterte sich gleichzeitig über sein eigenes Ungeschick.

[...]"

1. unvermuteterweise: 出乎意料地。
2. Spiel der Spiele: 游戏中的游戏，意思是自己和自己下棋。
3. Schwarz, Weiß: 下棋的黑方和白方。
4. ein beliebiges Auf- und Abblendenkönnen: 随意打开和关上。
5. der Marasmus: 消耗。
6. die Exterritorialisierung: 享有治外法权，不受管辖。
7. Exercitium mentale: 精神练习。
8. das Pensum: 定额。
9. die Palme des Champions: 冠军的胜利。

Aufgaben:

1. Im Gespräch berichtet Dr. B. dem Erzähler, wieso er ein offensichtlich sehr guter Schachspieler ist. Geben Sie kurz den Inhalt des Textauszugs wieder.
2. In der Isolation verfällt Dr. B. von dem „Nichts" der Schizophrenie. Wie wird sein Ge-

dankenvorgang dargestellt?
3. In Form des inneren Monologs entfaltet sich die Geschichte von Dr. B. als Häftling. Wozu dient dieser Perspektivewechsel?
4. Diskutieren Sie, welche tiefe Bedeutung dem Dingsymbol „das Schachspiel" in der Novelle verliehen wird.

13. NACHKRIEGSLITERATUR (1945—1960)
战后文学

13.1 Epochenüberblick

Für die Zeit nach 1945 fehlen allgemein anerkannte Epochenbezeichnungen. Die literarischen Strömungen und Entwicklungen lassen sich nicht einheitlich registrieren. Verschiedenartige geistesgeschichtliche Systeme und Weltanschauungen überschneiden sich. Es bildet sich eine räumliche Differenzierung der deutschsprachigen Literatur: die Literatur in der BRD selbst, in der Schweiz, Österreich, dann auch in der DDR. Sinnvoll ist jedoch ein Einschnitt im Jahr 1968. Im Zeichen des Wiederaufbaus und des Wirtschaftswunders in der Bundesrepublik wollen die meisten unter die Nazi-Greuel einen „Schlussstrich" ziehen.

· **Die politische Situation:**

Der Verlust des Zweiten Weltkriegs markierte einen tiefen Einschnitt in der deutschen Geschichte. Das in Trümmern liegende, in Besatzungszonen aufgeteilte Deutschland stand vor der Aufgabe, in Auseinandersetzung mit der Schuld an Krieg und Völkermord einen politisch-gesellschaftlich-kulturellen Neuanfang zu finden. 1949 entstanden die Bundesrepublik und die Deutsche Demokratische Republik. Während sich im Westen eine parlamentarische, föderale Demokratie mit sozialer Marktwirtschaft ausbildete, geriet der Osten in Abhängigkeit von der Sowjetunion mit staatlich gelenkter Planwirtschaft. Die Teilung Deutschlands wurde durch die Einbindung der beiden Staaten in die Bündnissysteme von westlicher NATO und östlicher Warschauer Pakt zementiert.

· **Kulturelle Voraussetzungen:**

Privater wirtschaftlicher Erfolg und das Ausschöpfen der immer umfassenderen Konsummöglichkeiten bestimmen Leben und Denken weiter Bevölkerungsschichten. In der Alltagskultur zeigt sich Tendenz der Abwendung von traditionellen Anschauungen und Konventionen in zunehmendem Maße. Die Philosophen und Literaten reagieren darauf mit Nihilismus und Atheismus oder sie machen sich auf die Suche nach neuen sinnstiftenden

Faktoren, wenden sich der Religion oder einem neuen Mystizismus zu. Starken Einfluss auf die gesamte europäische Literatur nach 1945 hat die Existenzphilosophie Jean Paul Sartres (*Das Sein und das Nichts,* 1943) und Albert Camus' (*Der Mythos vom Sisyphos,* 1942).

- **Themen und Formen:**

Die Literatur nach dem Kriegsende wird häufig als Trümmer- oder Kahlschlagliteratur bezeichnet. Die Eindrücke von Krieg und Vernichtung stehen im Mittelpunkt. Motive wie Tod, Gefangenschaft, Heimkehr und Schuld sind hervorzuheben. Dichter und Schriftsteller fordern im Sinne einer radikalen Sprachkritik einen neuen Anfang. Die Trümmerliteratur wird maßgeblich von der „Gruppe 47" beeinflusst, deren Mitglieder u.a. Günter Grass, Heinrich Böll, Hans Magnus Enzensberger und Günter Eich sind.

In den 1950er Jahren setzen sich Schriftsteller überwiegend mit der Wohlstandsgesellschaft auseinander. Ihre Kritik an der Gesellschaft zur Zeit des „Wirtschaftswunders" zeigt sich vor allem in der Satire und Groteske wie z.B. bei Max Frisch und Heinrich Böll.

Die bevorzugte Gattung ist die Kurzgeschichte in Anlehnung an die amerikanische Short Story. Das Hörspiel wird auch als literarische Form bei den Autoren gebraucht.

In der DDR stehen die Schriftsteller im Dienst zum Aufbau einer sozialistischen Gesellschaft. In der Aufbauliteratur sind die politisch dem Marxismus nahestehenden Exilautoren wie z.B. Bertolt Brecht, Johannes R. Becher, Arnold Zweig oder Anna Seghers Vorbild.

- **Autoren und Werke:**

Wolfgang Borchert (1921—1947):
Das Drama *Draußen vor der Tür* (Uraufführung 1947) ist eines der bekanntesten Werke dieser Zeit. Kurzgeschichten wie *Das Brot, An diesem Dienstag* oder *Nachts schlafen die Ratten doch* sind musterhafte Beispiele dieser Gattung.

Günter Eich (1907—1972):
Zu seinen bekanntesten Werken gehören das Nachkriegsgedicht *Inventur* (1947) und das Hörspiel *Träume* (1950).

Heinrich Böll (1917—1985):
Der Krieg, das Schicksal der Heimkehrer und in Trümmern liegende Städte sind Darstellungsgegenstände seiner ersten Kurzgeschichten wie *Wanderer, kommst du nach Spa...*(1950). In *Und sagt kein eiziges Wort* (1953) wird die Wohnungsnot der Nachkriegszeit thematisiert. Bölls *Billard um Halbzehn* (1959) ist ein Generationenroman. Die Individualität im technischen Zeitalter und die restaurative Heuchelei werden in den 60er Jahren weitergeführt (vgl: *Ansichten eines Clowns,* 1963).

Günter Grass (1927—2015):
Die Romane *Die Blechtrommel* (1959), *Hundejahre* (1963) und die Novelle *Katz und Maus*

(1961) setzen sich zur *Danziger Trilogie* zusammen, die mit avantgardistischer Sprachartistik eine neue Literatur einleitet.

Wolfgang Koeppen (1906—1996):

Koeppens Romane *Tauben im Gras* (1951), *Das Treibhaus* (1953) und *Der Tod in Rom* (1954) setzen sich mit Hilfe moderner und ungewohnter Erzähltechnik kritisch mit der politisch-sozialen Entwicklung in der Bundersrepublik auseinander.

Uwe Johnson (1934—1984):

In seinem ersten Roman *Mutmaßungen über Jakob* (1959) wird die Thematik des geteilten Deutschlands anhand von fünf Personen aufgegriffen.

Max Frisch (die Schweiz, 1911—1991):

Mit Theaterstücken wie *Biedermann und die Brandstifter* (1958) und *Andorra* (1961) sowie mit seinen drei großen Romanen *Stiller* (1954), *Homo faber* (1957) und *Mein Name sei Gantenbein* (1964) begründete der schweizerische Schriftsteller seinen Ruhm. Im Zentrum von Frischs Schaffen steht häufig die Auseinandersetzung mit sich selbst, wobei viele der dabei aufgeworfenen Probleme als typisch für die zeitgenössischen Menschen gelten.

Friedrich Dürrenmatt (die Schweiz, 1921—1990):

Die tragische Komödie *Der Besuch der alten Dame* (1955) zeigt die Macht des Geldes und die Ohnmacht der Moral. Die Komödie *Die Physiker* (1962) stellt die Grundfrage nach der Verantwortung der Wissenschaftler auf.

13.2 Ausgewählte Texte

· **Paul Celan:** *Todesfuge* **(1948)**

保罗·策兰：《死亡赋格曲》

> **Lesehinweis:** Das Gedicht entstand zwischen 1944 und Anfang 1945 und thematisiert die nationalsozialistische Judenvernichtung. Paul Celan hat die musikalische Fugenform für sein Gedicht gewählt. Die schöne strenge Form wird dem im Gedicht beschriebenen Grauen der KZ-Realität entgegengesetzt. Die zentrale, leitmotivische Metapher des Gedichts ist die „Schwarze Milch der Frühe", die insgesamt viermal erscheint. In diesem Oxymoron werden all die mit Milch verbundenen positiven Assoziationen durch das Adjektiv „schwarz" ins Gegenteil verkehrt. Das Bild „Schwarze Milch der Frühe" kann als Sinnbild der Existenz der KZ-Häftlinge gedeutet werden, die sich permanent zwischen Leben und Tod befunden haben.

Schwarze Milch der Frühe wir trinken sie abends
wir trinken sie mittags und morgens wir trinken sie nachts
wir trinken und trinken
wir schaufeln[1] ein Grab in den Lüften da liegt man nicht eng
Ein Mann wohnt im Haus der spielt mit den Schlangen der schreibt
der schreibt wenn es dunkelt nach Deutschland dein goldenes Haar Margarete[2]
er schreibt es und tritt vor das Haus und es blitzen die Sterne er pfeift seine Rüden[3] herbei
er pfeift seine Juden hervor lässt schaufeln ein Grab in der Erde
er befiehlt uns spielt auf nun zum Tanz

Schwarze Milch der Frühe wir trinken dich nachts
wir trinken dich morgens und mittags wir trinken dich abends
wir trinken und trinken
Ein Mann wohnt im Haus der spielt mit den Schlangen der schreibt
der schreibt wenn es dunkelt nach Deutschland dein goldenes Haar Margarete
Dein aschenes[4] Haar Sulamith[5] wir schaufeln ein Grab in den Lüften da liegt man nicht eng

Er ruft stecht[6] tiefer ins Erdreich ihr einen ihr andern singet und spielt
er greift nach dem Eisen im Gurt[7] er schwingts seine Augen sind blau
stecht tiefer die Spaten ihr einen ihr andern spielt weiter zum Tanz auf

Schwarze Milch der Frühe wir trinken dich nachts
wir trinken dich mittags und morgens wir trinken dich abends
wir trinken und trinken
ein Mann wohnt im Haus dein goldenes Haar Margarete
dein aschenes Haar Sulamith er spielt mit den Schlangen

Er ruft spielt süßer den Tod der Tod ist ein Meister aus Deutschland
er ruft streicht dunkler die Geigen dann steigt ihr als Rauch in die Luft
dann habt ihr ein Grab in den Wolken da liegt man nicht eng

Schwarze Milch der Frühe wir trinken dich nachts
wir trinken dich mittags der Tod ist ein Meister aus Deutschland
wir trinken dich abends und morgens wir trinken und trinken
der Tod ist ein Meister aus Deutschland sein Auge ist blau
er trifft dich mit bleierner Kugel er trifft dich genau
ein Mann wohnt im Haus dein goldenes Haar Margarete
er hetzt[8] seine Rüden auf uns er schenkt uns ein Grab in der Luft

er spielt mit den Schlangen und träumet der Tod ist ein Meister aus Deutschland

dein goldenes Haar Margarete
dein aschenes Haar Sulamith

> 1. schaufeln: 用锹挖。
> 2. Margarete: 玛格丽特，德国妇女典型形象，歌德《浮士德》第一部中女主人公。
> 3. der Rüde: 公狗，猎犬。
> 4. aschen: 灰色的。
> 5. Sulamith: 苏拉密，犹太少女，出自《圣经·旧约·雅歌》第六章。
> 6. stechen: 用铲子掘。
> 7. der Gurt: 腰带，皮带。
> 8. hetzen: 追赶，唆使。

Aufgaben:
1. Was wissen Sie von einer Fuge?
2. Wie kann man den Satzbau und die fehlenden Satzzeichen verstehen?
3. Analysieren Sie die Stilmittel in diesem Gedicht.
4. Welche symbolischen Bedeutungen haben die Gestalten Margarete und Sulamith?
5. Was deuten die Ausdrücke „Grab in den Lüften schaufeln", „spielt auf nun zum Tanz" und „mit den Schlangen spielen" an?
6. In welcher Beziehung steht die letzte Strophe zu den anderen?

· **Günter Eich:** *Inventur* (1947)

君特·艾希：《盘点》

> **Lesehinweis:** Das Gedicht wurde zwischen 1945 und 1946 in Kriegsgefangenschaft verfasst und erstmals 1947 publiziert. Im Gedicht zählt ein lyrisches Ich mit einfachen Worten seine geringen Habseligkeiten auf. Alltagsgegenstände, die in Friedenszeiten selbstverständlich sind, werden in der Armut und den Folgen des Zweiten Weltkrieges für das Ich zu kostbaren Besitztümern. Eichs Gedicht ist typisch für die Versuche des Neubeginns der Literatur nach dem Kahlschlag des Weltkrieges. *Inventur* gilt als klassisches Beispiel der Kahlschlagsliteratur und der „Stunde Null".

Dies ist meine Mütze,
dies ist mein Mantel,
hier mein Rasierzeug
im Beutel aus Leinen.

Konservenbüchse[1]:
Mein Teller, mein Becher,
ich hab in das Weißblech
den Namen geritzt[2].

Geritzt hier mit diesem
kostbaren Nagel,
den vor begehrlichen[3]
Augen ich berge[4].

Im Brotbeutel sind
ein Paar wollene Socken
und einiges, was ich
niemand verrate[5],

So dient es als Kissen
nachts meinem Kopf.
Die Pappe[6] hier liegt
zwischen mir und der Erde.

Die Bleistiftmine[7]
lieb ich am meisten:
Tags schreibt sie mir Verse,
die nachts ich erdacht.

Dies ist mein Notizbuch,
dies meine Zeltbahn[8],
dies ist mein Handtuch,
dies ist mein Zwirn[9].

> 1. die Konservenbüchse: 罐头盒。
> 2. ritzen: 划，刻。
> 3. begehrlich: 贪婪的。
> 4. bergen: 隐藏。

5. verraten: 泄漏。
6. die Pappe: 厚纸，纸板。
7. die Bleistiftmine: 铅笔芯。
8. die Zeltbahn: 帐篷帆布。
9. der Zwirn: 线。

Aufgaben:

1. Beschreiben Sie, in welch armen Verhältnissen das lyrische Ich lebt.
2. Analysieren Sie das Enjambement und deren Wirkungen im Gedicht.
3. Im 8. Vers steht vor dem Nomen anstelle des Possessivpronomens „mein" ein bestimmter Artikel. Was ist die Absicht damit?
4. Warum scheint die Bleistiftmine dem lyrischen Ich am wichtigsten zu sein?
5. In welchem Verhältnis steht die letzte Strophe zu der ersten?

· **Wolfgang Borchert:** *Nachts schlafen die Ratten doch* (1947)

沃尔夫冈·博尔歇特：《夜里老鼠是睡觉的》

> **Lesehinweis:** Wie alle Werke des Autors zählt die Kurzgeschichte *Nachts schlafen die Ratten doch* zur Epoche der Trümmerliteratur. Die Geschichte geschieht in einer vom Bombenangriff zerstörten Stadt während des Krieges. Ein neunjähriger Junge wacht Tag und Nacht über seinen vierjährigen Bruder, der schon unter den Trümmern liegt, um ihn vor dem Fressen der Ratten zu schützen. Ein älterer vorbeikommender Mann spricht ihn an und gewinnt das Vertrauen des Jungen. Daraufhin behauptet der Mann, dass Ratten nachts schliefen. Deshalb könne der Junge nach Sonnenuntergang ruhig nach Hause gehen. Das vom Krieg traumatisierte Kind wird von dem Mann behutsam ins Leben zurückgeführt.

Das hohle Fenster in der vereinsamten Mauer gähnte[1] blaurot voll früher Abendsonne. Staubgewölke flimmerte zwischen den steilgereckten Schornsteinresten[2]. Die Schuttwüste döste.

Er hatte die Augen zu. Mit einmal wurde es noch dunkler. Er merkte, dass jemand gekommen war und nun vor ihm stand, dunkel, leise. Jetzt haben sie mich! dachte er. Aber als er ein bisschen blinzelte, sah er nur zwei etwas ärmlich behoste Beine. Die standen ziemlich krumm vor ihm, dass er zwischen ihnen hindurchsehen konnte. Er riskierte ein kleines Geblinzel[3] an den Hosenbeinen hoch und erkannte einen älteren Mann. Der hatte ein Messer und einen Korb in der Hand. Und etwas Erde an den Fingerspitzen.

Du schläfst hier wohl, was? fragte der Mann und sah von oben auf das Haargestrüpp herunter. Jürgen blinzelte zwischen den Beinen des Mannes hindurch in die Sonne und sagte: Nein, ich schlafe nicht. Ich muss hier aufpassen. Der Mann nickte: So, dafür hast du wohl den großen Stock da?

Ja, antwortete Jürgen mutig und hielt den Stock fest.

Worauf passt du denn auf?

Das kann ich nicht sagen. Er hielt die Hände fest um den Stock.

Wohl auf Geld, was? Der Mann setzte den Korb ab und wischte das Messer an seinem Hosenboden hin und her.

Nein, auf Geld überhaupt nicht, sagte Jürgen verächtlich. Auf ganz etwas anderes.

Na, was denn?

Ich kann es nicht sagen. Was anderes eben.

Na, denn nicht. Dann sage ich dir natürlich auch nicht, was ich hier im Korb habe. Der Mann stieß mit dem Fuß an den Korb und klappte das Messer zu.

Pah, kann mir denken, was in dem Korb ist, meinte Jürgen geringschätzig, Kaninchenfutter[4].

Donnerwetter, ja! sagte der Mann verwundert, bist ja ein fixer Kerl. Wie alt bist du denn?

Neun.

Oha, denk mal an, neun also. Dann weißt du ja auch, wieviel drei mal neun sind, wie?

Klar, sagte Jürgen, und um Zeit zu gewinnen, sagte er noch: Das ist ja ganz leicht. Und er sah durch die Beine des Mannes hindurch. Dreimal neun, nicht? fragte er noch einmal, siebenundzwanzig. Das wusste ich gleich.

Stimmt, sagte der Mann, und genau soviel Kaninchen habe ich.

Jürgen machte einen runden Mund: Siebenundzwanzig?

Du kannst sie sehen. Viele sind noch ganz jung. Willst du?

Ich kann doch nicht. Ich muss doch aufpassen, sagte Jürgen unsicher.

Immerzu? fragte der Mann, nachts auch?

Nachts auch. Immerzu. Immer. Jürgen sah an den krummen Beinen hoch. Seit Sonnabend schon, flüsterte er.

Aber gehst du denn gar nicht nach Hause? Du musst doch essen.

Jürgen hob einen Stein hoch. Da lag ein halbes Brot. Und eine Blechschachtel.

Du rauchst? fragte der Mann, hast du denn eine Pfeife?

Jürgen fasste seinen Stock fest an und sagte zaghaft: Ich drehe. Pfeife mag ich nicht.

Schade, der Mann bückte sich zu seinem Korb, die Kaninchen hättest du ruhig mal ansehen können. Vor allem die Jungen. Vielleicht hättest du dir eines ausgesucht. Aber du kannst hier ja nicht weg.

Nein, sagte Jürgen traurig, nein nein.

Der Mann nahm den Korb hoch und richtete sich auf. Na ja, wenn du hierbleiben musst – schade. Und er drehte sich um.

Wenn du mich nicht verrätst, sagte Jürgen da schnell, es ist wegen der Ratten.

Die krummen Beine kamen einen Schritt zurück: Wegen der Ratten?
Ja, die essen doch von Toten. Von Menschen. Da leben sie doch von.
Wer sagt das?
Unser Lehrer.
Und du passt nun auf die Ratten auf? fragte der Mann.
Auf die doch nicht! Und dann sagte er ganz leise: Mein Bruder, der liegt nämlich da unten. Da. Jürgen zeigte mit dem Stock auf die zusammengesackten⁵ Mauern. Unser Haus kriegte eine Bombe. Mit einmal war das Licht weg im Keller. Und er auch. Wir haben noch gerufen. Er war viel kleiner als ich. Erst vier. Er muss hier ja noch sein. Er ist doch viel kleiner als ich.
Der Mann sah von oben auf das Haargestrüpp. Aber dann sagte er plötzlich: Ja, hat euer Lehrer euch denn nicht gesagt, dass die Ratten nachts schlafen?
Nein, flüsterte Jürgen und sah mit einmal ganz müde aus, das hat er nicht gesagt.
Na, sagte der Mann, das ist aber ein Lehrer, wenn er das nicht mal weiß. Nachts schlafen die Ratten doch. Nachts kannst du ruhig nach Hause gehen. Nachts schlafen sie immer. Wenn es dunkel wird, schon.
Jürgen machte mit seinem Stock kleine Kuhlen in den Schutt. Lauter kleine Betten sind das, dachte er, alles kleine Betten.
Da sagte der Mann (und seine krummen Beine waren ganz unruhig dabei): Weißt du was? Jetzt füttere ich schnell meine Kaninchen, und wenn es dunkel wird, hole ich dich ab. Vielleicht kann ich eins mitbringen. Ein kleines oder, was meinst du?
Jürgen machte kleine Kuhlen in den Schutt. Lauter kleine Kaninchen. Weiße, graue, weißgraue. Ich weiß nicht, sagte er leise und sah auf die krummen Beine, wenn sie wirklich nachts schlafen.
Der Mann stieg über die Mauerreste weg auf die Straße. Natürlich, sagte er von da, euer Lehrer soll einpacken, wenn er das nicht mal weiß.
Da stand Jürgen auf und fragte: Wenn ich eins kriegen kann? Ein weißes vielleicht?
Ich will mal versuchen, rief der Mann schon im Weggehen, aber du musst hier solange warten. Ich gehe dann mit dir nach Hause, weißt du? Ich muss deinem Vater doch sagen, wie so ein Kaninchenstall gebaut wird. Denn das müsst ihr ja wissen.
Ja, rief Jürgen, ich warte. Ich muss ja noch aufpassen, bis es dunkel wird. Ich warte bestimmt. Und er rief: Wir haben auch noch Bretter zu Hause. Kistenbretter, rief er.
Aber das hörte der Mann schon nicht mehr. Er lief mit seinen krummen Beinen auf die Sonne zu. Die war schon rot vom Abend und Jürgen konnte sehen, wie sie durch die Beine hindurchschien, so krumm waren sie. Und der Korb schwenkte aufgeregt hin und her. Kaninchenfutter war da drin. Grünes Kaninchenfutter, das war etwas grau vom Schutt.

1. gähnen: 打呵欠。
2. die Schornsteinreste: 烟囱的残余部分。
3. das Geblinzel: 眯眼睛。

4. das Kaninchenfutter: 兔子草。
5. zusammengesackt: 塌陷的。

Aufgaben:

1. In der Nachkriegszeit waren nicht nur die Städte in Schutt und Asche gelegt, sondern die herkömmlichen Werte und Ideale waren auch zerstört. Was wird in dieser Kurzgeschichte thematisiert?
2. Arbeiten Sie den Erzählstil der Geschichte heraus. Gehen Sie dabei auf Borcherts These ein, dass die Sprache der neuen Kurzgeschichten einfach und karg sei.
3. Der Alte versucht, den Jungen durch seine Behauptung, die Ratten schliefen nachts, zur Heimkehr zu bringen. Wie bewerten Sie diese „Lüge"?
4. Hat das Kaninchen im Textzusammenhang eine symbolische Bedeutung?
5. Formulieren Sie die Merkmale einer Kurzgeschichte, die dieser Text aufweist.

· Ingeborg Bachmann: *Die gestundete Zeit* (1953)

英格伯格·巴赫曼：《延期付款的时间》

> **Lesehinweis:** 1953 erschien der erste Gedichtband von Ingeborg Bachmann *Die gestundete Zeit*, der ihren Ruhm als eine der bedeutendsten deutschsprachigen Lyrikerinnen und Prosaschriftstellerinnen der europäischen Moderne begründete. Für diesen Gedichtband erhielt Bachmann in diesem Jahr den Literaturpreis der Gruppe 47. Im Gedicht sieht man die Themen der Nachkriegsliteratur und der Literatur zu Beginn der 1950er Jahre vereint. In der 1. Strophe spricht ein lyrisches Ich zu einem „du", das aufgefordert wird, auf eine Reise zu gehen. In der 2. Strophe versinkt die Geliebte im Sand und die Beziehung zwischen dem „du" und der Geliebten wird zerstört. Das „du" wird in der dritten Strophe direkt befohlen, die Geliebte, die Hunde, die Fische, das Licht loszulassen bzw. zu löschen.

Es kommen härtere Tage.
Die auf Widerruf gestundete Zeit[1]
wird sichtbar am Horizont.
Bald musst du den Schuh schnüren[2]
und die Hunde zurückjagen in die Marschhöfe[3].
Denn die Eingeweide[4] der Fische
sind kalt geworden im Wind.
Ärmlich brennt das Licht der Lupinen[5].
Dein Blick spurt im Nebel:

die auf Widerruf gestundete Zeit
wird sichtbar am Horizont.

Drüben versinkt dir die Geliebte im Sand,
er steigt um ihr wehendes Haar,
er fällt ihr ins Wort,
er befiehlt ihr zu schweigen,
er findet sie sterblich
und willig dem Abschied
nach jeder Umarmung.

Sieh dich nicht um.
Schnür deinen Schuh.
Jag die Hunde zurück.
Wirf die Fische ins Meer.
Lösch die Lupinen!

Es kommen härtere Tage.

1. die auf Widerruf gestundete Zeit: 随时可撤销的延期付款时间。
2. schnüren: 系上，捆住。
3. der Marschhof: 低湿地带的院子。
4. das Eingeweide: 内脏。
5. die Lupine: 羽扁豆 (作饲料)。

Aufgaben:
1. Wie ist die Kernaussage „die auf Widerruf gestundete Zeit" zu verstehen?
2. Wie sieht die Stimmung des Gedichts aus?
3. Das Gedicht beginnt und endet mit der gleichen Zeile („Es kommen härtere Tage"). Deuten Sie die Intention der Dichterin.
4. In welchem Verhältnis steht die 2. Strophe zu der 1.?
5. Warum werden in der 3. Strophe die Imperative verwendet?
6. Arbeiten Sie die Metaphern und Assoziationen im Gedicht heraus.

· **Günter Grass:** *Die Blechtrommel* **(1959)**

君特·格拉斯：《铁皮鼓》

> **Lesehinweis:** Als Auftakt der Danziger Trilogie (zusammen mit *Katz und Maus* und *Hundejahre*) gehört *Die Blechtrommel* zu den wichtigsten Romanen der deutschen Nachkriegsliteratur. Oskar Matzerath blickt in einer Heil- und Pflegeanstalt auf sein Leben zurück, das 1924 in Danzig beginnt und ins Nachkriegsdeutschland führt, und auch das von Vorfahren und Verwandten. Mit drei Jahren hat er beschlossen, sein Wachstum einzustellen. Sein Kennzeichen sind die Trommel, von der er sich auch später nicht trennen kann, und die Fähigkeit, mit seiner Stimme Glas zu zersingen. Von unten auf wird die kleinbürgerliche Welt aus der Perspektive des kleinen Oskar dargestellt. Die moralischen, religiösen und sexuellen Tabus werden vom völlig unkonventionellen Helden Oskar ans Tageslicht gebracht. Daneben wird die Schuldfrage der Deutschen in der Nazizeit wieder mal aufgeworfen. Grass zeigt es sehr deutlich in seinem Roman, wie die Kleinbürger als willige Mitläufer und Mitgestalter Verantwortungen für geschichtliches Verhängnis tragen sollen.

Glaube Hoffung Liebe

[...]

Es war einmal ein Kolonialwarenhändler, der schloss an einem Novembertag[1] sein Geschäft, weil in der Stadt etwas los war, nahm seinen Sohn Oskar bei der Hand und fuhr mit der Sraßenbahn Linie Fünf bis zum Langasser Tor, weil dort wie in Zoppot und Langfuhr die Synagoge[2] brannte. Die Synagoge war fast abgebrannt, und die Feuerwehr passte auf, dass der Brand nicht auf die anderen Häuser übergriff. Vor der Ruine schleppten Uniformierte und Zivilisten Bücher, sakrale[3] Gebrauchsgegenstände und merkwürdige Stoffe zusammen. Der Berg wurde in Brand gesteckt, und der Kolonialwarenhändler benutzte die Gelegenheit und wärmte seine Finger und seine Gefühle über dem öffentlichen Feuer. Sein Sohn Oskar jedoch, der den Vater so beschäftigt und entflammt[4] sah, verdrückte sich unbeobachtet und eilte in Richtung Zeughauspassage davon, weil er um seine Trommeln aus weißrot gelacktem Blech besorgt war.

Es war einmal ein Spielzeughändler, der hieß Sigismund Markus und verkaufte unter anderem auch weißrot gelackte Blechtrommeln. Oskar, von dem soeben die Rede war, war der Hauptabnehmer[5] dieser Blechtrommeln, weil er von Beruf Blechtrommler war und ohne Blechtrommel nicht leben konnte und wollte. Deshalb eilte er auch von der brennenden Synagoge fort zur Zeughauspassage, denn dort wohnte der Hüter seiner Trommeln; aber er fand ihn in einem Zustand vor, der ihm das Verkaufen von Blechtrommeln fortan oder auf dieser Welt unmöglich machte.

Sie, dieselben Feuerwerker, denen ich, Oskar, davongelaufen zu sein glaubte, hatten schon vor mir den Markus besucht, hatten Pinsel in Farbe getaucht und ihm quer übers Schaufenster in Sütterlinschrift[6] das Wort Judensau geschrieben, hatten dann, vielleicht aus Missvergnügen an der eigenen Handschrift, mit ihren Stiefelabsätzen die Schaufensterscheibe zertreten, so dass sich der Titel, den sie dem Markus angehängt hatten, nur noch erraten ließ. Die Tür verachtend, hatten sie durch das aufgebrochene Fenster in den Laden gefunden und spielten nun dort auf ihre eindeutige Art mit dem Kinderspielzeug.

Ich fand sie noch beim Spiel, als ich gleichfalls durch das Schaufenster in den Laden trat. Einige hatten sich die Hosen heruntergerissen, hatten braune Würste, in denen noch halbverdaute Erbsen zu erkennen waren, auf Segelschiffe, geigende Affen und meine Trommeln gedrückt. Sie sahen alle aus wie der Musiker Meyn, trugen Meyns SA-Uniform[7], aber Meyn war nicht dabei; wie ja auch diese, die hier dabei waren, woanders nicht dabei waren. Einer hatte seinen Dolch gezogen. Puppen schlitzte er auf und schien jedesmal enttäuscht zu sein, wenn nur Sägespäne aus den prallen Rümpfen und Gliedern quollen[8].

Ich sorgte mich um meine Trommeln. Meine Trommeln gefielen denen nicht. Mein Blech hielt ihren Zorn nicht aus, musste still halten und ins Knie brechen. Markus aber war ihrem Zorn ausgewichen. Als sie ihn in seinem Büro sprechen wollten, klopften sie nicht etwa an, brachen die Tür auf, obgleich die nicht verschlossen war.

Hinter seinem Schreibtisch saß der Spielzeughändler. Ärmelschoner trug er wie gewöhnlich über seinem dunkelgrauen Alltagstuch. Kopfschuppen auf den Schultern verrieten seine Haarkrankheit. Einer, der Kasperlepuppen an den Fingern hatte, stieß ihn mit Kasperles[9] Großmutter hölzern an, aber Markus war nicht mehr zu sprechen, nicht mehr zu kränken. Vor ihm auf der Schreibtischplatte stand ein Wasserglas, das auszuleeren ihm ein Durst gerade in jenem Augenblick geboten haben musste, als die splitternd aufschreiende Schaufensterscheibe seines Ladens seinen Gaumen trocken werden ließ.

Es war einmal ein Blechtrommler, der hieß Oskar. Als man ihm den Spielzeughändler nahm und des Spielzeughändlers Laden verwüstete, ahnte er, dass sich gnomenhaften Blechtrommlern, wie er einer war, Notzeiten[10] ankündigten. So klaubte er sich beim Verlassen des Ladens eine heile und zwei weniger beschädigte Trommeln aus den Trümmern, verließ so behängt die Zeughauspassage, um auf dem Kohlenmarkt seinen Vater zu suchen, der womöglich ihn suchte. Draußen war später Novembervormittag. Neben dem Stadttheater, nahe der Straßenbahnhaltestelle standen religiöse Frauen und frierende hässliche Mädchen, die fromme Hefte austeilten, Geld in Büchsen sammelten und zwischen zwei Stangen ein Transparent zeigten, dessen Aufschrift den ersten Korintherbrief[11], dreizehntes Kapitel zitierte. „Glaube–Hoffnung–Liebe"[12] konnte Oskar lesen und mit den drei Wörtchen umgehen wie ein Jongleur mit Flaschen: Leichtgläubig, Hoffmannstropfen, Liebesperlen, Gutehoffnungshütte, Liebfrauenmilch, Gläubigerversammlung. Glaubst du, dass es morgen regnen wird? Ein ganzes leichtgläubiges Volk glaubte an den Weihnachtsmann[13]. Aber der Weihnachtsmann war in Wirklichkeit der Gasmann[14]. [...]

1. an einem Novembertag: 这里指1938年11月8日至9日的夜间砸抢犹太人财产的"水晶之夜"。
2. die Synagoge: 犹太教堂。
3. sakral: 教堂的。
4. entflammt: 激动的。
5. der Hauptabnehmer: 主要买家。
6. die Sütterlinschrift: 聚特林字体，1935—1941年间学校使用过的字体。
7. die SA-Uniform: 冲锋队制服。SA: Sturmabteilung 的缩写。
8. Sägespäne ... quolle: 从丰满的躯体和四肢里冒出来的只是锯木屑。
9. Kasperle: 卡斯佩勒，流行的木偶戏里的滑稽角色。
10. die Notzeiten: 艰难时代。
11. der Korintherbrief：《哥林多前书》。
12. Glaube–Hoffnung–Liebe:《圣经·新约》"哥林多前书"第十三章中的引文"有信—有望—有爱"，这里讽刺基督教会的虚伪。
13. der Weihnachtsmann：圣诞老人指希特勒。纳粹宣传部长戈培尔曾在一次为孤儿举行的圣诞晚会上称希特勒为"历代最伟大的圣诞老人"。
14. der Gasmann: 煤气抄表员，影射纳粹在集中营煤气室屠杀犹太人。

Aufgaben:

1. Der Erzählausschnitt ist dem Schlussteil des ersten Buches entnommen. Wie betrachten Sie den Titel „Glaube Hoffnung Liebe"?
2. Recherchieren Sie den geschichtlichen Hintergrund „(Reichs-)Kristallnacht".
3. Arbeiten Sie Stil und Sprache im Textauszug heraus und beachten Sie dabei die Erzählform, Wortwahl, Satzstruktur usw.
4. Beschreiben Sie die Paradoxie und den daraus resultierenden ironischen Ton im Textauszug.
5. Oskar wird zeitweise zu einer Art auktorialem Erzähler, der sich auch häufig in der dritten Person als „Oskar" anspricht. Welche Funktion hat diese Erzählhaltung?

14. KRITISCHE LITERATUR UND NEUE SUBJEKTIVITÄT (1960—1989)
批判文学和新主体性文学

14.1 Epochenüberblick

Die 1960er Jahre zeichnen sich durch eine immer größere Politisierung der Literatur aus. Die Stimmungslage von 1968 führt zu einer Blüte der gesellschaftlichen Literatur. So versuchen viele Literaten, Denken und Handeln der Menschen in der Bundesrepublik kritisch darzustellen.

Mitte der 1970er Jahre vollzieht sich ein Wandel. Man denkt verstärkt über das eigene Ich und die subjektive Welt nach. So ist eine verstärkte Tendenz zur Entpolitisierung der Literatur zu beachten. Die Suche nach persönlicher und auch geschichtlicher Identität findet ihren Niederschlag in der Literatur der „Neuen Subjektivität".

In den 1980er Jahren passiert besonders viel auf dem literarischen Parkett der damaligen DDR. Schriftsteller wie z.B. Christa Wolf setzen sich mit den Missständen des Regimes auseinander. Mit dem Mauerfall im Jahre 1989 scheint das Ende der großen Schaffensphase besiegelt zu sein.

· Die politische Situation:

Die frühen 1960er Jahre bildeten einen Höhepunkt des atomaren Wettrüstens in der ideologischen Auseinandersetzung im „Kalten Krieg" zwischen den USA und der Sowjetunion. Der allmähliche wirtschaftliche Niedergang der sozialistischen Staaten durch die immensen Rüstungsausgaben führte zum Kurswechsel der Sowjetregierung ab Mitte der 1980er Jahre. Darauffolgend waren die kommunistischen Regierungen in Osteuropa und der Sowjetunion zum Ende.

· Kulturelle Voraussetzungen:

Das Jahr 1968 verweist auf einen Einschnitt in der Geschichte der Bundesrepublik. In Deutschland kritisieren die 68er die Bindung Westdeutschlands an die USA, die in Vietnam Krieg führten, die Verdrängung deutscher Verbrechen der Nazi-Zeit sowie die politische und gesellschaftliche Restauration der Adenauer-Zeit; sie demonstrieren gegen alte Autoritäten in Staat, Kirche und Gesellschaft und fordern demokratische Prozesse im Bereich der Bildung (Schule, Universität), Gleichstellung von Minderheiten und sexuelle Freiheiten (Frauenbewegung, sexuelle Revolution). In Österreich und der Schweiz beeinflusst diese Entwicklung auch die Literatur. In DDR spielen die Themen der 68er keine Rolle und trotzdem kommt es Anfang der 1960er Jahre zu einer tiefgreifenden Zäsur.

· **Themen und Formen:**

Die politisch-kritische Literatur einiger Autoren der Gruppe 47 gewinnt weltliches Ansehen (vgl. Heinrich Böll: *Gruppenbild mit Dame*, 1971). Danach entwickelt sich in beiden deutschen Staaten weiterhin die Literatur der „Neuen Subjektivität". Die Texte behandeln Probleme der Alltagskommunikation und zwischenmenschlicher Beziehungen. Im Zusammenhang mit der „Neuen Subjektivität" kommt es zu einer Renaissance der autobiografischen Literatur. Beispielhaft ist Günter Grass' *Aus dem Tagebuch einer Schnecke* (1972). Seit den 1980er Jahren ist „Postmoderne" das auffallendste Schlagwort. Typisch für die als postmodern aufgefasste Literatur ist das Spiel mit tradierten Mustern, Mythen und Motiven. Der politische Inhalt, soziale Widersprüche und der Rückzug in die Innerlichkeit spiegeln sich parallel weitergehend in der Literatur wider.

· **Autoren und Werke:**

Martin Walser (1927—):
Halbzeit (1960) ist ein umfangreicher Ich-Roman. Der Protagonist taucht auch in den Romanen *Das Einhorn* (1966) und der *Sturz* (1973) auf. Die Novelle *Ein fliehendes Pferd* (1978) schildert symptomatisch die Mentalitätskrise der intellektuellen Mittelschicht der Bundesrepublik.

Siegfried Lenz (1926—2014):
Lenz' wichtigstes Werk ist der in viele Sprachen übersetzte und verfilmte Roman *Deutschstunde* (1968), darin wird über die Zeit des Nationalsozialismus und einen falsch verstandenen Pflichtbegriff diskutiert.

Ingeborg Bachmann (Österreich, 1926—1973):
Durch die Gedichtbände *Anrufung des Großen Bären* (1956) und *Die gestundete Zeit* (1953) erlangt Bachmann Berühmtheit. Im Roman *Malina* (1971) befasst sich die Ich-Erzählerin mit ihrer existentiellen Situation als Frau und Schriftstellerin bis in die Extremzonen. Im Erzählungszyklus *Das dreißigste Jahr* (1961) setzt sich Bachmann mit Themen der Nachkriegszeit in Deutschland und Österreich auseinander.

Peter Handke (Österreich, 1942—):
Nach seiner Kritik des Sprach- und Bewusstseinsmodells beschäftigt sich Handke vor al-

lem mit der Entfremdung zwischen Subjekt und Umwelt. Im umfangreichen Schaffen vollzieht sich eine deutliche Verwandlung. Die bedeutenden Werke sind: Theaterstücke wie *Publikumsbeschimpfung* (1966) und *Kaspar* (1967), Erzählungen wie *Die Angst des Tormanns beim Elfmeter* (1970), *Der kurze Brief zum langen Abschied* (1972), *Wunschloses Unglück* (1972) und *Langsame Heimkehr* (1979), Romane wie *Die Wiederholung* (1986), *Mein Jahr in der Niemandsbucht* (1994) und *Der Bildverlust oder Durch die Sierra de Gredos* (2002).

Thomas Bernhard (Österreich, 1931—1989):
Bernhard wird oft als Dramatiker und Erzähler der Vernichtung, der Einsamkeit, des Wahnsinns und des Todes betrachtet. *Heldenplatz* (1988) gilt als eines der umstrittensten Theaterstücke und deutet auf eine aggressive Abrechnung mit dem ungeliebten Österreich hin. Die bekannten Romane sind wie *Frost* (1963), *Das Kalkwerk* (1970), *Der Untergeher* (1982), *Alter Meister* (1985) u.a..

Elfriede Jelinek (Österreich, 1946—   ):
Die Kritik Jelineks an den gesellschaftlichen Verhältnissen wird besonders in Österreich oft als Provokation verstanden. In ihrem Roman *Die Klavierspielerin* (1983) versucht die Protagonistin, die unter ständiger Beobachtung ihrer Mutter lebt, durch masochistische Sexualpraktiken zu ihrem eigenen Ich zu finden. Neben Romanen wie *Die Liebhaberinnen* (1975) und *Die Kinder der Toten* (1975) hat die Schriftstellerin auch viele einflussreiche Theaterstücke geschrieben (*Krankheit oder Moderne Frauen*,1987; *Der Tod und das Mädchen I-V*)

Christa Wolf (1929—2011):
Christa Wolf ist wohl die am meisten beachtete und nach der Wiedervereinigung am heftigsten kritisierte Schriftstellerin der DDR. Erfolg hat beinahe jedes ihrer Werke: *Der geteilte Himmel* (1963), der sich in der Tradition des „Bitterfelder Weges" befindet; *Nachdenken über Christa T.* (1968), der als Roman einer Selbstsuche nach Ich gelesen werden kann; auch *Kindheitsmuster* (1976), in dem die Autorin ihrer eigenen Existenz nachspürt und dabei die nationalsozialistische Vergangenheit der DDR thematisiert; *Kassandra* (1983) und *Medea. Stimmen* (1996), die eine feministische Neudeutung des antiken Mythos bieten.

14.2 Ausgewählte Texte

· **Friedrich Dürrenmatt:** *Die Physiker* **(1962)**

弗里德里希·迪伦马特：《物理学家》

> **Lesehinweis:** Die Zeit der Entstehung *Der Physiker* war geprägt vom Kalten Krieg und vom Mauerbau. In dieser Komödie handelt es sich um den Anteil und die Verantwortung der Wissenschaftler für den Fortbestand der menschlichen Zivilisation. Der Physiker Möbius hat sich in ein Irrenhaus zurückgezogen. Er hat die Aufzeichnung seiner Entdeckung verbrannt, um die Welt vor dem Missbrauch seines Wissens zu schützen. Zwei seiner Mitinsassen, in Wahrheit auch Physiker, entpuppen sich als Geheimagenten verfeindeter Mächte. Möbius gelingt es, die beiden Agenten davon zu überzeugen, mit ihm im Irrenhaus zu bleiben, um Geheimnisse ewig zu halten. Zum Schluss erklärt die Leiterin der Anstalt, die wirklich Verrückte ist, sie habe alle Unterlagen kopiert, bevor Möbius sie verbrannte. Die „schlimmstmögliche Wendung" (Dürrenmatt) ist damit eingetreten.

Zweiter Akt

[...]

MÖBIUS: Ich nehme an, Eisler, auch Sie wollen mich nun zwingen –

EINSTEIN: Aber Möbius.

MÖBIUS: – bewegen, Ihr Land aufzusuchen.

EINSTEIN: Auch wir halten Sie schließlich finden größten aller Physiker. [...] Jetzt kommen wir nur noch aus dem Irrenhaus, wenn wir gemeinsam vorgehen.

MÖBIUS: Ich will ja gar nicht fliehen.

EINSTEIN: Möbius –

MÖBIUS: Ich finde nicht den geringsten Grund dazu. Im Gegenteil. Ich bin mit meinem Schicksal zufrieden.

Schweigen.

NEWTON: Doch ich bin nicht damit zufrieden, ein ziemlich entscheidender Umstand, finden Sie nicht? Ihre persönlichen Gefühle in Ehren, aber Sie sind ein Genie und als solches Allgemeingut. Sie drangen in neue Gebiete der Physik vor. Aber Sie haben die Wissenschaft nicht gepachtet[1]. Sie haben die Pflicht, die Türe auch uns aufzuschließen, den Nicht-Genialen. Kommen Sie mit mir, in einem Jahr stecken wir Sie in einen Frack, transportieren Sie nach Stockholm, und Sie erhalten den Nobelpreis.

MÖBIUS: Ihr Geheimdienst ist uneigennützig.

NEWTON: Ich gebe zu, Möbius, dass ihn vor allem die Vermutung beeindruckt, Sie hätten das Problem der Gravitation[2] gelöst.

MÖBIUS: Stimmt.
Stille.
EINSTEIN: Das sagen Sie so seelenruhig?
MÖBIUS: Wie soll ich es denn sonst sagen?
EINSTEIN: Mein Geheimdienst glaubte, Sie würden die einheitliche Theorie der Elementarteilchen –
MÖBIUS: Auch Ihren Geheimdienst kann ich beruhigen. Die einheitliche Feldtheorie ist gefunden.
NEWTON *wischt sich mit der Serviette den Schweiß von der Stirne:* Die Weltformel.
EINSTEIN: *Zum Lachen.* Da versuchen Horden gut besoldeter Physiker in riesigen staatlichen Laboratorien seit Jahren vergeblich in der Physik weiterzukommen, und Sie erledigen das en passant[3] im Irrenhaus am Schreibtisch. *Er wischt sich ebenfalls mit der Serviette den Schweiß von der Stirne.*
NEWTON: Und das System aller möglichen Erfindungen, Möbius?
MÖBIUS: Gibt es auch. Ich stellte es aus Neugierde auf, als praktisches Kompendium[4] zu meinen theoretischen Arbeiten. Soll ich den Unschuldigen spielen? Was wir denken, hat seine Folgen. Es war meine Pflicht, die Auswirkungen zu studieren, die meine Feldtheorie und meine Gravitationslehre haben würden. Das Resultat ist verheerend. Neue, unvorstellbare Energien würden freigesetzt und eine Technik ermöglicht, die jeder Phantasie spottet, falls so meine Untersuchung in die Hände der Menschen fiele.
EINSTEIN: Das wird sich kaum vermeiden lassen.
NEWTON: Die Frage ist nur, wer zuerst an sie herankommt.
MÖBIUS *lacht:* Sie wünschen dieses Glück wohl Ihrem Geheimdienst, Kilton, und dem Generalstab[5], der dahintersteht?
NEWTON: Warum nicht. Um den größten Physiker aller Zeiten in die Gemeinschaft der Physiker zurückzuführen, ist mir jeder Generalstab gleich heilig.
EINSTEIN: Mir ist bloß mein Generalstab heilig. Wir liefern der Menschheit gewaltige Machtmittel. Das gibt uns das Recht, Bedingungen zu stellen. Wir müssen entscheiden, zu wessen Gunsten wir unsere Wissenschaft anwenden, und ich habe mich entschieden.
NEWTON: Unsinn, Eisler. Es geht um die Freiheit unserer Wissenschaft und um nichts weiter. Wir haben Pionierarbeit zu leisten und nichts außerdem. Ob die Menschheit den Weg zu gehen versteht, den wir ihr bahnen, ist ihre Sache, nicht die unsrige.
EINSTEIN: Sie sind ein jämmerlicher Ästhet[6], Kilton. Warum kommen Sie nicht zu uns, wenn Ihnen nur an der Freiheit der Wissenschaft gelegen ist? Auch wir können es uns schon längst nicht mehr leisten, die Physiker zu bevormunden[7]. Auch wir brauchen Resultate. Auch unser politisches System muss der Wissenschaft aus der Hand fressen[8]. [...]

[Im weiteren Verlauf der Szene finden die drei Physiker eine überraschende Lösung für das Problem:]

MÖBIUS *steht auf:* Wir sind drei Physiker. Die Entscheidung, die wir zu fällen haben, ist eine Entscheidung unter Physikern. Wir müssen wissenschaftlich vorgehen. Wir dürfen uns nicht von Meinungen bestimmen lassen, sondern von logischen Schlüssen. Wir müssen versuchen, das Vernünftige zu finden. Wir dürfen uns keinen Denkfehler leisten, weil ein Fehlschluss zur Katastrophe führen müsste. Der Ausgangspunkt ist klar. Wir haben alle drei das gleiche Ziel im Auge, doch unsere Taktik ist verschieden. Das Ziel ist der Fortgang der Physik. Sie wollen ihr die Freiheit bewahren, Kilton, und streiten ihr die Verantwortung ab. Sie dagegen, Eisler, verpflichten die Physik im Namen der Verantwortung der Machtpolitilk eines bestimmten Landes. Wie sieht nun aber die Wirklichkeit aus? Darüber verlange ich Auskunft, soll ich mich entscheiden.
NEWTON: Einige der berühmtesten Physiker erwarten Sie. Besoldung und Unterkunft[9] ideal, die Gegend mörderisch, aber die Klimaanlagen ausgezeichnet.
MÖBIUS: Sind diese Physiker frei?
NEWTON: Mein lieber Möbius. Diese Physiker erklären sich bereit, wissenschaftliche Probleme zu lösen, die für die Landesverteidigung entscheidend sind. Sie müssen daher verstehen –
MÖBIUS: Also nicht frei. *Er wendet sich Einstein zu.* Joseph Eisler. Sie treiben Machtpolitik. Dazu gehört jedoch Macht. Besitzen Sie die?
EINSTEIN: Sie missverstehen mich, Möbius. Meine Machtpolitik besteht gerade darin, dass ich zugunsten einer Partei auf meine Macht verzichtet habe.
MÖBIUS: Können Sie die Partei im Sinne Ihrer Verantwortung lenken, oder laufen Sie Gefahr, von der Partei gelenkt zu werden?
EINSTEIN: Möbius! Das ist doch lächerlich. Ich kann natürlich nur hoffen, die Partei befolge meine Ratschläge, mehr nicht. Ohne Hoffnung gibt es nun einmal keine politische Haltung.
MÖBIUS: Sind wenigstens Ihre Physiker frei?
EINSTEIN: Da auch sie für die Landesverteidigung –
MÖBIUS: Merkwürdig. Jeder preist mir eine andere Theorie an, doch die Realität, die man mir bietet, ist dieselbe: ein Gefängnis. Da ziehe ich mein Irrenhaus vor. Es gibt mir wenigstens die Sicherheit, von Politikern nicht ausgenützt zu so werden.
EINSTEIN: Gewisse Risiken muss man schließlich eingehen.
MÖBIUS: Es gibt Risiken, die man nie eingehen darf: der Untergang der Menschheit ist ein solches. Was die Welt mit den Waffen anrichtet, die sie schon besitzt, wissen wir, was sie mit jenen anrichten würde, die ich ermögliche, können wir uns denken. Dieser Einsicht habe ich mein Handeln untergeordnet. Ich war arm. Ich besaß eine Frau und drei Kinder. An der Universität winkte Ruhm, in der Industrie Geld. Beide Wege waren zu gefährlich. Ich hätte meine Arbeiten veröffentlichen müssen, der Umsturz unserer Wissenschaft und das Zusammenbrechen des wirtschaftlichen Gefüges wären die Folgen gewesen. Die Verantwortung zwang mir einen anderen Weg auf. Ich ließ meine akademische Karriere fahren, die Industrie fallen und überließ meine Familie ihrem Schicksal. Ich wählte die

Narrenkappe. Ich gab vor, der König Salomo erscheine mir, und schon sperrte man mich in ein Irrenhaus.
NEWTON: Das war doch keine Lösung!
MÖBIUS: Die Vernunft forderte diesen Schritt. Wir sind in unserer Wissenschaft an die Grenzen des Erkennbaren gestoßen. Wir wissen einige genau erfassbare Gesetze, einige Grundbeziehungen zwischen unbegreiflichen Erscheinungen, das ist alles, der gewaltige Rest bleibt Geheimnis, dem Verstände unzugänglich. Wir haben das Ende unseres Weges erreicht. Aber die Menschheit ist noch nicht soweit. Wir haben uns vorgekämpft, nun folgt uns niemand nach, wir sind ins Leere gestoßen. Unsere Wissenschaft ist schrecklich geworden, unsere Forschung gefährlich, unsere Erkenntnis tödlich. Es gibt für uns Physiker nur noch die Kapitulation vor der Wirklichkeit. Sie ist uns nicht gewachsen. Sie geht an uns zugrunde. Wir müssen unser Wissen zurücknehmen, und ich habe es zurückgenommen. Es gibt keine andere Lösung, auch für euch nicht.
EINSTEIN: Was wollen Sie damit sagen?
MÖBIUS: Ihr besitzt Geheimsender?
EINSTEIN: Na und?
MÖBIUS: Ihr benachrichtigt eure Auftraggeber. Ihr hättet euch geirrt. Ich sei wirklich verrückt.
EINSTEIN: Dann sitzen wir hier lebenslänglich.
MÖBIUS: Sicher.
EINSTEIN: Gescheiterten Spionen kräht kein Hahn mehr nach.
MÖBIUS: Eben.
NEWTON: Na und?
MÖBIUS: Ihr müsst bei mir im Irrenhaus bleiben.
NEWTON: Wir?
MÖBIUS: Ihr beide.
Schweigen.
NEWTON: Möbius! Sie können von uns doch nicht verlangen, dass wir ewig –
MÖBIUS: Meine einzige Chance, doch noch unentdeckt zu bleiben. Nur im Irrenhaus sind wir noch frei. Nur im Irrenhaus dürfen wir noch denken. In der Freiheit sind unsere Gedanken Sprengstoff.
NEWTON: Wir sind doch schließlich nicht verrückt.
[...]
Sie trinken, stellen die Gläser auf den Tisch.
NEWTON: Verwandeln wir uns wieder in Verrückte. Geistern wir als Newton daher.
EINSTEIN: Fiedeln wir wieder Kreisler und Beethoven.
MÖBIUS: Lassen wir wieder Salomo erscheinen.
NEWTON: Verrückt, aber weise.
EINSTEIN: Gefangen, aber frei.
MÖBIUS: Physiker, aber unschuldig.

1. pachten: 租用。
2. die Gravitation: 万有引力。
3. en passant: 法语，顺便。
4. das Kompendium: 纲要。
5. der Generalstab: 陆军参谋部。
6. ein jämmerlicher Ästhet: 一个可怜的唯美论者。
7. bevormunden: 监管。
8. der Wissenschaft aus der Hand fressen: 顺从于科学。
9. Besoldung und Unterkunft: 薪资和居住条件。

Aufgaben:
1. Newton, Möbius und Einstein heißen die drei wichtigen Figuren. Was verbinden sie mit diesen Namen? Überlegen Sie, weshalb es gerade diese Namen sind, die für das Stück gewählt wurden.
2. Möbius deckt mit den Fragen an seine Mitinsassen entscheidende Probleme auf, die sich für den Physiker in der Gesellschaft ergeben. Nennen Sie diese Probleme.
3. Wie reagieren die beiden Geheimdienstler auf Möbius' Entscheidung, in der Anstalt zu bleiben?
4. Führen Sie Beispiele an, inwiefern sich der geschichtliche Hintergrund auf die Elemente dieses Dramas auswirken könnte.

· **Heinrich Böll:** *Die verlorene Ehre der Katharina Blum* (1974)

海因里希·伯尔：《丧失了名誉的卡特琳娜·布鲁姆》

Lesehinweis: *Die verlorene Ehre der Katharina Blum oder Wie Gewalt entstehen und wohin sie führen kann* ist der vollständige Titel der Erzählung. Der Autor thematisiert hier die häufig auf Skandale und Sensationen ausgerichtete Berichterstattung der Boulevardpresse und deren potenzielle Folgen. Die 27-jährige Katharina Blum verliebt sich auf Kölner Karnevalsfeiern spontan in einen jungen Mann, von dem sie noch nicht weiß, dass er der Terroristenszene angehört. Katharina wird verhaftet. Das Geschehen und die weiteren Ermittlungen der Polizei werden von der Zeitung, insbesondere vom Reporter Tötges, begleitet und in ihren Ausgaben sensationslüstern dargestellt. Dadurch wird nicht nur Katharinas Ruf geschädigt, sondern auch der ihrer Familie und ihrer Arbeitgeber. Sie schweigt bei zahlreichen Verhören über den Aufenthaltsort ihres Freundes, erschießt zum Schluss Tötges und stellt sich anschließend der Polizei.

58

Letzten Endes bleibt da doch noch etwas halbwegs Erfreuliches mitzuteilen: Katharina erzählte Blorna den Tathergang[1], erzählte ihm auch, wie sie die sieben oder sechseinhalb Stunden zwischen dem Mord und ihrem Eintreffen bei Moeding verbracht hatte. Man ist in der glücklichen Lage, diese Schilderung wörtlich zu zitieren, da Katharina alles schriftlich niederlegte und Blorna zur Verwendung beim Prozess überließ.

„In das Journalistenlokal bin ich nur gegangen, um ihn[2] mir mal anzuschauen. Ich wollte wissen, wie solch ein Mensch aussieht, was er für Gebärden hat, wie er spricht, trinkt, tanzt – dieser Mensch, der mein Leben zerstört hat. Ja, ich bin vorher in Konrads[3] Wohnung gegangen und habe mir die Pistole geholt, und ich habe sie sogar selbst geladen. Das hatte ich mir genau zeigen lassen, als wir damals im Wald geschossen haben. Ich wartete in dem Lokal eineinhalb bis zwei Stunden, aber er kam nicht. Ich hatte mir vorgenommen, wenn er zu widerlich wäre, gar nicht zu dem Interview zu gehen, und hätte ich ihn vorher gesehen, wäre ich auch nicht hingegangen. Aber er kam ja nicht in die Kneipe. Um den Belästigungen zu entgehen, habe ich den Wirt, er heißt Kraffluhn, Peter, und ich kenne ihn von meinen Nebenbeschäftigungen her, wo er manchmal als Oberkellner aushilft – ich habe ihn gebeten, mich beim Ausschank hinter der Theke helfen zu lassen. Peter wusste natürlich, was in der ZEITUNG über mich gelaufen war, er hatte mir versprochen, mir ein Zeichen zu geben, wenn Tötges auftauchen sollte. Ein paarmal, weil ja nun Karneval war, habe ich mich auch zum Tanz auffordern lassen, aber als Tötges nicht kam, wurde ich doch sehr nervös, denn ich wollte nicht unvorbereitet mit ihm zusammentreffen. Nun, um zwölf bin ich dann nach Hause gefahren, und es war mir scheußlich in der verschmierten und verdreckten Wohnung. Ich habe nur ein paar Minuten warten müssen, bis es klingelte, gerade Zeit genug, die Pistole zu entsichern und griffbereit in meiner Handtasche zu plazieren. Ja und dann klingelte es, und er stand schon vor der Tür, als ich aufmachte, und ich hatte doch gedacht, er hätte unten geklingelt, und ich hätte noch ein paar Minuten Zeit, aber er war schon mit dem Aufzug raufgefahren, und da stand er vor mir, und ich war erschrocken. Nun, ich sah sofort, welch ein Schwein er war, ein richtiges Schwein. Und dazu hübsch. Was man so hübsch nennt. Nun, Sie haben ja die Fotos gesehen. Er sagte: ‚Na, Blümchen, was machen wir zwei denn jetzt?' Ich sagte kein Wort, wich ins Wohnzimmer zurück, und er kam mir nach und sagte: ‚Was guckst du mich denn so entgeistert an, mein Blümelein – ich schlage vor, dass wir jetzt erst einmal bumsen[4].' Nun, inzwischen war ich bei meiner Handtasche, und er ging mir an die Kledage, und ich dachte: ‚Bumsen, meinetwegen', und ich hab die Pistole rausgenommen und sofort auf ihn geschossen. Zweimal, dreimal, viermal. Ich weiß nicht mehr genau. Wie oft, das können Sie ja in dem Polizeibericht nachlesen. Ja, nun müssen Sie nicht glauben, dass es was Neues für mich war, dass ein Mann mir an die Kledage wollte – wenn Sie von Ihrem vierzehnten Lebensjahr an, und schon früher, in Haushalten arbeiten, sind Sie was gewohnt. Aber *dieser* Kerl – und dann ‚Bumsen', und ich dachte: Gut, jetzt bumst's. Natürlich hatte er damit nicht gerechnet, und er guckte mich noch 'ne halbe Sekunde oder so erstaunt an, so wie im Kino, wenn einer plötzlich aus heiterem Himmel erschossen wird. Dann fiel er um, und ich glaube, dass er tot war. Ich habe die Pistole neben ihn geschmissen und bin raus, mit dem Aufzug runter, und zurück in die Kneipe, und Peter war erstaunt, denn ich war kaum eine halbe Stunde weggewesen. Ich hab dann weiter an der Theke gearbeitet, habe nicht mehr getanzt, und die ganze Zeit über dachte ich ‚Es ist wohl doch nicht wahr', ich wusste aber, dass es wahr war. Und Peter kam manchmal zu mir und sagte: Der kommt heute nicht, dein Kumpel da, und ich sagte: Sieht ganz so aus. Und tat gleichgültig. Bis vier habe ich Schnäpse ausgeschenkt und Bier gezapft und Sektflaschen geöffnet und Rollmöpse serviert. Dann bin ich gegangen, ohne mich von Peter zu verabschieden, bin erst in eine Kirche nebenan, hab da vielleicht eine halbe Stunde gesessen und an meine Mutter gedacht, an dieses verfluchte, elende Leben, das sie gehabt hat, und auch an meinen Vater, der immer, immer nörgelte, immer, und auf Staat und Kirche, Behörden und Beamte, Offiziere und alles schimpfte, aber wenn er mal mit einem von denen zu tun hatte, dann ist er gekrochen, hat fast gewinselt vor Unterwürfigkeit. Und an meinen Mann, Brettloh, an diesen miesen Dreck, den er diesem Tötges erzählt hatte, an meinen Bruder natürlich, der ewig und ewig hinter meinem Geld her war, wenn ich nur ein paar Mark verdient hatte, und sie mir abknöpfte für irgendeinen Blödsinn, Kleider oder Motorräder oder Spielsalons, und natürlich auch an den Pfarrer, der mich in der Schule immer ‚unser rötliches Kathrinchen' genannt hat, und ich wusste gar nicht, was er meinte, und die ganze Klasse lachte, weil ich dann wirklich rot wurde. Ja. Und natürlich auch an Ludwig. Dann bin ich aus der Kirche raus und ins nächstbeste Kino, und wieder raus aus dem Kino, und wieder in eine Kirche, weil das an diesem Karnevalssonntag der einzige Ort war, wo man ein bisschen Ruhe fand. Ich dachte natürlich auch an den Erschossenen da in meiner Wohnung. Ohne Reue, ohne Bedauern. Er wollte doch bumsen, und ich habe gebumst, oder? Und einen Augenblick lang dachte ich, es wäre der Kerl, der mich nachts angerufen hat und der auch die arme Else dauernd belästigt hat. […]"

1. der Tathergang: 事实的经过。
2. ihn: 指毁坏她名誉的托特格斯。
3. Konrad: 康拉德，卡特琳娜的好友。
4. bumsen: 这里指发生关系；下文卡特琳娜说的bumsen则是开枪发出的声音。

Aufgaben:

1. Diskutieren Sie die Formen der Gewalt, denen sich die Protagonistin in ihrer Umgebung ausgesetzt hat.
2. Die in 58 Kapitel unterteilte Geschichte wird erzählt von einem namentlich nicht genannten und stets auf Genauigkeit und Distanz bedachten Berichterstatter. Warum lässt der Erzähler zum Schluss den Mordfall von Katharina selbst wiedergeben?
3. Wie beurteilen Sie die Folge der Ereignisse durch Katharinas Schilderung? Beschreiben Sie den Gefühlszustand von Katharina.
4. In einem Interview im Oktober 1974 sagt Böll: „Die Gewalt von Worten kann manch-

mal schlimmer sein als die von Ohrfeigen und Pistolen." Setzen Sie sich mit dem Sensationsjournalismus und dessen möglichen Folgen auseinander.

· **Peter Handke:** *Wunschloses Unglück* **(1972)**

彼得·汉德克：《无欲的悲歌》

> **Lesehinweis:** Die Erzählung ist mit autobiografischen Zügen gefärbt. Die unglückliche Chronik der Mutter steht im Mittelpunkt der Erinnerung. Es wird nicht nur die Mutter des Autors, sondern auch eine gewöhnliche Frau geschildert, die keine Hoffnung in einer unterdrückten Gesellschaft sieht und schließlich Selbstmord verübt. Der Erzähler versucht, Tatsachen zu berichten und nach Gründen zu fragen. Seine Sätze sind eher knapp und karg, doch werden beim Leser mehr Gefühle hervorgerufen. Die Geschichte dieser einen Frau und Mutter soll als ein Modell dienen, an dem gesellschaftskritische Überlegungen vorgenommen werden. Mit dieser Erzählung hat sich Handkes Wandlung von der Fiktion der Realitätslosigkeit zur Fiktion der Realität in den 70er Jahren vollzogen. Der Auszug ist der Anfang der Erzählung.

Unter der Rubrik VERMISCHTES[1] stand in der Sonntagsausgabe der Kärntner[2] „Volkszeitung" folgendes: „In der Nacht zum Samstag verübte eine 51-jährige Hausfrau aus A. (Gemeinde G.) Selbstmord durch Einnehmen einer Überdosis[3] von Schlaftabletten."
Es ist inzwischen fast sieben Wochen her, seit meine Mutter tot ist, und ich möchte mich an die Arbeit machen, bevor das Bedürfnis, über sie zu schreiben, das bei der Beerdigung so stark war, sich in die stumpfsinnige Sprachlosigkeit zurückverwandelt, mit der ich auf die Nachricht von dem Selbstmord reagierte. Ja, an die Arbeit machen: denn das Bedürfnis, etwas über meine Mutter zu schreiben, so unvermittelt es sich auch manchmal noch einstellt, ist andrerseits wieder so unbestimmt, dass eine Arbeitsanstrengung nötig sein wird, damit ich nicht einfach, wie es mir gerade entsprechen würde, mit der Schreibmaschine immer den gleichen Buchstaben auf das Papier klopfe. Eine solche Bewegungstherapie allein würde mir nicht nützen, sie würde mich nur noch passiver und apathischer machen. Ebensogut könnte ich wegfahren – unterwegs, auf einer Reise, würde mir mein kopfloses Dösen und Herumlungern außerdem weniger auf die Nerven gehen.
Seit ein paar Wochen bin ich auch reizbarer als sonst, bei Unordnung, Kälte und Stille kaum mehr ansprechbar, bücke mich nach jedem Wollfussel und Brotkrümel[4] auf dem Boden. Manchmal wundere ich mich, dass mir Sachen, die ich halte, nicht schon längst aus der Hand gefallen sind, so fühllos werde ich plötzlich bei dem Gedanken an diesen Selbstmord. Und trotzdem sehne ich mich nach solchen Augenblicken, weil dann der Stumpfsinn aufhört und der Kopf ganz klar wird. Es ist ein Entsetzen, bei dem es mir wieder gut geht:

endlich keine Langeweile mehr, ein widerstandsloser Körper, keine anstrengenden Entfernungen, ein schmerzloses Zeitvergehen.

Das schlimmste in diesem Moment wäre die Teilnahme eines anderen, mit einem Blick oder gar einem Wort. Man schaut sofort weg oder fährt dem anderen über den Mund[5]; denn man braucht das Gefühl, dass das, was man gerade erlebt, unverständlich und nicht mitteilbar ist: nur so kommt einem das Entsetzen sinnvoll und wirklich vor. Darauf angesprochen, langweilt man sich sofort wieder, und alles wird auf einmal wieder gegenstandslos. Und doch erzähle ich ab und zu sinnlos Leuten vom Selbstmord meiner Mutter und ärgere mich, wenn sie dazu etwas zu bemerken wagen. Am liebsten würde ich dann nämlich sofort abgelenkt und mit irgend etwas gehänselt werden.

Wie in seinem letzten Film James Bond einmal gefragt wurde, ob sein Gegner, den er gerade über ein Treppengeländer geworfen hatte, *tot* sei, und „Na hoffentlich!" sagte, habe ich zum Beispiel erleichtert lachen müssen. Witze über das Sterben und Totsein machen mir gar nichts aus, ich fühle mich sogar wohl dabei.

Die Schreckensmomente sind auch immer nur ganz kurz, eher Unwirklichkeitsgefühle als Schreckensmomente, Augenblicke später verschließt sich alles wieder, und wenn man dann in Gesellschaft ist, versucht man sofort, besonders geistesgegenwärtig auf den anderen einzugehen, als sei man gerade unhöflich zu ihm gewesen.

Seit ich übrigens zu schreiben angefangen habe, scheinen mir diese Zustände, wahrscheinlich gerade dadurch, dass ich sie möglichst genau zu beschreiben versuche, entrückt und vergangen zu sein. Indem ich sie beschreibe, fange ich schon an, mich an sie zu erinnern, als an eine abgeschlossene Periode meines Lebens, und die Anstrengung, mich zu erinnern und zu formulieren, beansprucht mich so, dass mir die kurzen Tagträume der letzten Wochen schon fremd geworden sind. Hin und wieder hätte ich eben „Zustände": die tagtäglichen Vorstellungen, ohnedies nur die zum zigsten Mal hergeleiteten Wiederholungen jahre- und jahrzehntealter *Anfangs*vorstellungen, wichen plötzlich auseinander, und das Bewusstsein schmerzte, so leer war es darin auf einmal geworden.

Das ist jetzt vorbei, jetzt habe ich diese Zustände nicht mehr. Wenn ich schreibe, schreibe ich notwendig von früher, von etwas Ausgestandenem[6], zumindest für die Zeit des Schreibens. Ich beschäftige mich literarisch, wie auch sonst, veräußerlicht und versachlicht zu einer Erinnerungs- und Formuliermaschine. Und ich schreibe die Geschichte meiner Mutter, einmal, weil ich von ihr und wie es zu ihrem Tod kam mehr zu wissen glaube als irgendein fremder Interviewer, der diesen interessanten Selbstmordfall mit einer religiösen, individualpsychologischen oder soziologischen Traumdeutungstabelle[7] wahrscheinlich mühelos auflösen könnte, dann im eigenen Interesse, weil ich auflebe, wenn mir etwas zu tun gibt, und schließlich, weil ich diesen FREITOD geradeso wie irgendein außenstehender Interviewer, wenn auch auf andere Weise, zu einem Fall machen möchte.

Natürlich sind alle diese Begründungen ganz beliebig und durch andre, gleich beliebige, ersetzbar. Da waren eben kurze Momente der äußersten Sprachlosigkeit und das Bedürfnis, sie zu formulieren – die gleichen Anlässe zum Schreiben wie seit jeher.

Als ich zur Beerdigung kam, fand ich im Geldtäschchen meiner Mutter noch einen Briefaufgabeschein[8] mit der Nummer 432. Sie hatte mir noch am Freitagabend, bevor sie nach Hause ging und die Tabletten nahm, einen eingeschriebenen Brief mit einer Testamentsdurchschrift[9] nach Frankfurt geschickt. (Warum aber auch EXPRESS?) Am Montag war ich im selben Postamt, um zu telefonieren. Es war zweieinhalb Tage nach ihrem Tod, und ich sah vor dem Postbeamten die gelbe Rolle mit den Einschreibeetiketts[10] liegen: inzwischen waren neun weitere eingeschriebene Briefe abgeschickt worden, die nächste Nummer war jetzt die 442, und dieses Bild war der Zahl, die ich im Kopf hatte, so ähnlich, dass ich auf den ersten Blick durcheinanderkam und ganz kurz alles für ungültig hielt. Die Lust, jemandem davon zu erzählen, heiterte mich richtig auf. Es war ja so ein heller Tag; der Schnee; wir aßen Leberknödelsuppe; „es begann mit...": wenn man so zu erzählen anfangen würde, wäre alles wie erfunden, man würde den Zuhörer oder den Leser nicht zu einer privaten Teilnahme erpressen, sondern ihm eben nur eine recht phantastische Geschichte vortragen.

Es begann also damit, dass meine Mutter vor über fünfzig Jahren im gleichen Ort geboren wurde, in dem sie dann auch gestorben ist. Was von der Gegend nutzbar war, gehörte damals der Kirche oder adeligen Grundbesitzern; ein Teil davon war an die Bevölkerung verpachtet, die vor allem aus Handwerkern und kleinen Bauern bestand. [...]

1. die Rubrik VERMISCHTES: 综合新闻栏。
2. Kärnten: 奥地利的克恩滕州。
3. die Überdosis: 过量。
4. Wollfussel und Brotkrümel: 小线头和面包屑。
5. dem anderen über den Mund fahren: 打断别人的话。
6. etwas Ausgestandenes: 旧事，经历过的事情。
7. die Traumdeutungstabelle: 析梦图解。
8. der Briefaufgabeschein: 挂号邮件收据。
9. die Testamentsdurchschrift: 遗嘱副本。
10. das Einschreibeetikett: 挂号标签。

Aufgaben:
1. In welchem Zustand befindet sich der Erzähler nach dem Tod seiner Mutter?
2. Was veranlasst den Erzähler, die Geschichte seiner Mutter zu schreiben?
3. Handke leitet seine Erzählung mit einer Zeitungsnotiz ein. Welche Funktion hat diese Erzählweise?
4. Die persönliche Reflexion des Erzählers überdenkt den Sinn seines Schreibens. Analysieren Sie Stil und Sprache im Textauszug.

· **Patrick Süskind: *Das Parfum – Die Geschichte eines Mörders* (1985)**

帕特里克·聚斯金德：《香水：一个谋杀犯的故事》

Lesehinweis: Im Bestseller-Roman *Das Parfum – Die Geschichte eines Mörders* beschreibt Patrick Süskind die Lebensgeschichte Jean-Baptiste Grenouilles von der Geburt bis zum Tod. Die Geschichte spielt im Frankreich des 18. Jahrhunderts. Jean-Baptiste Grenouille, ein typischer Außenseiter, wächst unter widrigen Umständen auf, ist extrem hässlich und wird misshandelt. Er, der keinen Eigengeruch hat, kann lediglich gut riechen. Dieser ausgeprägte Geruchssinn treibt ihn wie besessen an, ein absolutes Parfum herzustellen. Um aus deren Duft das absolute Parfum zu erschaffen, mordet er junge Mädchen. Wenn er schließlich erkennt, dass die Menschen nur seine künstlich erschaffene Duftaura lieben, aber nicht ihn selbst, übergießt er sich am Ende seines Lebens mit seinem Parfum und wird in einem kannibalischen Mahl verzehrt. *Das Parfum* gilt oft als musterhaftes Werk der Postmoderne.

Erster Teil

1

Im achtzehnten Jahrhundert lebte in Frankreich ein Mann, der zu den genialsten und abscheulichsten Gestalten dieser an genialen und abscheulichen Gestalten nicht armen Epoche gehörte. Seine Geschichte soll hier erzählt werden. Er hieß Jean-Baptiste Grenouille, und wenn sein Name im Gegensatz zu den Namen anderer genialer Scheusale, wie etwa de Sades, Saint-Justs, Fouchés, Bonapartes[1] usw., heute in Vergessenheit geraten ist, so sicher nicht deshalb, weil Grenouille diesen berühmteren Finstermännern an Selbstüberhebung, Menschenverachtung, Immoralität, kurz an Gottlosigkeit nachgestanden hätte, sondern weil sich sein Genie und sein einziger Ehrgeiz auf ein Gebiet beschränkte, welches in der Geschichte keine Spuren hinterlässt: auf das flüchtige Reich der Gerüche.

Zu der Zeit, von der wir reden, herrschte in den Städten ein für uns moderne Menschen kaum vorstellbarer Gestank. Es stanken die Straßen nach Mist, es stanken die Hinterhöfe nach Urin, es stanken die Treppenhäuser nach fauligem Holz und nach Rattendreck, die Küchen nach verdorbenem Kohl und Hammelfett; die ungelüfteten Stuben stanken nach muffigem Staub, die Schlafzimmer nach fettigen Laken, nach feuchten Federbetten und nach dem stechend süßen Duft der Nachttöpfe. Aus den Kaminen stank der Schwefel, aus den Gerbereien stanken die ätzenden Laugen, aus den Schlachthöfen stank das geronnene Blut. Die Menschen stanken nach Schweiß und nach ungewaschenen Kleidern; aus dem Mund stanken sie nach verrotteten Zähnen, aus ihren Mägen nach Zwiebelsaft und an den Körpern, wenn sie nicht mehr ganz jung waren, nach altem Käse und nach saurer Milch und nach Geschwulstkrankheiten. Es stanken die Flüsse, es stanken die Plätze, es stanken die Kirchen, es stank unter den Brücken und in den Palästen. Der Bauer stank wie der Priester, der Handwerksgeselle wie die Meistersfrau, es stank der gesamte Adel, ja sogar der König stank, wie ein Raubtier stank er, und die Königin wie eine alte Ziege, sommers wie winters. Denn der zersetzenden Aktitivität der Bakterien war im achtzehnten Jahrhundert noch keine Grenze gesetzt, und so gab es keine menschliche Tätigkeit, keine aufbauende und keine zerstörende, keine Äußerung des aufkeimenden oder verfallenden Lebens, die nicht von Gestank begleitet gewesen wäre.

Und natürlich war in Paris der Gestank am größten, denn Paris war die größte Stadt Frankreichs. Und innerhalb von Paris wiederum gab es einen Ort, an dem der Gestank ganz besonders infernalisch herrschte, zwischen der Rue aux Fers und der Rue de la Ferronnerie, nämlich den Cimetière des Innocents[2]. Achthundert Jahre lang hatte man hierher die Toten des Krankenhauses Hôtel-Dieu[3] und der umliegenden Pfarrgemeinden verbracht, achthundert Jahre lang Tag für Tag die Kadaver zu Dutzenden herbeigekarrt und in lange Gräben geschüttet, achthundert Jahre lang in den Grüften und Beinhäusern Knöchelchen auf Knöchelchen geschichtet. Und erst später, am Vorabend der Französischen Revolution, nachdem einige der Leichengräben gefährlich eingestürzt waren und der Gestank des überquellenden Friedhofs die Anwohner nicht mehr zu bloßen Protesten, sondern zu wahren Aufständen trieb, wurde er endlich geschlossen und aufgelassen, wurden die Millionen Knochen und Schädel in die Katakomben von Montmartre geschaufelt, und man errichtete an seiner Stelle einen Marktplatz für Viktualien.

Hier nun, am allerstinkendsten Ort des gesamten Königreichs, wurde am 17. Juli 1738 Jean-Baptiste Grenouille geboren. Es war einer der heißesten Tage des Jahres. Die Hitze lag wie Blei über dem Friedhof und quetschte den nach einer Mischung aus fauligen Melonen und verbranntem Horn riechenden Verwesungsbrodem in die benachbarten Gassen. Grenouilles Mutter stand, als die Wehen einsetzten, an einer Fischbude in der Rue aux Fers und schuppte Weißlinge, die sie zuvor ausgenommen hatte. Die Fische, angeblich erst am Morgen aus der Seine[4] gezogen, stanken bereits so sehr, dass ihr Geruch den Leichengeruch überdeckte. Grenouilles Mutter aber nahm weder den Fisch- noch den Leichengeruch wahr, denn ihre Nase war gegen Gerüche im höchsten Maße abgestumpft, und außerdem schmerzte ihr Leib, und der Schmerz tötete alle Empfänglichkeit für äußere Sinneseindrücke. Sie wollte nur noch, dass der Schmerz aufhöre, sie wollte die eklige Geburt so rasch als möglich hinter sich bringen. Es war ihre fünfte. Alle vorhergehenden hatte sie hier an der Fischbude absolviert, und alle waren Totgeburten oder Halbtotgeburten gewesen, denn das blutige Fleisch, das da herauskam, unterschied sich nicht viel von dem Fischgekröse, das da schon lag, und lebte auch nicht viel mehr, und abends wurde alles mitsammen weggeschaufelt und hinübergekarrt zum Friedhof oder hinunter zum Fluss. So sollte es auch heute sein, und Grenouilles Mutter, die noch eine junge Frau war, gerade Mitte zwanzig, die noch ganz hübsch aussah und noch fast alle Zähne im Munde hatte und auf dem Kopf noch etwas Haar und außer der Gicht und der Syphilis und einer leichten Schwindsucht keine ernsthafte Krankheit; die noch hoffte, lange zu leben, vielleicht fünf oder zehn Jahre lang, und vielleicht sogar einmal zu heiraten und wirkliche Kinder zu bekommen als ehrenwerte Frau eines verwitweten Handwerkers oder so... Grenouilles Mutter wünschte, dass alles schon vorüber wäre. Und als die Presswehen einsetzten, hockte sie sich unter ihren Schlachttisch und gebar dort, wie schon vier Mal zuvor und nabelte mit dem Fischmesser das neugeborene Ding ab. Dann aber, wegen der Hitze und des Gestanks, den sie als solchen nicht wahrnahm, sondern nur als etwas Unerträgliches, Betäubendes – wie ein Feld von Lilien oder wie ein enges Zimmer, in dem zuviel Narzissen stehen, wurde sie ohnmächtig, kippte zur Seite, fiel unter dem Tisch hervor mitten auf die Straße und blieb dort liegen, das Messer in der Hand. Geschrei, Gerenne, im Kreis steht die glotzende Menge, man holt die Polizei. Immer noch liegt die Frau mit dem Messer in der Hand auf der Straße, langsam kommt sie zu sich.

Was ihr geschehen sei?

„Nichts."

Was sie mit dem Messer tue?

„Nichts."

Woher das Blut an ihren Röcken komme?

„Von den Fischen."

Sie steht auf, wirft das Messer weg und geht davon, um sich zu waschen.

Da fängt, wider Erwarten, die Geburt unter dem Schlachttisch zu schreien an. Man schaut nach, entdeckt unter einem Schwarm von Fliegen und zwischen Gekröse und abgeschlagenen Fischköpfen das Neugeborene, zerrt es heraus. Von Amts wegen wird es einer Amme gegeben, die Mutter festgenommen. Und weil sie geständig ist und ohne weiteres zugibt, dass sie das Ding bestimmt würde haben verrecken lassen, wie sie es im übrigen schon mit vier anderen getan habe, macht man ihr den Prozess, verurteilt sie wegen mehrfachen Kindermords und schlägt ihr ein paar Wochen später auf der Place de Grève[5] den Kopf ab.

[...]

1. de Sades, Saint-Justs, Fouchés, Bonapartes: 德萨德、圣鞠斯特、富歇、波拿巴。
2. Cimetière des Innocents: 巴黎的圣婴公墓，现已不存在。
3. das Krankenhaus Hôtel-Dieu: 巴黎主宫医院。
4. die Seine: 塞纳河。
5. Place de Grève: 沙滩广场。

Aufgaben:

1. Äußern Sie in Form eines Brainstormings erste Leseeindrücke.
2. Stellen Sie begründete Vermutungen darüber an, wie der Lebensweg Grenouilles im Romananfang vorgezeichnet wird. Berücksichtigen Sie dabei, wie die Figuren eingeführt werden.
3. Der Roman ist besonders durch seine sprachliche Qualität gekennzeichnet worden. Finden Sie die rhetorischen Mittel heraus, mit denen der Erzähler das zentrale Thema einführt.

4. Wie wird die Welt der Gerüche sinnlich und lebendig wahrgenommen?
5. Diskutieren Sie über die Tradition des Bildungsromans des 18. und 19. Jahrhunderts und überlegen Sie sich die Intention des Autors.

· Elfriede Jelinek: *Die Klavierspielerin* (1983)

埃尔弗里德·耶利内克：《钢琴教师》

> **Lesehinweis:** Der Roman handelt von der Leidensgeschichte der Klavierlehrerin Erika Kohut, die mit ihrer Mutter alltäglich in symbiotischer Beziehung steht. Von klein auf wird Erika von ihrer herrschsüchtigen Mutter zur Pianistin gedrillt und lebt als Erwachsene immer noch unter ständiger Überwachung ihrer Mutter. Ihre Emotionen und Wünsche werden völlig kontrolliert und unterdrückt. Sie flüchtet sich vor dieser Tyrannei hinein in sexuelle Perversionen. Das Verhältnis mit ihrem Schüler Walter Klemmer erweckt bei Erika das abgestorbene Gefühl zum normalen Leben. Aber ihr Versuch, durch sadomasochistische Sexualpraktiken das eigene Ich zu finden, scheitert. Klemmer fühlt sich beleidigt, denn er kann die Herausforderung seiner männlichen Autorität nicht dulden. Der Roman endet in der Vergewaltigung Erikas. Der folgende Teil ist der Romananfang.

Die Klavierlehrerin Erika Kohut stürzt wie ein Wirbelsturm[1] in die Wohnung, die sie mit ihrer Mutter teilt. Die Mutter nennt Erika gern ihren kleinen Wirbelwind, denn das Kind bewegt sich manchmal extrem geschwind. Es trachtet danach, der Mutter zu entkommen. Erika geht auf das Ende der Dreißig zu. Die Mutter könnte, was ihr Alter betrifft, leicht Erikas Großmutter sein. Nach vielen harten Ehejahren erst kam Erika damals auf die Welt. Sofort gab der Vater den Stab an seine Tochter weiter und trat ab[2]. Erika trat auf, der Vater ab. Heute ist Erika flink durch Not geworden. Einem Schwärm herbstlicher Blätter gleich, schießt sie durch die Wohnungstür und bemüht sich, in ihr Zimmer zu gelangen, ohne gesehen zu werden. Doch da steht schon die Mama groß davor und stellt Erika. Zur Rede und an die Wand, Inquisitor[3] und Erschießungskommando in einer Person, in Staat und Familie einstimmig als Mutter anerkannt. Die Mutter forscht, weshalb Erika erst jetzt, so spät, nach Hause finde? Der letzte Schüler ist bereits vor drei Stunden heimgegangen, von Erika mit Hohn überhäuft. Du glaubst wohl, ich erfahre nicht, wo du gewesen bist, Erika. Ein Kind steht seiner Mutter unaufgefordert Antwort, die ihm jedoch nicht geglaubt wird, weil das Kind gern lügt. Die Mutter wartet noch, aber nur so lange, bis sie eins zwei drei gezählt hat.

Schon bei zwei meldet sich die Tochter mit einer von der Wahrheit stark abweichenden Antwort. Die notenerfüllte Aktentasche wird ihr nun entrissen, und gleich schaut der Mutter die bittere Antwort auf alle Fragen daraus entgegen. Vier Bände Beethovensonaten teilen sich indigniert den kargen Raum mit einem neuen Kleid, dem man ansieht, dass es eben erst gekauft worden ist. Die Mutter wütet sogleich gegen das Gewand. Im Geschäft, vorhin noch, hat das Kleid, durchbohrt von seinem Haken, so verlockend ausgesehen, bunt und geschmeidig, jetzt liegt es als schlaffer Lappen da und wird von den Blicken der Mutter durchbohrt. Das Kleidergeld war für die Sparkasse bestimmt! Jetzt ist es vorzeitig verbraucht. Man hätte dieses Kleid jederzeit in Gestalt eines Eintrags ins Sparbuch der Bausparkassen der österr. Sparkassen vor Augen haben können, scheute man den Weg zum Waschekasten nicht, wo das Sparbuch hinter einem Stapel Leintücher hervorlugt. Heute hat es aber einen Ausflug gemacht, eine Abhebung wurde getätigt[4], das Resultat sieht man jetzt: jedesmal müsste Erika dieses Kleid anziehen, wenn man wissen will, wo das schöne Geld verblieben ist. Es schreit die Mutter: Du hast dir damit späteren Lohn verscherzt! Später hätten wir eine neue Wohnung gehabt, doch da du nicht warten konntest, hast du jetzt nur einen Fetzen, der bald unmodern sein wird. Die Mutter will alles später. Nichts will sie sofort. Doch das Kind will sie immer, und sie will immer wissen, wo man das Kind notfalls erreichen kann, wenn der Mama ein Herzinfarkt droht. Die Mutter will in der Zeit sparen, um später genießen zu können. Und da kauft Erika sich ausgerechnet ein Kleid! beinahe noch vergänglicher als ein Tupfer Mayonnaise auf einem Fischbrötchen. Dieses Kleid wird nicht schon nächstes Jahr, sondern bereits nächsten Monat außerhalb jeglicher Mode stehen. Geld kommt nie aus der Mode.

Es wird eine gemeinsame große Eigentumswohnung angespart. Die Mietwohnung, in der sie jetzt noch hocken, ist bereits so angejahrt, dass man sie nur noch wegwerfen kann. Sie werden sich vorher gemeinsam die Einbauschränke und sogar die Lage der Trennwände aussuchen können, denn es ist ein ganz neues Bausystem, das auf ihre neue Wohnung angewandt wird. Alles wird genau nach persönlichen Angaben ausgeführt werden. Wer zahlt, bestimmt. Die Mutter, die nur eine winzige Rente hat, bestimmt, was Erika bezahlt. In dieser nagelneuen Wohnung, gebaut nach der Methode der Zukunft, wird jeder ein eigenes Reich bekommen, Erika hier, die Mutter dort, beide Reiche säuberlich voneinander getrennt. Doch ein gemeinsames Wohnzimmer wird es geben, wo man sich trifft. Wenn man will. Doch Mutter und Kind wollen naturgemäß immer, weil sie zusammengehören. Schon hier, in diesem Schweinestall, der langsam verfällt, hat Erika ein eigenes Reich, wo sie schaltet und verwaltet wird. Es ist nur ein provisorisches Reich[5], denn die Mutter hat jederzeit freien Zutritt. Die Tür von Erikas Zimmer hat kein Schloss, und kein Kind hat Geheimnisse.

Erikas Lebensraum besteht aus ihrem eigenen kleinen Zimmer, wo sie machen kann, was sie will. Keiner hindert sie, denn dieses Zimmer ist ganz ihr Eigentum. Das Reich der Mutter ist alles übrige in dieser Wohnung, denn die Hausfrau, die sich um alles kümmert, wirtschaftet überall herum, während Erika die Früchte der von der Mutter geleisteten Hausfrauenarbeit genießt. Im Haushalt hat Erika nie schuften müssen, weil er die Hände des Pianisten mittels Putzmittel vernichtet. Was der Mutter manchmal, in einer ihrer seltenen Verschnaufpausen, Sorgen bereitet, ist ihr vielgestaltiger Besitz. Denn man kann nicht immer wissen, wo genau sich alles befindet. Wo ist dieser quirlige Besitz jetzt schon wieder? In welchen Räumen fegt er allein oder zu zwein herum? Erika, dieses Quecksilber, dieses schlupfrige[6] Ding, kurvt vielleicht in diesem Augenblick irgendwo herum und betreibt Unsinn. Doch jeden Tag aufs neue findet sich die Tochter auf die Sekunde pünktlich dort ein, wo sie hingehört: zuhause. Unruhe packt oft die Mutter, denn jeder Besitzer lernt als erstes, und er lernt unter Schmerzen: Vertrauen ist gut, Kontrolle ist dennoch angebracht. Das Hauptproblem der Mama besteht darin, ihr Besitztum möglichst unbeweglich an einem Ort zu fixieren, damit es nicht davonläuft. Diesem Zweck dient der Fernsehapparat, der schöne Bilder, schöne Weisen, vorfabriziert und verpackt[7], ins Haus liefert. Um seinetwillen ist Erika fast immer da, und wenn sie einmal fort ist, weiß man genau, wo sie herumschwirrt. Manchmal geht Erika abends in ein Konzert, doch sie tut es immer seltener. Entweder sitzt sie vor dem Klavier und drischt auf ihre längst endgültig begrabene Pianistinnenkarriere ein, oder sie schwebt als böser Geist über irgendeiner Probe mit ihren Schülern. Dort kann man sie dann notfalls anrufen. Oder Erika sitzt zu ihrem Vergnügen, zum Musizieren und Jubilieren, beim Kammermusizieren mit Kollegen, welche gleichgesinnt sind. Dort kann man sie auch anrufen. Erika kämpft gegen mütterliche Bande und ersucht wiederholt, nicht angerufen zu werden, was die Mutter übertreten kann, denn sie allein bestimmt die Gebote. Die Mutter bestimmt auch die Nachfrage nach ihrer Tochter, was damit endet, dass immer weniger Leute die Tochter sehen oder sprechen wollen. Erikas Beruf ist gleich Erikas Liebhaberei: die Himmelsmacht Musik. Die Musik füllt Erikas Zeit voll aus. Keine andere Zeit hat darin Platz. Nichts macht so viel Freude wie eine musikalische Höchstdarbietung, von Spitzenkräften erzeugt.

[...]

1. der Wirbelsturm: 旋风。
2. Sofort... trat ab: 父亲很快把指挥棒传给了女儿并退下场。
3. der Inquisitor: 异端裁判所的审讯官。
4. eine Abhebung wurde getätigt: 取了一笔款项。
5. ein provisorisches Reich: 一个暂时的领地。
6. schlupfrig: 滑溜的。
7. vorfabriziert und verpackt: 预先制作和包装好的。

Aufgaben:
1. Was ist das Ziel der Mutter im Zusammenleben mit Erika? Wie behandelt die Mutter ihre Tochter zeitlebens?
2. Wie verhält sich Erika unter der Kontrolle ihrer Mutter?
3. Der Textauszug gibt schon die archaische Beziehung zwischen Eltern und Kind wieder. Diskutieren Sie darüber.
4. Das Ziel von Jelineks Sprachspielen ist vielfach satirische Kritik. Zählen Sie einige Beispiele auf.

5. Der Roman ist das am besten untersuchte Buch Elfriede Jelineks. Es gibt verschiedene Interpretationsansätze. Informieren Sie sich darüber und äußern Sie Ihre Position.

- **Thomas Bernhard: *Heldenplatz* (1988)**

托马斯·本哈德：《英雄广场》

> **Lesehinweis:** Das Theaterstück spielt nach dem Selbstmord eines alten jüdischen Professors in Wien, dessen Familie nach dem Zweiten Weltkrieg aus der Emigration nach Österreich zurückgekehrt ist. Er stürzt sich aus dem Fenster über den Heldenplatz, knapp 50 Jahre nachdem Hitler dort seine Rede zum Anschluss Österreichs an das Dritte Reich hielt. Der Hauptteil des Dramas beginnt allerdings erst im zweiten Akt. Robert Schuster, der Bruder des Toten sitzt nach der Beerdigung auf einer Parkbank und hält seinen beiden Nichten einen „Vortrag" über den Judenhass der Wiener, die Stumpfsinnigkeit der Österreicher, die Verderbtheit der Politik und die Niederträchtigkeit des Menschen im Allgemeinen. Der wachsende Antisemitismus und Rechtsradikalismus sind nicht mehr auszuhalten, denn die Situation im gegenwärtigen Österreich sei „noch viel schlimmer als vor fünfzig Jahren". Folgender Textauszug stammt aus dem zweiten Akt des Stücks.

[...]
PROFESSOR ROBERT
Eine vollkommen sinnlose Straße
ich weiß das
eine totale Verschandelung von Neuhaus
aber ich unterschreibe keinen Protest
Das ganze Leben ist ja ein einziger Protest
und es nützt gar nichts
alle haben sich nur verschlissen[1] mit ihren Protesten
gegen alles wird ja protestiert heute
Und es nützt nichts
ANNA
Wo du doch die besten Verbindungen
zu den Ministerien hast
du kennst noch so viel einflussreiche Leute
und bist zum Großteil mit ihnen allen befreundet
PROFESSOR ROBERT
Ich mische mich in nichts mehr ein
mein Leben ist ja mehr oder weniger abgeschlossen

mir ist es ganz egal was mit Neuhaus geschieht
wie es mir auch egal ist was mit den anderen Orten geschieht
sollen alle machen was sie wollen
ich protestiere gegen nichts mehr
das heißt ja nicht dass ich nicht dagegen bin
ich bin ja gegen fast alles
aber protestieren wie du dir das vorstellst nein
Ich gebe meine Unterschrift nicht mehr her
Wenigstens in Neuhaus will ich meinen Frieden und meine Ruhe haben
OLGA
Es wird ja nicht nur die Straße durch den Apfelgarten gebaut
sie bauen auch eine Straße durch den Wald
im Mai wird der halbe Wald abgeholzt
PROFESSOR ROBERT
Das weiß ich
das entgeht mir ja nicht
dass alles zerstört wird
ihr tut ja so als wüsste ich davon nichts
ich weiß auch dass die alte Schule abgerissen wird
aber ich protestiere nicht mehr
dazu seid ihr da
die nächste Generation
die Welt ist ja schon heute nurmehr noch eine zerstörte
alles in allem unerträglich hässliche
man kann hingehen wo man will
die Welt ist heute nur noch eine hässliche
und eine durch und durch stumpfsinnige
alles verkommen wohin man schaut
alles verwahrlost wohin man schaut
am liebsten möchte man gar nicht mehr aufwachen
in den letzten fünfzig Jahren haben die Regierenden
alles zerstört
und es ist nicht mehr gutzumachen
die Architekten haben alles zerstört
mit ihrem Stumpfsinn
die Intellektuellen haben alles zerstört
mit ihrem Stumpfsinn
das Volk hat alles zerstört
mit seinem Stumpfsinn
die Parteien und die Kirche .

haben alles mit ihrem Stumpfsinn zerstört
der immer ein niederträchtiger Stumpfsinn gewesen ist
und der österreichische Stumpfsinn ist ein durch und durch abstoßender[2]
Die Industrie und die Kirche
sind an dem österreichischen Unglück schuld
die Kirche und die Industrie sind schon immer
am österreichischen Unglück schuld gewesen
die Regierungen hängen ja vollkommen
von Industrie und Kirche ab
das ist immer so gewesen
und in Österreich ist alles immer am schlimmsten gewesen
dem Stumpfsinn sind immer alle nachgelaufen
der Geist ist immer mit Füßen getreten worden[3]
Die Industrie und der Klerus sind die Drahtzieher
des österreichischen Übels
Im Grunde kann ich euren Vater sehr gut verstehen
mich wundert ja dass nicht das ganze österreichische Volk
längst Selbstmord gemacht hat
aber die Österreicher insgesamt als Masse
sind heute ein brutales und dummes Volk
In dieser Stadt müsste ein Sehender ja
tagtäglich rund um die Uhr Amok laufen
er schaut in Richtung auf das Burgtheater
Was diesem armen unmündigen Volk geblieben ist
ist nichts als das Theater
Österreich selbst ist nichts als eine Bühne
auf der alles verlottert und vermodert und verkommen ist
eine in sich selber verhasste Statisterie[4]
von sechseinhalb Millionen Alleingelassenen
sechseinhalb Millionen Debile und Tobsüchtige[5]
die ununterbrochen aus vollem Hals nach einem Regisseur schreien
Der Regisseur wird kommen
und sie endgültig in den Abgrund hinunterstoßen
Sechseinhalb Millionen Statisten
die von ein paar verbrecherischen Hauptdarstellern
die in der Hofburg und auf dem Ballhausplatz sitzen
an jedem Tag vor den Kopf
und am Ende doch wieder nur in den Abgrund gestoßen werden
Die Österreicher sind vom Unglück Besessene
der Österreicher ist von Natur aus unglücklich

und ist er einmal glücklich schämt er sich dessen
und versteckt sein Glück in seiner Verzweiflung
ANNA
Der Vater hat, schon alles richtig gesehen
der Vater ist immer konsequent gewesen
[...]

> 1. verschlissen: verschleißen, 消耗、磨损。
> 2. abstoßend: 令人讨厌的。
> 3. der Geist ist immer mit Füßen getreten worden: 思想总是被脚所践踏。
> 4. die Statisterie: 全体配角演员。
> 5. Debile und Tobsüchtige: 低能儿和癫狂者。

Aufgaben:
1. Die Uraufführung dieses Stückes am 4. November 1988 löste einen landesweiten Skandal aus. Es war gerade das Jahr, in dem auch des 50. Jahrestages des „Anschlusses" Österreichs gedacht wurde. Rechechieren Sie den einschlägigen historischen Hintergrund.
2. Der Auszug ist der zweiten Szene entnommen, die im Volksgarten spielt. Was für ein Bild von Österreich wird hier von Robert Schuster preisgegeben?
3. Auf welche Weise wird die beißende Kritik an Österreich zum Ausdruck gebracht? Beachten Sie dabei sprachliche Merkmale und stilistische Mittel.
4. Wie beurteilen Sie die extrem anti-österreichische Haltung Bernhards? Münzen wir dieses Stück nur auf Österreich, oder können wir seine Kritik auf alle Länder, die sich nicht gegen den Faschismus aufgelehnt haben, übertragen?

15. LITERATUR NACH 1990
1990年以后的文学

15.1 Epochenüberblick

Nach den 1990er Jahren entsteht eine Folge der politischen Veränderungen: Der Ost-West-Gegensatz löst sich auf, der Kalte Krieg ist zu Ende. Es gibt jedoch neue Bedrohungen für Europa. All diese Themen finden Eingang in die Literatur. Zugleich rückt auch das Individuum mit seinen Sorgen und Schwächen in den Mittelpunkt der Literatur.

· **Die politische Situation:**

Der Fall der Mauer und die deutsche Einheit am 3. Oktober 1990 werden als ein epochaler Einschnitt in die deutsche Geschichte eingetragen. Schon in den ersten Jahren nach der Wiedervereinigung legte sich die spontane Begeisterung, bedingt durch hohen finanziellen Einsatz der alten Bundesländer und wachsende Arbeitslosigkeit in den neuen. Soziale Probleme führten zu einem Mitgliederanstieg bei politischen Extremgruppierungen. Im Zeichen der Globalisierung stieg die Arbeitslosenzahl immer hoch. Der Sozialstaat wurde umgebaut (Hartz IV-Gesetze), die Regierung wechselte mehrfach. Die Frage nach der eigenen politischen, gesellschaftlichen und weltanschaulichen Identität stand im Zentrum. Die Probleme mit den Stasi-Akten bereiteten öffentliche Diskussionen weiterhin.

· **Kulturelle Voraussetzungen:**

Globalisierung bezieht sich nicht nur auf den wirtschaftlichen Sektor, sondern auch doch auf die politischen Probleme. So stellt der islamistische Terrorismus ein weltweites Problem dar. Eine geistliche Tendenz um die Jahrtausendwende ist deutlich zu erkennen, Grenzen emanzipatorischer Lebensentwürfe zu markieren und nach einem verbindlichen Wertehorizont zu suchen. Damit werden die Ideologien des 20. Jahrhunderts weitergehend in Frage gestellt.
Philosophen und Literaten befinden sich in einer Umbruchzeit. Einerseits setzen sie sich mit klassischen und antiken Denkmustern auseinander, andererseits nehmen sie Rücksicht

auf eine sachliche Beschreibung des wirklichen Zustandes der Gesellschaft. Auch die jüngere Vergangenheit, die NS-Zeit und die Geschichte der DDR werden erneut unter die Lupe genommen.

· **Autoren und Themen:**

Die deutsche Literatur präsentiert sich seit den 1990er Jahren sehr vielfältig. Zur gleichen Zeit schließen sich auch viele Autoren der literarischen Tradition der „neuen Subjektivität" und der „neuen Innerlichkeit" an.

Viele Werke beschäftigen sich mit der DDR-Vergangenheit (vgl. Wolfgang Hilbig: *Ich*, 1993; Thomas Brussig: *Helden wie wir*, 1995; Christoph Hein: *Von allem Anfang an*, 1997). Auch das Leben im vereinten Deutschland sowie die menschlichen und wirtschaftlichen Verhältnisse werden zum Thema gemacht (z.B. Rolf Hochhuth: *Wessis in Weimar*, 1993; Urs Widmer: *Top Dogs*, 1996; Ingo Schulze: *Simple Storys*, 1998).

Manche Autoren wenden sich verstärkt geschichtlich-mythologischen Stoffen zu, z. B. Christa Wolf: *Medea Stimmen*, Helmut Krausser: *Thonatos* und Botho Strauß: *Ithaka* (alle 1996). Sie versuchen eine Lösungsmöglichkeit für die Probleme der Gegenwart herauszufinden.

Um Schuld und Vergangenheit kreist Bernhard Schlinks Roman *Der Vorleser* (1995). Der im gleichen Jahr erschienene Roman *Morbus Kitahara* von Christoph Ransmayr reiht sich in eine österreichische Literaturtradition, die immer wieder Fragen der Schuld, Heimatlosigkeit, Verzweiflung und Vergänglichkeit thematisiert und sich einer heilen Heimatidylle verweigert (vgl. Josef Haslinger: *Opernball*, 1995; Elfriede Jelinek: *Die Kinder der Toten*, 1995).

Daneben tendiert die Literatur zu einer Art von autobiografischen oder autobiografisch gefärbten Texten, in denen vor allem „große" Schriftsteller angesichts gesellschaftlicher Umstrukturen Erfahrungen über ihr Leben machen (Marcel Reich-Ranicki: *Mein Leben*, 1999; Günter Grass: *Mein Jahrhundert*, 1999; *Beim Häuten der Zwiebel*, 2006; Martin Walser: *Angstblüte*, 2006).

Die Werke der Nachwuchsautoren wie Benjamin Lebert, Thomas Brussig, Thomas Lehr, Karen Duve, Judith Hermann, Zoe Jenny und Benjamin von Stuckrad-Barre demonstrieren eine neue Perspektive in der deutschen Literatur. Die jungen Autoren wenden sich von den Themen wie Schuld, Anklage und Selbstanklage ab, die seit 1945 in der deutschen Literatur vorherrschen. Geschichten werden lustvoll und unbekümmert erzählt, und ein neuer Blick auf den Menschen und die Welt wird eröffnet.

15.2 Ausgewählte Texte

· **Bernhard Schlink:** *Der Vorleser* **(1995)**

本哈德·施林克：《朗读者》

> **Lesehinweis:** Der 15-jährige Junge Michael Berg lernt die Straßenbahnschaffnerin Hanna Schmitz kennen und beginnt mit dieser 21 Jahre älteren Frau eine Beziehung. Das Verhältnis wird später durch das Ritual des Duschens, Vorlesens und Sex geprägt, bis Hanna nach einem Jahr plötzlich und ohne Vorankündigung aus der Stadt wegzieht. Als Jura-Student trifft Michael in einem Gerichtsprozess auf Hanna wieder, die als eine Aufseherin in einem KZ angeklagt wird. Zu diesem Zeitpunkt begreift Michael, dass Hanna Analphabetin ist, sagt es dem Richter jedoch aus Gewissenskonflikten nicht, als sie angeklagt wird, ein bestimmtes Protokoll geschrieben zu haben. Hanna wird daraufhin zu lebenslanger Freiheitsstrafe verurteilt. Michael fängt an ihr auf Kassetten vorzulesen und diese an Hanna ins Gefängnis zu schicken. Zehn Jahre später wird er von der Gefängnisdirektorin gebeten, sich nach der Entlassung um Wiedereingliederung von Hanna zu kümmern. Doch einen Tag vor ihrer Entlassung erhängt sich Hanna im Gefängnis. Folgender Textauszug stammt aus dem 10. Kapitel des 2. Buches im Roman.

[...]

Hanna konnte nicht lesen und schreiben.

Deswegen hatte sie sich vorlesen lassen. Deswegen hatte sie mich auf unserer Fahrradtour das Schreiben und Lesen übernehmen lassen und war am Morgen im Hotel außer sich gewesen, als sie meinen Zettel gefunden, meine Erwartung, sie kenne seinen Inhalt, geahnt und ihre Bloßstellung[1] gefürchtet hatte. Deswegen hatte sie sich der Beförderung bei der Straßenbahn entzogen; ihre Schwäche, die sie als Schaffnerin verbergen konnte, wäre bei der Ausbildung zur Fahrerin offenkundig geworden. Deswegen hatte sie sich der Beförderung bei Siemens entzogen und war Aufseherin geworden. Deswegen hatte sie, um der Konfrontation mit dem Sachverständigen zu entgehen, zugegeben, den Bericht geschrieben zu haben. Hatte sie sich deswegen im Prozess um Kopf und Kragen[2] geredet? Weil sie das Buch der Tochter wie auch die Anklage nicht hatte lesen, die Chancen ihrer Verteidigung nicht hatte sehen und sich nicht entsprechend hatte vorbereiten können? Hatte sie deswegen ihre Schützlinge nach Auschwitz geschickt? Um sie, falls sie was gemerkt haben sollten, stumm zu machen? Und hatte sie deswegen die Schwachen zu ihren Schützlingen gemacht?

Deswegen? Dass sie sich schämte, nicht lesen und schreiben zu können, und lieber mich befremdet als sich bloßgestellt hatte, verstand ich. Scham als Grund für ausweichendes, abwehrendes, verbergendes und verstellendes, auch verletzendes Verhalten kannte ich selbst. Aber Hannas Scham, nicht lesen und schreiben zu können, als Grund für ihr Verhalten im Prozess und im Lager? Aus Angst vor der Bloßstellung als Analphabetin die Bloßstellung als Verbrecherin? Aus Angst vor der Bloßstellung als Analphabetin das Verbrechen?[3]

Wie oft habe ich mir damals und seitdem dieselben Fragen gestellt. Wenn Hannas Motiv die Angst vor Bloßstellung war – wieso dann statt der harmlosen Bloßstellung als Analphabetin die furchtbare als Verbrecherin? Oder meinte sie, ohne jede Bloßstellung durch- und davonzukommen? War sie einfach dumm? Und war sie so eitel und böse, für das Vermeiden einer Bloßstellung zur Verbrecherin zu werden?

Ich habe es damals und seitdem immer wieder verworfen. Nein, habe ich mir gesagt, Hanna hatte sich nicht für das Verbrechen entschieden. Sie hatte sich gegen die Beförderung bei Siemens entschieden und war in die Tätigkeit als Aufseherin hineingeraten. Und nein, sie hatte die Zarten und Schwachen nicht mit dem Transport nach Auschwitz[4] geschickt, weil sie ihr vorgelesen hatten, sondern hatte sie fürs Vorlesen ausgewählt, weil sie ihnen den letzten Monat erträglich machen wollte, ehe sie ohnehin nach Auschwitz mussten. Und nein, im Prozess wog Hanna nicht zwischen der Bloßstellung als Analphabetin und der Bloßstellung als Verbrecherin ab. Sie kalkulierte und taktierte nicht. Sie akzeptierte, dass sie zur Rechenschaft gezogen wurde, wollte nur nicht überdies bloßgestellt werden. Sie verfolgte nicht ihr Interesse, sondern kämpfte um ihre Wahrheit, ihre Gerechtigkeit. Es waren, weil sie sich immer ein bisschen verstellen musste, weil sie nie ganz offen, nie ganz sie selbst sein konnte, eine klägliche Wahrheit und eine klägliche Gerechtigkeit, aber es waren ihre, und der Kampf darum war ihr Kampf.

Sie musste völlig erschöpft sein. Sie kämpfte nicht nur im Prozess. Sie kämpfte immer und hatte immer gekämpft, nicht um zu zeigen, was sie kann, sondern um zu verbergen, was sie nicht kann. Ein Leben, dessen Aufbrüche in energischen Rückzügen und dessen Siege in verheimlichten Niederlagen bestehen.

Seltsam berührte mich die Diskrepanz[5] zwischen dem, was Hanna beim Verlassen meiner Heimatstadt beschäftigt haben musste, und dem, was ich mir damals vorgestellt und ausgemalt hatte. Ich war sicher gewesen, sie vertrieben, weil verraten und verleugnet zu haben, und tatsächlich hatte sie sich einfach einer Bloßstellung bei der Straßenbahn entzogen. Allerdings änderte der Umstand, dass ich sie nicht vertrieben hatte, nichts daran, dass ich sie verraten hatte. Also blieb ich schuldig. Und wenn ich nicht schuldig war, weil der Verrat einer Verbrecherin nicht schuldig machen kann, war ich schuldig, weil ich eine Verbrecherin geliebt hatte.

1. die Bloßstellung: 暴露。
2. um Kopf und Kragen: 拼尽全力。
3. Aus Angst ...Verbrechen?: 害怕泄露自己是文盲，而宁愿坦白自己是罪犯？
4. Auschwitz: 奥斯维辛集中营。
5. die Diskrepanz: 矛盾，割裂。

Aufgaben:
1. Geben Sie die Selbstreflexion des Ich-Erzählers wieder.
2. Hanna Schmitz ist Analphabetin. Wie erklärt der Ich-Erzähler Hannas Handeln aus dieser Sicht? Setzen Sie sich mit dem Thema des Analphabetismus auseinander.
3. „[...] war ich schuldig, weil ich eine Verbrecherin geliebt hatte." Wie sieht Michael die Beziehung mit Hanna?
4. Das Thema Schuld nimmt in Bernhard Schlinks Roman eine herausragende Stellung ein. Worum geht es konkret?

· **Judith Hermann:** *Sommerhaus, später* (1998)

尤迪特·海尔曼：《夏屋，以后》

> **Lesehinweis:** Der Erzählungsband *Sommerhaus, später* enthält neun Kurzgeschichten. Hermann skizziert in kurzen Sätzen die Stimmungen der Personen und die feinen Nuancen. Alle Protagonisten leben in einer ungeordneten, chaotischen (urbanen) Gesellschaft, konsumieren maßlos Alkohol und Drogen und leben anderweitig ohne Sinn und ohne Ziel vor sich her. Sie sind in Berlin lebende Künstler, Studenten, Arbeitslose, Bohème der 1990er Generation. Die teilweise nur ein paar Seiten langen Erzählungen vermitteln einfühlsam die Befindlichkeit der Figuren und die Atmosphäre am Ort. Über allen Geschichten liegt ein Hauch von Melancholie. Die titelgenannte Kurzgeschichte wird von einer jungen Frau gegeben. Nach einer kurzen Affäre mit einem Taxifahrer namens Stein entfaltet sich zeitweise eine Geschichte zwischen den beiden, die aber bedrückend endet. Abgedruckt sind hier der Anfang und der Schluss der Erzählung.

Stein fand das Haus im Winter. Er rief mich irgendwann in den ersten Dezembertagen an und sagte: „Hallo", und schwieg. Ich schwieg auch. Er sagte: „Hier ist Stein", ich sagte: „Ich weiß", Er sagte: „Wie geht's denn", ich sagte: „Warum rufst du an", er sagte: „Ich hab's gefunden", ich fragte verständnislos: „Was hast du gefunden?" und er antwortete gereizt: „Das Haus! Ich hab das Haus gefunden".

Haus. Ich erinnerte mich. Stein und sein Gerede von dem Haus, raus aus Berlin, Landhaus, Herrenhaus, Gutshaus, Linden davor, Kastanien dahinter, Himmel darüber, See märkisch, drei Morgen[1] Land mindestens, Karten ausgebreitet, markiert, Wochen in der Gegend rumgefahren, suchend. Wenn er dann zurückkam, sah er komisch aus, und die anderen sagten: „Was erzählt der bloß. Das wird doch nie was." Ich vergaß das, wenn ich Stein nicht sah. Wie ich auch ihn vergaß.

Ich zündete mir mechanisch eine Zigarette an, wie immer, wenn Stein irgendwie auftrat und mir also wenig einfiel. Ich sagte zögernd: „Stein? Hast du's gekauft? " und er schrie: „Ja!" und dann fiel ihm der Hörer aus der Hand. Ich hatte ihn noch nie schreien gehört. Und dann war er wieder dran und schrie weiter, schrie: „Du musst es dir ansehen. Es ist unglaublich, es ist großartig, es ist toll!" Ich fragte nicht, wieso gerade ich mir das ansehen sollte. Ich hörte zu, obwohl er dann lange nichts mehr sagte.

„Was machst du gerade?" fragte er schließlich, es klang geradezu obszön[2], und seine Stimme zitterte ein wenig. „Nichts", sagte ich. „Ich sitze so rum und lese Zeitung." – „Ich hole dich ab. In zehn Minuten", sagte Stein und legte auf.

Fünf Minuten später war er da, nahm den Daumen dann noch nicht von der Klingel, als ich ihm schon lange geöffnet hatte. Ich sagte: „Stein, das nervt. Hör auf zu klingeln", ich wollte sagen: Stein, es ist saukalt draußen, ich habe keine Lust, mit dir rauszufahren, verschwinde. Stein hörte auf zu klingeln, legte den Kopf schief, wollte was sagen, sagte nichts. Ich zog mich an. Wir fuhren los. Sein Taxi roch nach Zigaretten, ich kurbelte das Fenster herunter und hielt mein Gesicht in die kalte Luft.

Die Beziehung zu Stein, wie die anderen das nannten, lag damals schon zwei Jahre zurück. Sie hatte nicht lange angedauert und vor allem aus gemeinsamen Fahrten mit seinem Taxi bestanden. Ich hatte ihn in seinem Taxi kennengelernt. Er hatte mich zu einem Fest gefahren und auf der Autobahn eine Trans-AM-Kassette[3] in den Rekorder geschoben, als wir da waren, sagte ich, das Fest sei jetzt doch woanders, und wir fuhren weiter, und irgendwann schaltete er die Uhr ab. Er kam mit zu mir. Er stellte seine Plastiktüten in meinen Flur und blieb drei Wochen lang. Stein hatte nie eine eigene Wohnung besessen, er zog mit diesen Tüten durch die Stadt und schlief mal hier und mal da, und wenn er nichts fand, schlief er in seinem Taxi. Er war nicht das, was man sich unter einem Obdachlosen vorstellt. Er war sauber, gut angezogen, nie verwahrlost[4], er hatte Geld, weil er arbeitete, er hatte eben keine eigene Wohnung, vielleicht wollte er keine. [...]

Im März verschwand Stein. Er erschien nicht zu Heinzes dreißigstem Geburtstag und nicht zu Christianes Premiere und auch nicht zu Annas Konzert. Er war weg, und als Henriette blöde unauffällig fragte, zuckten sie mit den Schultern. Ich zuckte nicht mit den Schultern, aber ich schwieg. Eine Woche später kam die erste Karte. Es war ein Foto der Dorfkirche von Canitz, und auf der Rückseite stand:

Das Dach ist dicht. Das Kind putzt sich die Nase, spricht nicht, ist immer da. Auf die Sonne ist Verlass, ich rauche, wenn sie geht, ich habe was gepflanzt, das kannst du essen. Den Efeu schneid ich, wenn du kommst, du weißt, du hast die Schlüssel immer noch.

Danach kamen regelmäßig Karten, ich wartete, wenn sie einen Tag ausblieben. War ich enttäuscht. Es waren immer Fotos der Kirche und immer vier oder fünf Sätze, wie kleine Rätsel, manchmal schön, manchmal unverständlich. Stein schrieb oft... *Wenn du kommst.* Er schrieb nicht: „Komm." Ich beschloss, auf das „Komm" zu warten, und dann loszufahren.

Im Mai kam keine Karte, aber ein Brief. Ich betrachtete Steins ungelenke, große Handschrift auf dem Umschlag, kroch zu Falk ins Bett zurück und riss das Papier auf. Falk schlief noch und schnarchte. Im Umschlag war ein aus dem Angermünder Anzeiger[5] ausgeschnittener Zeitungsartikel, Stein hatte das Datum auf die Rückseite gekritzelt. Ich schob Falks schlafwarmen Körper beiseite, faltete den Artikel auseinander und las:

REGIONALES

In der Nacht zu Freitag brannte in Canitz das ehemalige Gutshaus bis auf die Grundmauern ab. Der Besitzer, ein Berliner, der das im 18. Jahrhundert erbaute Haus vor einem halben Jahr gekauft und wieder instandgesetzt hatte, ist seitdem als vermisst gemeldet. Die Unglücksursache steht noch nicht fest, die Polizei schließt Brandstiftung bisher nicht aus.

Ich las das drei Mal. Falk bewegte sich. Ich starrte von dem Artikel auf Steins Handschrift auf dem Briefumschlag und zurück auf den Artikel. Der Poststempel auf der Briefmarke war aus Stralsund. Falk wachte auf, sah mich einen Moment lang teilnahmslos an, griff dann nach meinem Handgelenk und fragte mit der fiesen Schläue der Dummen:

„Was ist das?"

Ich zog meine Hand weg, stieg aus dem Bett und sagte: „Nichts."

Ich ging in die Küche und stand zehn Minuten lang stumpfsinnig vor dem Herd herum. Die Uhr über dem Herd tickte. Ich lief ins hintere Zimmer, zog die Schreibtischschublade auf und legte den Briefumschlag zu den anderen Karten und dem Schlüsselbund. Ich dachte: „Später."

1. drei Morgen: 3摩尔干。摩尔干，欧洲的土地面积单位，1摩尔干约等于0.25到0.34公顷。
2. obszön: 色迷迷的。
3. Trans-AM-Kassette: 赛车乐队的磁带。赛车乐队，来自美国的摇滚乐队。
4. verwahrlost: 衣着不整洁。
5. aus dem Angermünder Anzeiger: 来自《安格明德报》。安格明德，德国勃兰登堡州的一个地区。

Aufgaben:

1. Beschreiben Sie eingehend die Beziehung zwischen der Erzählerin und Stein (Begegnung, Zusammenleben, Gefühle, gemeinsame Interessen, Änderungen in der Beziehung usw.).
2. Was will Stein mit dem Kauf des Hauses erreichen? Wie realistisch ist seine Zielsetzung?
3. Das Haus brennt ab. Die Polizei schließt Brandstiftung bisher nicht aus. Wer sollte der Brandstifter sein? Warum?
4. Wie ist die Erzählerin konzipiert?

· **Christa Wolf:** *Medea. Stimmen* (1996)

克丽丝塔·沃尔夫：《美狄亚·声音》

> **Lesehinweis:** Bei der Beschäftigung mit dem ursprünglichen Medea-Mythos des Euripedes wurde Christa Wolf angeregt, den tradierten Prototyp von Medea als Kindsmörderin umzustürzen, um eine politische und persönliche Bedeutung zu gewinnen sowie die Figur der Medea feministisch zu interpretieren. Der Roman umfasst elf innere Monologe, in denen die Stimmen der sechs Romangestalten zu Wort kommen. Die Erzählung handelt von der kolchischen Königstochter Medea, die mit dem Argonauten Jason nach Korinth geflohen ist. In Korinth bewahrt Medea ihr Selbstbewusstsein und Identität, während Jason hingegen immer mehr unter den Einfluss des korinthischen Hofes gerät. Medea zieht damit den Neid und die Missgunst der Korinther auf sich und wird Opfer einer großen Intrige. Schließlich wird sie zum Sündenbock gemacht und aus Korinth vertrieben. Ausgewählt sind hier das Vorwort der Autorin und der letzte Monolog von Medea.

Wir sprechen einen Namen aus und treten, da die Wände durchlässig sind, in ihre Zeit ein, erwünschte Begegnung, ohne zu zögern erwidert sie aus der Zeittiefe heraus unseren Blick. Kindsmörderin? Zum erstenmal dieser Zweifel. Ein spöttisches Achselzucken, ein Wegwenden, sie braucht unseren Zweifel nicht mehr, nicht unser Bemühen, ihr gerecht zu werden, sie geht. Uns voran? Von uns zurück? Die Fragen haben unterwegs ihren Sinn verloren. Wir haben sie auf den Weg geschickt, aus der Tiefe der Zeit kommt sie uns entgegen, wir lassen uns zurückfallen, vorbei an den Zeitaltern, die, so scheint es, nicht so deutlich zu uns sprechen wie das ihre. Irgendwann müssen wir uns begegnen.

Lassen wir uns zu den Alten hinab, holen sie uns ein? Gleichviel. Es genügt ein Händereichen. Leichthin wechseln sie zu uns über, fremde Gäste, uns gleich. Wir besitzen den Schlüssel, der alle Epochen aufschließt, manchmal benutzen wir ihn schamlos, werfen einen eiligen Blick durch den Türspalt, erpicht auf schnellfertige Urteile, doch sollte es auch möglich sein, uns schrittweise zu nähern, mit Scheu vor dem Tabu, gewillt, den Toten ihr Geheimnis nicht ohne Not zu entreißen. Das Eingeständnis unserer Not, damit müssten wir anfangen.

Die Jahrtausende schmelzen unter starkem Druck. Soll also der Druck bleiben. Müßige Frage. Falsche Fragen verunsichern die Gestalt, die sich aus dem Dunkel der Verkennung lösen will. Wir müssen sie warnen. Unsere Verkennung bildet ein geschlossenes System, nichts kann sie widerlegen. Oder müssen wir uns in das Innerste unserer Verkennung und Selbstverkennung hineinwagen, einfach gehen, miteinander, hintereinander, das Geräusch der einstürzenden Wände im Ohr. Neben uns, so hoffen wir, die Gestalt mit dem magi-

schen Namen, in der die Zeiten sich treffen, schmerzhafter Vorgang. In der unsere Zeit uns trifft. Die wilde Frau.
Jetzt hören wir Stimmen.

11

Die Männer, die von dem Geheimnis ausgeschlossen sind, Leben hervorzubringen, finden im Tod einen Ort, der, da er das Leben nimmt, als mächtiger angesehen wird als dieses selbst.
Adriana Cavarero, ›Platon zum Trotz‹

Medea

Tot. Sie haben sie ermordet. Gesteinigt[1], sagt Arinna. Und ich habe gedacht, ihre Rachsucht ergeht, wenn ich gehe. Ich habe sie nicht gekannt.
Mich hat sie nicht erkannt, doch Lyssa, ihre Mutter, erkannte sie an einem dunklen Fleck in ihrer Armbeuge. Wie sie erschrak. Das Leben hier hat uns verändert. Die Höhle. Die gnadenlose Sonne im Sommer, die Kälte im Winter. Die Nahrung aus Flechten, Käfern, kleinem Getier, Ameisen. Wir sind die Schatten unserer früheren Jahre.
Wir verblendeten. Wir habe von den Kindern als von Lebenden gesprochen. Haben sie aufwachsen sehen, Jahr um Jahr. Unsere Rächer sollten sie sein. Und ich war noch nicht aus dem Weichbild[2] ihrer Stadt, da waren sie schon tot.
Welcher Unhold[3] hat Arinna hergeführt. Wollen die Götter mich lehren, wieder an sie zu glauben. Da lach ich nur. Jetzt bin ich ihnen über. Wo sie mich auch abtasten mit ihren grausamen Organen, sie finden keine Spur von Hoffnung, keine Spur von Furcht an mir. Nichts nichts. Die Liebe ist zerschlagen, auch der Schmerz hört auf. Ich bin frei. Wunschlos horch ich auf die Leere, die mich ganz erfüllt.
Und die Korinther sollen immer noch nicht fertig sein mit mir. Was reden sie. Ich, Medea, hätte meine Kinder umgebracht. Ich, Medea, hätte mich an dem ungetreuen Jason rächen wollen. Wer soll das glauben, fragte ich. Arinna sagte: Alle. Auch Jason? Der hat nichts mehr zu sagen. Aber die Kolcher? Die sind alle tot, bis auf die Frauen in den Bergen, und die sind verwildert[4].
Arinna sagt, im siebten Jahre nach dem Tod der Kinder haben die Korinther sieben Knaben und sieben Mädchen aus edlen Familien ausgewählt. Haben ihnen die Köpfe geschoren[5]. Haben sie in den Heratempel geschickt, wo sie ein Jahr verweilen müssen, meiner toten Kinder zu gedenken. Und dies von jetzt an alle sieben Jahre.
So ist das. Darauf läuft es hinaus. Sie sorgen dafür, dass auch die Späteren mich Kindsmörderin nennen sollen. Aber was ist denen das gegen die Greuel, auf welche sie zurückblicken werden. Denn wir sind unbelehrbar.
Was bleibt mir. Sie verfluchen. Fluch über euch alle. Fluch besonders über euch: Akamas. Kreon. Agameda. Presbon. Ein grässliches Leben komme über euch und ein elender Tod. Euer Geheul[6] soll zum Himmel aufsteigen und soll ihn nicht rühren. Ich, Medea, verfluche euch.

Wohin mit mir. Ist eine Welt zu denken, eine Zeit, in die ich passen würde. Niemand da, den ich fragen könnte. Das ist die Antwort.

> 1. steinigen: 用石头砸死。
> 2. das Weichbild: 市区。
> 3. der Unhold: 魔鬼。
> 4. verwildert: 变野蛮的。
> 5. ihnen die Köpfe scheren: 给他们剃光了头。
> 6. das Geheul: 号叫。

Aufgaben:
1. Welche Gedanken werden im Vorwort von der Autorin zum Ausdruck gebracht?
2. Vor jedem Monolog steht ein reflektierendes Motto. Erklären Sie die Bedeutung des Mottos vor Medeas Stimme im Textzusammenhang.
3. Medea hat von Arinna erfahren, dass die Korinther ihre (Medeas) Kinder ermordet. Wie reagiert Medea darauf?
4. Wie fühlt sich Medea in der Verbannung?
5. *Medea* kann man auch als autobiografischen Schlüsselroman lesen. Arbeiten Sie heraus, wie sich Chrita Wolf in der Figur der Medea darstellt.

· **Günter Grass:** *Im Krebsgang* (2002)

君特·格拉斯：《蟹行》

Lesehinweis: Grass hat mit *Im Krebsgang* die „Täter-Opfer-Debatte" ausgelöst, da er als einer der ersten Autoren Deutsche zur Zeit des 2. Weltkriegs nicht nur als Täter, sondern auch als Opfer darstellt. Im Mittelpunkt steht das historische Ereignis der Versenkung des Flüchtlingsschiffs „Wilhelm Gustloff" am 30. Januar 1945. Die 9000 Menschen kamen dabei ums Leben, Matrosen, Marinehelfer und ostpreußische Flüchtlinge. Die Handlung der Novelle ist umfangreich und verläuft mehrsträngig. Beim Erinnern der Biografie Paul Pokriefkes von 1945 bis 1999 werden ständig thematisch und zeitlich andere Themen und andere Biografien eingefügt. Für die Bearbeitung der Novelle geht man davon aus, worin seine aktuelle Relevanz bzw. die wesentliche Intention der Novelle besteht. Die Novelle ist ein Warntext, der auf eine noch bzw. wieder lebendige Vergangenheit verweist. Begriffe wie „Schande", „Scham" und „Schuld" gewinnen im nationalen und individuellen Sinne zentrale Bedeutung.

1

„Warum erst jetzt?" sagte jemand, der nicht ich bin. Weil Mutter mir immer wieder... Weil ich wie damals, als der Schrei überm Wasser lag, schreien wollte, aber nicht konnte... Weil die Wahrheit kaum mehr als drei Zeilen... Weil jetzt erst...

Noch haben die Wörter Schwierigkeiten mit mir. Jemand, der keine Ausreden mag, nagelt mich auf meinen Beruf fest. Schon als junger Spund hätte ich, fix mit Worten[1], bei einer Springer-Zeitung volontiert[2], bald gekonnt die Kurve gekriegt, später für die „taz"[3] Zeilen gegen Springer geschunden, mich dann als Söldner[4] von Nachrichtenagenturen kurz gefasst und lange Zeit freiberuflich all das zu Artikeln verknappt, was frisch vom Messer gesprungen sei: Täglich Neues. Neues vom Tage.

Mag schon sein, sagte ich. Aber nichts anderes hat unsereins gelernt. Wenn ich jetzt beginnen muss, mich selber abzuwickeln, wird alles, was mir schiefgegangen ist, dem Untergang eines Schiffes eingeschrieben sein, weil nämlich, weil Mutter damals hochschwanger, weil ich überhaupt nur zufällig lebe.

Und schon bin ich abermals jemand zu Diensten, darf aber vorerst von meinem bisschen Ich absehen, denn diese Geschichte fing lange vor mir, vor mehr als hundert Jahren an, und zwar in der mecklenburgischen Residenzstadt Schwerin, die sich zwischen sieben Seen erstreckt, mit der Schelfstadt und einem vieltürmigen Schloß auf Postkarten ausgewiesen ist und über die Kriege hinweg äußerlich heil blieb. Anfangs glaubte ich nicht, dass ein von der Geschichte längst abgehaktes Provinznest irgendwen außer Touristen, anlocken könnte, doch dann wurde der Ausgangsort meiner Story plötzlich im Internet aktuell. Ein Namenloser gab mit Daten, Straßennamen und Schulzeugnissen personenbezogene Auskunft, wollte für einen Vergangenheitskrämer wie mich unbedingt eine Fundgrube aufdecken.

Bereits als die Dinger auf den Markt kamen, habe ich mir einen Mac mit Modem angeschafft. Mein Beruf verlangt diesen Abruf weltweit vagabundierender[5] Informationen. Lernte leidlich, mit meinem Computer umzugehen. Bald waren mir Wörter wie Browser und Hyperlink[6] nicht mehr böhmisch. Holte Infos für den Gebrauch oder zum Wegschmeißen per Mausklick rein, begann aus Laune oder Langeweile von einem Chatroom zum anderen zu hüpfen und auf die blödeste Junk-Mail zu reagieren, war auch kurz auf zwei, drei Pornosites und stieß nach ziellosem Surfen schließlich auf Homepages, in denen sogenannte Vorgestrige, aber auch frischgebackene Jungnazis ihren Stumpfsinn auf Hassseiten abließen. Und plötzlich – mit einem Schiffsnamen als Suchwort – hatte ich die richtige Adresse angeklickt: „www.blutzeuge.de". In gotischen Lettern klopfte eine „Kameradschaft Schwerin" markige Sprüche. Lauter nachträgliches Zeug. Mehr zum Lachen als zum Kotzen.

Seitdem steht fest, wessen Blut zeugen soll. Aber noch weiß ich nicht, ob, wie gelernt, erst das eine, dann das andere und danach dieser oder jener Lebenslauf abgespult werden soll oder ob ich der Zeit eher schrägläufig in die Quere kommen muss, etwa nach Art der Krebse, die den Rückwärtsgang seitlich ausscherend vortäuschen, doch ziemlich schnell

vorankommen. Nur soviel ist sicher: Die Natur oder genauer gesagt die Ostsee hat zu all dem, was hier zu berichten sein wird, schon vor länger als einem halben Jahrhundert ihr Ja und Amen gesagt.
[...]

5

[...]

Da ist es wieder, das verdammte Datum. Die Geschichte, genauer, die von uns angerührte Geschichte ist ein verstopftes Klo. Wir spülen und spülen, die Scheiße kommt dennoch hoch. Zum Beispiel dieser vermaledeite Dreißigste. Wie er mir anhängt, mich stempelt. Nichts hat es gebracht, dass ich mich jederzeit, ob als Schüler und Student oder als Zeitungsredakteur und Ehemann, geweigert habe, im Freundes-, Kollegen- oder Familienkreis meinen Geburtstag zu feiern. Immer war ich besorgt, es könne mir bei solch einer Fete – und sei es mit einem Trinkspruch – die dreimal verfluchte Bedeutung des Dreißigsten draufgesattelt werden, auch wenn es so aussah, als habe sich das bis kurz vorm Platzen gemästete Datum[7] im Verlauf der Jahre verschlankt, sei nun harmlos, ein Kalendertag wie viele andere geworden. Wir haben ja Wörter für den Umgang mit der Vergangenheit dienstbar gemacht: sie soll gesühnt, bewältigt werden, an ihr sich abzumühen heißt Trauerarbeit leisten.

Doch dann sah es so aus, als müsse im Internet noch immer oder schon wieder am Dreißigsten, dem Staatsfeiertag, geflaggt werden. Jedenfalls stellte mein Sohn den Tag der Machtergreifung aller Welt sichtbar als rotes Kalenderblatt aus. In Schwerins Plattenbausiedlung Großer Dreesch, wo er seit Beginn des neuen Schuljahres bei seiner Großmutter wohnte, war er weiterhin als Webmaster tätig. Gabi, meine Ehemalige, hatte den Umzug unseres Sohnes – weg von der linkslastig mütterlichen Dauerbelehrung, hin zur Quelle großmütterlicher Eingebungen – nicht verhindern wollen. Schlimmer noch, sie hat sich jeder Verantwortung entledigt: „Mit demnächst siebzehn kann Konrad selbst entscheiden."

Ich wurde nicht gefragt. Die beiden trennten sich, wie es hieß, „einvernehmlich"[8]. Und so vollzog sich der Umzug vom Möllner zum Schweriner See lautlos. Selbst der Schulwechsel soll, „dank seiner überdurchschnittlichen Leistungen", glatt verlaufen sein, wenngleich ich mir meinen Sohn nur schlecht im stehengebliebenen Schulmief der Ossis vorstellen konnte. „Das sind Vorurteile", sagte Gabi. „Konny zieht nun mal die strenge Lerndisziplin dort unserem eher laxen Schulbetrieb vor." Dann gab sich meine Ehemalige abgehoben. Als Pädagogin, die für freie Willensbildung und offene Diskussion eintrete, sei sie zwar enttäuscht, müsse aber als Mutter die Entscheidung ihres Sohnes tolerieren. Sogar Konnys Freundin – so erfuhr ich von der blassen Existenz der Zahnarzthelferin – könne seinen Entschluss verstehen. Allerdings werde Rosi in Ratzeburg bleiben, Konrad aber gerne und so oft wie möglich besuchen.

Gleichfalls blieb ihm sein Dialogpartner treu. David, dieser entweder frei erfundene oder irgendwo leibhaftige Stichwortgeber, stieß sich nicht an dem Umzug oder nahm ihn nicht wahr. Jedenfalls tauchte er, als es im Chatroom meines Sohnes um den Dreißigsten ging, nach längerer Pause abermals und mit gleichbleibend antifaschistischen Sprüchen auf. Auch sonst verlief das Gechatte vielstimmig: entweder protestgeladen oder blindlings zustimmend. Eine wahre Quasselbude[9] tat sich auf. Bald war nicht mehr nur die Ernennung des Führers zum Reichskanzler Reizthema, vielmehr und in einem Abwasch Wilhelm Gustloffs Geburtstag: es wurde um die, wie Konny wusste, „von der Vorsehung bestimmte Tatsache"[10] gestritten, nach der der Blutzeuge vorausahnend am Tag der künftigen Machtergreifung das Licht der Welt erblickt haben soll.

Diese Klitterung[11] wurde allen Chattern als schicksalhafte Fügung serviert. Worauf der tatsächliche oder nur ausgedachte David den in Davos zur Strecke gebrachten Goliath verhöhnte: „Dann ist es auch Vorsehung gewesen, dass das nach deinem mickrigen Parteifunktionär[12] getaufte Schiff an dessen Geburtstag und anlässlich der Zwölfjahresfeier des Hitlerputsches mit Mann und Maus abzusaufen begann, und zwar auf Gustloffs Geburtsminute genau, Punkt einundzwanzig Uhr sechzehn hat's dreimal gekracht..."

[...]

1. fix mit Worten: 和文字打交道。
2. volontieren: 当实习生。
3. „taz": 左翼报纸《柏林日报》。
4. der Söldner: 雇佣兵。
5. vagabundierend: 漫游的。
6. Browser und Hyperlink: 浏览器和超文本链接。
7. kurz vorm Platzen gemästete Datum: 喂得就要快爆炸的日期。
8. einvernehmlich: 和睦地。
9. die Quasselbude: 闲聊室。
10. von der Vorsehung bestimmte Tatsache: 被天意所决定的事实。
11. die Klitterung: 胡编乱凑。
12. der Parteifunktionär: 党的干部，党棍。

Aufgaben:

1. Recherchieren Sie die Informationen über die Gustloff-Katastrophe.
2. „Der erste Satz ist in all meinen Büchern gleichzeitig der, der die Erzählposition klärt." (Grass in einem Radiointerview) Untersuchen Sie den ersten Satz und die folgende Erzählstrategie: Wer erzählt? Wie wird erzählt? Wie verhalten sich Erzählzeit und erzählte Zeit zueinander?
3. Erläutern Sie, welche Schwierigkeiten der Erzähler Pokriefke mit seinem Geburtsdatum hat.
4. Erklären Sie die Begriffe „Geschichte" und „Geschichtsklitterung".
5. Begründen Sie, für welche Art des Erzählens sich Pokriefke entschieden hat.

· **Daniel Kehlmann: *Die Vermessung der Welt* (2005)**

丹尼尔·科尔曼：《测量世界》

Lesehinweis: Daniel Kehlmann thematisiert im Roman eine Doppelbiografie, nämlich die Lebensgeschichten des Mathematikers und Geodäten Carl Friedrich Gauß und des Naturforschers Alexander von Humboldt. Der Romananfang ist eine Reise Gauß' von Göttingen nach Berlin zum Deutschen Kulturforscherkongress 1828, wohin ihn Humboldt eingeladen hat. Die Lebensläufe von den beiden Wisssenschaftlern wechseln sich in darauffolgenden Kapiteln ab. Humboldt wird als typischer preußischer Beamter dargestellt, der auf seiner Reise durch Südamerika abstinent lebt und stets Uniform trägt. Gauß ist als Einzelgänger geschildert, unsicher im Umgang mit seinen Mitmenschen, deren Gegenwart ihm nicht wichtig ist. Gemeinsam ist den beiden Protagonisten ihr Projekt: Die Vermessung der Welt. Von dieser Reise an stehen sie im Briefwechsel miteinander und tauschen sich über ihre Projekte aus. Die Leistung beider Wisssenschaftler bei aller Verschiedenartigkeit und ein Stück Wissenschafts- und Kulturgeschichte am Übergang vom 18. zum 19. Jahrhundert werden wiedergegeben.

Die Reise

Im September 1828 verließ der größte Mathematiker des Landes zum erstenmal seit Jahren seine Heimatstadt, um am Deutschen Naturforscherkongress in Berlin teilzunehmen. Selbstverständlich wollte er nicht dorthin. Monatelang hatte er sich geweigert, aber Alexander von Humboldt war hartnäckig geblieben, bis er in einem schwachen Moment und in der Hoffnung, der Tag käme nie, zugesagt hatte.

Nun also versteckte sich Professor Gauß im Bett. Als Minna ihn aufforderte aufzustehen, die Kutsche warte und der Weg sei weit, klammerte er sich ans Kissen und versuchte seine Frau zum Verschwinden zu bringen, indem er die Augen schloß. Als er sie wieder öffnete und Minna noch immer da war, nannte er sie lästig, beschränkt und das Unglück seiner späten Jahre. Da auch das nicht half, streifte er die Decke ab und setzte die Füße auf den Boden.

Grimmig und notdürftig[1] gewaschen ging er die Treppe hinunter. Im Wohnzimmer wartete sein Sohn Eugen mit gepackter Reisetasche. Als Gauß ihn sah, bekam er einen Wutanfall: Er zerbrach einen auf dem Fensterbrett stehenden Krug, stampfte mit dem Fuß und schlug um sich. Er beruhigte sich nicht einmal, als Eugen von der einen und Minna von der anderen Seite ihre Hände auf seine Schultern legten und beteuerten, man werde gut für ihn sorgen, er werde bald wieder daheim sein, es werde so schnell vorbeigehen wie ein böser Traum. Erst als seine uralte Mutter, aufgestört vom Lärm, aus ihrem Zimmer kam, ihn in die Wange kniff[2] und fragte, wo denn ihr tapferer Junge sei, faßte er sich. Ohne Herzlichkeit verabschiedete er sich von Minna; seiner Tochter und dem jüngsten Sohn strich er geistesabwesend über den Kopf. Dann ließ er sich in die Kutsche helfen.

Die Fahrt war qualvoll. Er nannte Eugen einen Versager[3], nahm ihm den Knotenstock ab und stieß mit aller Kraft nach seinem Fuß. Eine Weile sah er mit gerunzelten Brauen[4] aus dem Fenster, dann fragte er, wann seine Tochter endlich heiraten werde. Warum wolle die denn keiner, wo sei das Problem?

Eugen strich sich die langen Haare zurück, knetete mit beiden Händen seine rote Mütze und wollte nicht antworten.

Raus mit der Sprache, sagte Gauß.

Um ehrlich zu sein, sagte Eugen, die Schwester sei nicht eben hübsch.

Gauß nickte, die Antwort kam ihm plausibel vor. Er verlangte ein Buch.

Eugen gab ihm das, welches er gerade aufgeschlagen hatte: Friedrich Jahns Deutsche Turnkunst[5]. Es war eines seiner Lieblingsbücher.

Gauß versuchte zu lesen, sah jedoch schon Sekunden später auf und beklagte sich über die neumodische Lederfederung[6] der Kutsche; da werde einem ja noch übler, als man es gewohnt sei. Bald, erklärte er, würden Maschinen die Menschen mit der Geschwindigkeit eines abgeschossenen Projektils[7] von Stadt zu Stadt tragen. Dann komme man von Göttingen in einer halben Stunde nach Berlin.

Eugen wiegte zweifelnd den Kopf.

Seltsam sei es und ungerecht, sagte Gauß, so recht ein Beispiel für die erbärmliche Zufälligkeit der Existenz, dass man in einer bestimmten Zeit geboren und ihr verhaftet sei, ob man wolle oder nicht. Es verschaffe einem einen unziemlichen Vorteil vor der Vergangenheit und mache einen zum Clown der Zukunft.

Eugen nickte schläfrig.

Sogar ein Verstand wie der seine, sagte Gauß, hätte in frühen Menschheitsaltern oder an den Ufern des Orinoko[8] nichts zu leisten vermocht, wohingegen jeder Dummkopf in zweihundert Jahren sich über ihn lustig machen und absurden Unsinn über seine Person erfinden könne. Er überlegte, nannte Eugen noch einmal einen Versager und widmete sich dem Buch. Während er las, starrte Eugen angestrengt aus dem Kutschenfenster, um sein vor Kränkung und Wut verzerrtes Gesicht zu verbergen.

[...]

1. grimmig und notdürftig: 恼怒勉强地。
2. ihn in die Wange kneifen: 捏住他的脸颊。
3. der Versager: 没用的人。
4. mit gerunzelten Brauen: 皱着眉。
5. Friedrich Jahns Deutsche Turnkunst: 弗里德里希·雅恩的《德国体操艺术》。弗里德里希·雅恩（1778—1852），德国教育家和政治家，德国体操运动之父。

6. die Lederfederung: 皮弹簧。
7. Geschwindigkeit eines abgeschossenen Projektils: 已出膛子弹的速度。
8. der Orinoko: 奥里诺科河，南美洲主要的河流。

Aufgaben:
1. Recherchieren Sie Informationen über die beiden großen Wissenschaftler.
2. Beschreiben Sie die Familiensituation von Gauß. Welchen Eindruck macht diese auf Sie?
3. Welche Erwartungen werden durch den Romanbeginn im Hinblick auf die weitere Geschichte geweckt?
4. Erläutern Sie die Bedeutung des Satzes aus dem Textzusammenhang: „Es verschaffe einem einen unziemlichen Vorteil vor der Vergangenheit und mache einen zum Clown der Zukunft."
5. Der ironisch-anekdotische Erzählstil durchzieht den Roman. Nennen Sie Beispiele.

· **Herta Müller:** *Atemschaukel* (2009)

赫塔·米勒：《呼吸秋千》

Lesehinweis: Die Autorin Herta Müller greift mit diesem Roman das Thema der Deportation von Rumäniendeutschen in sowjetische Arbeitslager nach 1945 und den Horror des Lagerlebens auf. Ihr gelingt es, die Verfolgung Rumäniendeutscher unter Stalin in einer zutiefst individuellen Geschichte sichtbar zu machen. Der 17-jährige Leo Auberg stammt aus Siebenbürgen (heute Rumänien) und ist einer von den vielen Deportierten, die in ein solches Arbeitslager gebracht werden. Leo erzählt von seinen Arbeiten. Er berichtet von den anderen „Bewohnern" des Arbeitslagers und von Erinnerungen der Kindheit und vor allem vom allgegenwärtigen Hunger. Der Abschiedssatz seiner Großmutter bleibt ihm im Gedächtnis und hält ihn am Leben: „Ich weiß, du kommst wieder." Traditionell chronologisch wird die Geschichte Leo Aubergs von seiner Internierung im Januar 1945 bis zu seiner Ankunft zu Hause 1950 erzählt, zum Schluss in wenigen Kapiteln das Leben bis zur Flucht nach Österreich und danach.

Vom Kofferpacken

Alles, was ich habe, trage ich bei mir.
Oder: Alles Meinige trage ich mit mir.
Getragen habe ich alles, was ich hatte. Das Meinige war es nicht. Es war entweder zweckentfremdet oder von jemand anderem. Der Schweinslederkoffer war ein Grammophonkistchen[1]. Der Staubmantel war vom Vater. Der städtische Mantel mit dem Samtbündchen

am Hals vom Großvater. Die Pumphose von meinem Onkel Edwin. Die ledernen Wickelgamaschen[2] vom Nachbarn dem Herrn Carp. Die grüne Wollhandschuhe von meiner Fini-Tante. Nur der weinrote Seidenschal und das Necessaire[3] waren das Meinige, Geschenke von den letzten Weihnachten.

Es war noch Krieg im Januar 1945. Im Schrecken, dass ich mitten im Winter wer weiß wohin zu den Russen muss, wollte mir jeder etwas geben, das vielleicht etwas nützt, wenn es schon nichts hilft. Weil nichts auf der Welt etwas half. Weil ich unabänderlich auf der Liste der Russen stand, hat mir jeder etwas gegeben und sich sein Teil dabei gedacht. Und ich habe es genommen und mir gedacht mit meinen siebzehn Jahren, dass dieses Wegfahren zur rechten Zeit kommt. Es müsste nicht die Liste der Russen sein, aber wenn es nicht zu schlimm kommt, ist es für mich sogar gut. Ich wollte weg aus dem Fingerhut[4] der kleinen Stadt, wo alle Steine Augen hatten. Statt Angst hatte ich diese verheimlichte Ungeduld. Und ein schlechtes Gewissen, weil die Liste, an der meine Angehörigen verzweifelten, für mich ein annehmbarer Zustand war. Sie fürchteten, dass mir etwas zustößt in der Fremde. Ich wollte an einen Ort, der mich nicht kennt.

Mir war bereits etwas zugestoßen. Etwas Verbotenes. Es war absonderlich, dreckig, schamlos und schön. Es passierte im Erlenpark ganz hinten jenseits der Kurzgrashügel. Auf dem Heimweg bin ich in die Parkmitte, in den runden Pavillon gegangen, wo an Feiertagen die Orchester spielten. Ich blieb eine Weile darin sitzen. Das Licht stach durchs feingeschnitzte Holz. Ich sah die Angst der leeren Kreise, Quadrate und Trapeze[5], verbunden durch weiße Ranken mit Krallen. Es war das Muster meiner Verirrung und das Muster des Entsetzens im Gesicht meiner Mutter. In diesem Pavillon habe ich mir geschworen: Ich komme nie mehr in diesen Park. [...]

Im letzten Rendezvous-Sommer[6] bin ich um den Heimweg aus dem Erlenpark zu verlängern, auf dem Großen Ring zufällig in die Kirche der Heiligen Dreifaltigkeit gegangen. Dieser Zufall spielte Schicksal. Ich habe die kommende Zeit gesehen. Neben dem Seitenaltar auf einer Säule stand der Heilige im grauen Mantel und trug als Mantelkragen ein Schaf im Nacken. Dieses Schaf im Nacken ist das Schweigen. Es gibt Dinge, über die man nicht spricht. Aber ich weiß, wovon ich rede, wenn ich sage, das Schweigen im Nacken ist etwas anderes als das Schweigen im Mund. Vor, während und nach meiner Lagerzeit, fünfundzwanzig Jahre lang habe ich in Furcht gelebt, vor dem Staat und vor der Familie. Vor dem doppelten Absturz, dass der Staat mich als Verbrecher einsperrt und die Familie mich als Schande ausschließt. Im Gewühl der Straßen habe ich in die Spiegel der Vitrinen, Straßenbahn- und Häuserfenster, Springbrunnen und Pfützen geschaut, ungläubig, ob ich nicht doch durchsichtig bin.

[...]

Vom Hungerengel

Der Hunger ist ein Gegenstand.
Der Engel ist ins Hirn gestiegen.
Der Hungerengel denkt nicht. Er denkt richtig.
Er fehlt nie.
Er kennt meine Grenzen und weiß seine Richtung.
Er weiß meine Herkunft und kennt seine Wirkung.
Er hat es gewusst, bevor er mich traf, und kennt meine Zukunft.
Er hängt wie Quecksilber in allen Kapillaren[7]. Eine Süße im Gaumen[8]. Da hat der Luftdruck Magen und Brustkorb gepresst. Angst ist zu viel.
Alles ist leicht geworden.
Der Hungerengel geht offenen Auges einseitig. Er taumelt enge Kreise und balanciert auf der Atemschaukel. Er kennt das Heimweh im Hirn und in der Luft Sackgassen.
Der Luftengel geht offenen Hungers andererseits.
Er flüstert sich und mir ins Ohr: Wo aufgeladen wird, kann auch abgeladen werden. Er ist aus demselben Fleisch, das er betrügt. Betrogen haben wird.
Er kennt das Eigenbrot und das Wangenbrot und schickt den weißen Hasen vor.
Er sagt, er kommt wieder, bleibt aber da.
Wenn er kommt, dann kommt er stark.
Die Klarheit ist groß:
1 Schaufelhub = 1 Gramm Brot.
Der Hunger ist ein Gegenstand.

1. das Grammophonkistchen: 装留声机的小箱子。
2. die Wickelgamasche: 绑腿。
3. das Necessaire: 小收纳包。
4. der Fingerhut: 顶针。
5. Quadrate und Trapeze: 四边形和梯形。
6. der Rendezvous-Sommer: 幽会的夏季。
7. in allen Kapillaren: 在所有的毛细血管内。
8. der Gaumen: 腭。

Aufgaben:

1. Warum fühlt sich der 17-jährige Ich-Erzähler eher froh angesichts der Deportation nach Russland?
2. Hat er richtige Vorstellung vom Leben im Arbeitslager? Beschreiben Sie seinen Gedankengang.
3. Deuten Sie diesen Satz: „Vor dem doppelten Absturz, dass der Staat mich als Verbrecher einsperrt und die Familie mich als Schande ausschließt."

4. Im kurzen aber wichtigsten Kapitel „Der Hungerengel" ist die Allegorie des Hungerengels entworfen. Wofür steht der Hungerengel aus dem Textzusammenhang?
5. Herta Müller deutet tradierte Merkmale eines Engels um und bringt traumatische Erfahrungen ihrer Figuren zum Ausdruck. Setzen Sie sich mit metaphorischer Sprache der Autorin auseinander.

QUELLENVERZEICHNIS

Bachmann, Ingeborg: *Die gestundete Zeit*, In: Werke in 4 Bdn. Piper & Co., München/Zürich 1978, Bd.1.
Bernhard, Thomas: *Heldenplatz*, In: Heldenplatz. Suhrkamp, Frankfurt/M. 1988.
Borchert, Wolfgang: *Nachts schlafen die Ratten doch*, In: Das Gesamtwerk. Lizenzausgabe. Mitteldeutscher, Halle o.J.
Brecht, Bertolt: *Der gute Mensch von Sezuan*, In: Gesammelte Werke in 20 Bdn. Suhrkamp, Frankfurt/M. 1967, Bd.4.
Celan, Paul: *Todesfuge*, In: Gedichte in 2 Bdn. Suhrkamp, Frankfurt/M. 1975., Bd.1.
Büchner, Georg: *Woyzeck*, In: Sämtliche Werke und Briefe. Wiss. Buchgesellschaft, Darmstadt 1967, Bd.1.
Döblin, Alfred: *Berlin Alexanderplatz,* In: Berlin Alexanderplatz. Walter, Olten 1961.
Dürrenmatt, Friedrich: *Die Physiker*, In: Gesammelte Werke in 7 Bdn. Diogenes, Zürich 1998, Bd.7.
Eich, Günter: *Inventur*, In: Klaus Wagenbach (Hrg.): Lesebuch. Deutsche Literatur zwischen 1945 und 1955. Klaus Wagenbach, Berlin 1980.
Eichendorff, Joseph von: *Aus dem Leben eines Taugenichts*, In: Werke in einem Band. Carl Hanser, München 1988; *Mondnacht*, Ebenda.
Fontane, Theodor: *Effi Briest*, In: Werke, Schriften und Briefe in 6 Bdn. Carl Hanser, München 1974, Bd.4.
Goethe, Johann Wolfgang von: *Die Leiden des jungen Werthers*, In: Werke in 4 Bdn. Caesar, Salzburg 1983, Bd. 2; *Faust. Eine Tragödie*, Ebenda. Bd. 4; *Prometheus/Das Göttliche*, Ebenda, Bd. 3.
Grass, Günter: *Die Blechtrommel*, In: Die Blechtrommel. Luchterhand, Darmstadt und Neuwied 1984; *Im Krebsgang*, In: Im Krebsgang. Steidl, Göttingen 2002.
Grimmelshausen, Hans Jakob Christoffel von: *Der Abenteuerliche Simplicissimus Teutsch*, In: Der Abenteuerliche Simplicissimus Teutsch. Winkler, München o.J.
Gryphius, Andreas: *Es ist alles eitel*, In: Werke in einem Band. Aufbau, Berlin u.a. 1969.
Handke, Peter: W*unschloses Unglück*, In: Wunschloses Unglück. Erzählung. Suhrkamp, Frankfurt /M. 1974.

Hauptmann, Gerhart: *Bahnwärter Thiel*, In: Bahnwärter Thiel. Philipp Reclam jun., Stuttgart 1978.

Heine, Heinrich: *Deutschland, Ein Wintermärchen*, In: Deutschland, Ein Wintermärchen. Insel, Berlin 2013; *Die Harzreise*, In: Die Harzreise. Fischer, Frankfurt/M. 2009.

Hermann, Judith: *Sommerhaus, später*, In: Sommerhaus, später. Erzählungen. S. Fischer, Frankfurt/M. 1998.

Hesse, Hermann: *Der Steppenwolf*, In: Gesammelte Werke in 12 Bdn. Suhrkamp, Frankfurt/M. 1982, Bd.7.

Hoffmann, E.T.A.: *Der goldene Topf*, In: Werke in 4 Bdn. Caesar, Salzburg 1983, Bd. 1.

Hölderlin, Friedrich: *Schicksalslied*, In: Werke und Briefe in 2 Bdn. Insel, Frankfurt/M. 1969, Bd.1.

Jelinek, Elfriede: *Die Klavierspielerin*, In: Die Klavierspielerin. Rowohlt, Reinbek bei Hamburg 1986.

Kafka, Franz: *Das Urteil*, In: Werke in 12 Bdn. Fischer, Frankfurt/M. 1969, Bd.1; *Vor dem Gesetz*, Ebenda.

Kehlmann, Daniel: *Die Vermessung der Welt*, In: Die Vermessung der Welt. Rowohlt, Reinbek bei Hamburg 2005.

Keller, Gottfried: *Der grüne Heinrich, Zweite Fassung*, In: Sämtliche Werke in 7 Bdn. Deutscher Klassiker, Frankfurt/M.1996, Bd. 3.

Kleist, Heinrich von: *Das Erdbeben in Chili*, In: Deutsche Erzähler. Insel, Frankfurt /M. 1979.

Lessing, Gotthold Ephraim: *Der Rabe und der Fuchs*, In: Lessings Werke in 5 Bdn. Aufbau, Berlin u. a. 1978, Bd. 5; *Emilia Galotti*, Ebenda, Bd. 1.

Mann, Heinrich: *Der Untertan*, In: Der Untertan. Fischer, Frankfurt/M. 1995.

Mann, Thomas: *Der Tod in Venedig*, In: Die Erzählungen. Fischer, Frankfurt/M. 1997; *Der Zauberberg*, Ebenda.

Meyer, Conrad Ferdinand: *Der römische Brunnen*, In: Der römische Brunnen: Gedichte. Verlag der Nation, Berlin 1986.

Luther, Martin: *Sendbrief vom Dolmetschen*, In: D. Martin Luthers Werke. Kritische Gesamtausgabe. Böhlau, Weimar 1909, Bd. 30.

Mörike, Eduard: *Mozart auf der Reise nach Prag*, In: Werke. Sonderausgabe. Die Tempel-Klassiker. Vollmer, Wiesbaden o. J.

Müller, Herta: *Atemschaukel*, In: Atemschaukel. Carl Hanser, München 2009.

Novalis: *Hymnen an die Nacht*, In: Ausgewählte Werke. Philipp Reclam jun., Leipzig 1960.

Rilke, Rainer Maria: *Die Aufzeichnungen des Malte Laurids Brigge*, In: Die Aufzeichnungen des Malte Laurids Brigge. dtv, München 1962; *Der Panther*, In: Die ausgewählten Gedichte erster Teil. Insel, Wiesbaden 1984.

Schiller, Friedrich: *Die Räuber*, In: Sämtliche Werke. Hanser, München 1965, Bd.1.

Schlegel, Friedrich: *116. Athenäum-Fragment*, In: Kritische Schriften und Fragmente. Studienausgabe. Schöningh, Paderborn u. a. 1988, Bd.2.
Schlink, Bernhard: *Der Vorleser*, In: Der Vorleser. Diogenes, Zürich 1995.
Schnitzler, Arthur: *Fräulein Else*, In: Fräulein Else. Novelle. Reclam, Stuttgart 2002.
Storm, Theodor: *Der Schimmelreiter*, In: Werke in 2 Bdn. Aufbau, Berlin/Weimar 1974, Bd.2.
Süskind, Patrick: *Das Parfum*, In: Das Parfum. Diogenes, Zürich 1985.
Trakl, Georg: *Verfall*, In: Dichtungen und Briefe. Otto Müller, Salzburg 1987.
Von der Vogelweide, Walther: *Unter der Linden*, In: Die Lieder: mittelhochdeutsch und in neuhochdeutscher Prosa. Fink, München 1972.
Wolf, Christa: *Medea. Stimmen*, In: Medea. Stimmen, Suhrkamp, Frankfurt/M. 2008.
Zweig, Stefan: *Schachnovelle*, In: Schachnovelle. Fischer, Frankfurt/M. 1990.

LITERATURVERZEICHNIS

Baumann, Barbara/Oberle, Brigitta: *Deutsche Literatur in Epochen*, Max Huber, Ismaning 1988.

Beutin, Wolfgang u.a.: *Deutsche Literaturgeschichte von Anfängen bis zur Gegenwart*, Metzer, Stuttgart/Weimar 2001.

Eicher, Thomas/Wiemann, Volker (Hrg.): *Arbeitsbuch: Literaturwissenschaft*, Schöningh, Paderborn/Müchen/Wien/Zürich 2001.

Esser, Rolf: *Das große Arbeitsbuch Literaturunterricht: Lyrik–Epik–Dramatk.* Verlag an der Ruhr, Mühlheim an der Ruhr 2007.

Gigl, Claus J.: *Abitur-Wissen Deutsch*: *Deutsche Literaturgeschichte*, Stark, Freising 2008.

Kißling, Walter (Hrg.): *Kindlers neues Literaturlexikon in 20 Bdn.* Kindler, München 1988—1996.

Lutz, Bernd: *Metzler Autorenlexikon*, Metzer, Stuttgart/Weimar 1986.

Matzkowski, Bernd: *Wie interpretiere ich Novellen und Romane?*, Bange, Hollfeld 2005.

Schnell, Ralf: *Geschichte der deutschsprachigen Literatur seit 1945*, Metzer, Stuttgart/Weimar 1993.

Schurf, Bernd/Wagener, Andrea (Hrg.): *Texte, Themen und Strukturen: Deutschbuch für die Oberstufe*, Cornelsen, Berlin 2009.

Winkler, Werner: *Abitur-Wissen Deutsch*: *Prüfungswissen Oberstufe*, Stark, Freising 2000.

Wüst, Karl-Heinz：《德国文学简史》(*Geschichte der deutschen Literatur*)，北京：外语教学与研究出版社，2008年。

范大灿（主编）：《德国文学史》（1—5卷），南京：译林出版社，2006年。

韩瑞祥：《德语文学选集》，北京：外语教学与研究出版社，2005年。

李昌珂：《德语文学长篇小说阅读理解》，北京：北京大学出版社，2010年。

余匡复：《德国文学史》，上海：上海外语教育出版社，2013年。

德语文学导读

尊敬的老师：
您好！

　　为了方便您更好地使用《德语文学导读》，我们特向使用本书作为教材的老师赠送本书配套电子课件。如有需要请完整填写"教师联系表"并加盖所在单位系（院）或培训中心公章，免费向出版社索取。谢谢！

北京大学出版社

教师联系表

德语文学导读			
姓名：	性别：	职务：	职称：
E-mail:	联系电话：		邮政编码：
供职学校：	所在院系：（章）		
学校地址：			
教学科目与年级：	班级人数：		
通信地址：			

　　填写完毕后，请将此表邮寄给我们，我们将为您免费寄送《德语文学导读》的电子课件。谢谢合作。

　　如果还有其他需要，请发送邮件至：zhufangxu@yeah.net。谢谢！

北京市海淀区成府路 205 号　　邮购部电话：010-62752015
北京大学出版社外语编辑部　　市场营销部电话：010-62750672
邮政编码：100871　　　　　　外语编辑部电话：010-62754382